中国
商标案例精读

汪泽 主编

商务印书馆
2019年·北京

图书在版编目(CIP)数据

中国商标案例精读 / 汪泽主编；周云川等著. —北京：商务印书馆，2015（2019.4重印）
（中国法律丛书）
ISBN 978-7-100-11193-5

Ⅰ. ①中⋯ Ⅱ. ①汪⋯ ②周⋯ Ⅲ. ①商标法－案例－中国 Ⅳ. ①D923.435

中国版本图书馆 CIP 数据核字(2015)第 065032 号

权利保留，侵权必究。

中国法律丛书
中国商标案例精读
汪 泽 主编
商 务 印 书 馆 出 版
(北京王府井大街36号 邮政编码100710)
商 务 印 书 馆 发 行
北京市艺辉印刷有限公司印刷
ISBN 978-7-100-11193-5

2015年4月第1版　　　　开本 787×960　1/16
2019年4月北京第2次印刷　印张 27
定价：65.00元

鸣 谢

（以英文首字母为序）*

韩君玲　罗伯特·P.默吉斯[①]　罗东川

宋海燕　宋海宁

---

* 特此鸣谢《中国法律丛书》专家委员会成员。
① Robert P. Merges

编 委 会

主　编

　　汪　泽　中华商标协会副秘书长

撰稿人

　　汪　泽　中华商标协会副秘书长

　　周云川　最高人民法院知识产权庭法官

　　徐　琳　国家工商行政管理总局商标评审委员会法律事务处副处长

　　芮松艳　北京市知识产权法院审判员

　　周　波　北京市高级人民法院知识产权助理审判员

目 录

中国商标制度概述

一、中国商标制度的发展 / 3
  （一）清末的商标制度（19世纪末—1911年） / 3
  （二）民国时期的商标制度（1911—1949年） / 3
  （三）新中国成立后中国的商标制度（1949年至今） / 4
二、中国商标制度的特色 / 13
  （一）对商标注册申请实行全面审查制 / 13
  （二）建立了制止恶意抢注的法条体系 / 15
  （三）权利冲突纠纷的解决机制因权利冲突类型而异 / 17
  （四）注重对商标使用和注册的管理 / 19
  （五）商标专用权行政执法保护与司法保护的"双轨制" / 21
  （六）商标权司法保护在北京、上海、广州施行知识产权专门法院管辖 / 22
三、中国商标制度的行政执法和司法体系 / 23
  （一）工商行政执法体系 / 23
  （二）海关行政执法体系 / 25
  （三）司法审判体系 / 27

目 录

四、商标确权的行政程序与司法程序　　　　　　　　　　/ 30
　　（一）行政程序　　　　　　　　　　　　　　　　　/ 30
　　（二）司法程序　　　　　　　　　　　　　　　　　/ 34
五、侵犯商标权的行政执法程序与司法程序　　　　　　　/ 39
　　（一）行政执法程序　　　　　　　　　　　　　　　/ 39
　　（二）司法程序　　　　　　　　　　　　　　　　　/ 42

商标权的取得

1. 申请注册商标具有"不良影响"的判定　　　　　　　/ 51
　　——广东省广美佛宝矿泉有限公司"佛宝 FOBAO 及图"商标驳回复审行政纠纷案
2. "公众知晓的外国地名"的判定　　　　　　　　　　/ 65
　　——恒隆地产（商标）有限公司"Olympia 66"商标驳回复审行政纠纷案
3. 位置商标的显著性认定　　　　　　　　　　　　　　/ 78
　　——萨塔有限公司国际注册"图形"商标驳回复审行政纠纷案
4. 三维标志的显著性及美学功能性的判断　　　　　　　/ 91
　　——开平味事达调味品有限公司请求宣告雀巢产品有限公司

国际注册"三维标志"商标无效行政纠纷案

5. 申请商标与在先注册或者初步审定商标相冲突的判定　　/ 105
——安徽临水酒业有限公司请求对田秀华"金临水福"商标不予注册异议复审行政纠纷案

6. 申请商标造成驰名商标混淆与淡化的认定　　/ 127
——香奈儿公司请求对佛山市华兴利建材有限公司"香奈尔CHANEL及图"商标不予注册异议复审行政纠纷案

7. 申请商标损害他人在先权利的判定　　/ 143
——力宝克国际有限公司请求对林则栋"IVERSON及图"商标不予注册异议复审行政纠纷案

商标权的维持

8. 商标权转让及其善意取得　　/ 159
——深圳市梧桐山水饮料有限公司诉商标局及第三人深圳市东江之源实业发展有限公司"梧桐山 MT.WUTONG"商标转让行政纠纷案

9. 注册商标核准转让行为的性质及起诉期限的确定　　/ 172
——李国宗诉商标局及第三人杨翠仙"国宗"商标转让行政纠纷案

目 录

10. 因转让以外的其他事由而发生的商标权移转　　　　　　　　/ 182
　　——苏麒安诉商标评审委员会及第三人南京宝庆首饰总公司
　　　"寶慶及图"商标异议复审行政纠纷案

商标权的撤销

11. 因注册人死亡或者终止而申请注销商标的条件　　　　　　　/ 193
　　——崔方明诉商标局及第三人顺德市大良镇东盈制衣厂因注
　　　册人死亡或者终止注销"雪飞龙CHEVIGNON"商标申
　　　请不予核准行政纠纷案
12. 注册商标因退化为通用名称的撤销　　　　　　　　　　　　/ 202
　　——北京华旗资讯数码科技有限公司请求撤销深圳市朗科科
　　　技有限公司"优盘"商标行政纠纷案
13. 注册商标因连续三年未使用的撤销　　　　　　　　　　　　/ 210
　　——艺术家组合公司请求撤销索娜缇国际有限公司"MANGO"
　　　商标行政纠纷案

目 录

商标权的无效宣告

14. 驰名商标对恶意注册的商标提起无效宣告不受时限限制　　/ 223
　　——四川绵竹剑南春酒厂有限公司请求宣告深圳市宝松利实业有限公司"锦竹JINZHU及图"商标无效行政纠纷案

15. 代理人或者代表人抢注被代理人或者被代表人商标的认定　　/ 236
　　——重庆正通药业有限公司请求宣告四川华蜀动物药业有限公司"头包西灵Toubaoxiling"商标无效行政纠纷案

16. 抢先注册他人在先使用并有一定影响商标的判定　　/ 248
　　——张学礼请求宣告王玉霞"天皮糖张tianpitangzhang及图"商标无效行政纠纷案

17. 损害他人在先著作权的判定　　/ 260
　　——美商NBA产物股份有限公司请求对黄为东"牛头图形"商标不予注册异议复审案

18. 损害他人在先姓名权的判定　　/ 278
　　——英国商·史东模特儿经纪有限公司请求宣告荆胜强"凯特·苔藓KATE MOSS"商标无效行政纠纷案

19. 损害他人在先商号权的判定　　/ 289
　　——北京西贝莜面村餐饮有限责任公司请求宣告席嘉骏"西贝莜面村"商标无效行政纠纷案

目 录

20. "以其他不正当手段取得注册"的判定　　　　　　　　/ 299
　　——日本国株式会社双叶社请求宣告江苏蜡笔小新服饰有限公司"蠟筆小新"商标无效行政纠纷案

商标权的保护

21. 竞价排名行为与售前混淆的认定　　　　　　　　　　/ 315
　　——北京沃力森信息技术有限公司诉八百客（北京）软件技术有限公司侵犯商标权纠纷案
22. 在相同或类似商品上使用相同或近似商标的侵权行为的认定　/ 328
　　——戴尔卡内基－联合公司诉北京市海淀区卡耐基成功素质培训学校侵犯商标权及擅自使用他人企业名称纠纷案
23. 将与他人注册商标标志相同或者近似的标志申请为外观设计专利构成侵权的认定　　　　　　　　　　　　　　/ 349
　　——路易威登马利蒂股份有限公司诉郭碧英侵犯商标专用权纠纷案
24. 侵犯商标权诉讼中损害赔偿额的确定　　　　　　　　/ 357
　　——宝马股份公司诉广州世纪宝驰服饰实业有限公司等侵犯商标权及不正当竞争纠纷案

25. 侵犯商标权诉讼中的在先使用抗辩 /367
　　——蒋玉友诉南京夫子庙饮食有限公司、南京清真奇芳阁餐饮有限公司侵犯注册商标专用权纠纷案

26. 侵犯商标权诉讼中的正当使用抗辩 /380
　　——灌南县预算外资金管理局、江苏汤沟两相和酒业有限公司诉陶芹侵犯商标权纠纷案

附录 《中华人民共和国商标法》修正案对照表 /397

中国商标制度概述

一、中国商标制度的发展

（一）清末的商标制度（19世纪末—1911年）

中国使用商标的历史可以追溯至唐宋时期，迄今发现最早、最完备的商标是北宋时期山东济南刘家针铺使用的"白兔"商标，图文并茂，特别注明"认清门前白兔儿为记"，并附有广告词："收买上等钢条，造功夫细针，不误宅院使用，客转与贩，别有加饶，请记自"。但是，中国近现代意义的商标制度始于清朝末年，最早出现于清政府在鸦片战争之后与西方国家签订的不平等条约中。1902年9月5日，清政府与英国政府在上海签订《续议通商行船条约》，其中第七款规定："英国本有保护华商贸易牌号，以防英国人民违犯、迹近假冒之弊。中国现亦应允保护英国贸易牌号，以防中国人民违犯、迹近假冒之弊"，同时规定南、北洋大臣在各自管辖境内设立牌号注册局，负责贸易牌号注册。1903年，清政府和美国、日本签订的通商行船条约中也有类似规定。1904年，清政府颁布《商标注册试办章程》和《商标注册试办章程细目》。该章程规定无论华商、洋商欲专用商标的都须依章程注册，并对商标申请及其优先权、商标不得注册事由、商标审查、侵害商标专用权及其处理办法、侵害商标专用权犯罪等做了规定。《商标注册试办章程》是中国历史上第一个商标成文立法，是中国近现代商标法制的肇端。

（二）民国时期的商标制度（1911—1949年）

1911年辛亥革命之后，产生了孙中山领导的国民政府（1912—1914年）、北洋军阀政府（1914—1927年）、蒋介石领导的南京国民政府（1927—1949年）。1923年5月4日，北洋军阀政府公布了《商标法》，5月8日公布了《商标法施行细则》。1923年9月25日，农商部商标局编辑出版了第一本《商标公告》。1927年，南京国民政府设立全国注册局，专业办理商标等注册事项。1928年12月21

日，国民政府将全国注册局中的商标注册业务工作部门独立，成立了隶属工商部的商标局。1930年5月6日，国民政府公布了《商标法》，同年12月30日公布了《商标法施行细则》，均自1931年1月1日起施行。该法确立了商标申请注册自愿原则，商标善意在先使用制度和正当使用抗辩事由等，还规定了较为完备的商标异议、撤销和无效评定等程序。自1949年之后在中国台湾地区施行，最后一次修正是2012年。

（三）新中国成立后中国的商标制度（1949年至今）

1. 改革开放以前的商标制度

1949年中华人民共和国成立之后，废除了民国政府颁布的法律制度，开启了社会主义法制建设的新篇章。为了保障一般工商业专用商标的专用权，政务院于1950年8月28日公布了《商标注册暂行条例》，这是新中国第一部商标法规。该条例确立了自愿注册和保护专用权原则，共34条，主要规定了商标的构成要素、不得作为商标申请注册的文字和图形、商标申请、商标审查、商标注册和商标异议等制度。同年，政务院财政经济委员会颁布了《商标注册暂行条例施行细则》。1957年1月17日，国务院转发了《中央工商行政管理局关于实行商标全面注册的意见》，该意见确立了全面注册原则，即各企业、合作社生产和制造商品使用的商标必须注册，未经核准注册的商标不得使用。1963年4月10日，国务院公布了《商标管理条例》，同时废止了《商标注册暂行条例》。《商标管理条例》突出了加强商标管理、促使企业保证和提高产品质量的宗旨，沿用了全面注册原则，大幅删减条文，只有14条。同年4月25日，中央工商行政管理局公布了《商标条例施行细则》，该细则规定了商标申请前置审批制度，即商标申请书需经企业主管部门审查同意；商标申请必须附送商品质量规格表，且商品质量规格表应当按照规定的产品技术标准填报，并经企业主管部门审查予以证明；商标申请的核转制，即企业申请商标注册、变更、移转、撤销和补发注册证等事项，应当报所在市、县工商行政管理机关核转中央工商行政管理局。

2. 改革开放以后商标制度的发展

（1）现行《商标法》的制定

在现行《商标法》制定之前，中国一直沿用1963年颁布的《商标管理条例》。经过"文革"十年动乱，商标法制度受到了很大破坏，商标没有全国统一管理，造成商标使用混乱。1978年9月工商行政管理总局建立后，由所属商标局负责，从年底开始对全国商标进行清理登记，1979年11月恢复了全国商标统一注册。但是，1963年颁布的《商标管理条例》已经不能适应当时新的历史时期的要求，主要表现在：对商标专用权的保护没有规定、全面注册制度不能适应经济形势发展的要求、审查注册程序不够严密、外国商标注册办法需要以法律形式加以确定。为此，国家工商行政管理总局从有利于发展社会主义商品经济和健全社会主义法制出发，本着立足于国内、兼顾国际惯例的原则，经过广泛调查研究，起草了《中华人民共和国商标法》（草案）。1982年8月23日，第五届全国人民代表大会常务委员会第二十四次会议审议通过了《商标法》，自1983年3月1日起施行。《商标法》是新中国第一部知识产权部门法，早于《专利法》（1984年）、《著作权法》（1990年）和《反不正当竞争法》（1993年）。

1982年《商标法》确立了中国商标法的基本原则并沿用至今，主要包括：一是保护商标专用权与维护消费者利益相结合的原则。《商标法》第一条开宗明义地规定："为了加强商标管理，保护商标专用权，促使生产者保证商品质量和维护商标信誉，以保障消费者的利益，促进社会主义商品经济的发展，特制定本法。"商标法制度设计围绕商标权及其保护展开，同时强调对消费者利益的保护，这不仅体现在商标法要求商标权人保证商品质量，还体现在对商标注册申请实行在先商标权利审查，防止相同或者近似商标在市场上并存，从而保护消费者免受混淆。二是申请在先和注册原则。注册原则，即商标权的取得以商标注册的事实为基础；在注册原则之下，中国《商标法》实行申请在先原则即根据商标注册申请时间先后确定商标权的归属。三是自愿注册原则。改 1963 年《商标管理条例》关于"强制注册"的规定为"自愿注册"，即商标使用人对其实际使用的商标是否申请注册由其自主决定。同时，《商标法》规定了自愿注册原则的例外情形，即《商标法》第五条的规定，即"国家规定必须使用注册商标的商品，必须申请商标注册，未经核准注册的，不得在市场销售"。四是统一注册与分级管理原则。统一注册，是指全国的商标注册工作由国务院工商行政管理部门商标局负责，凡需要取得商标专用权的，应当向商标局申请注册。分级管理，是指各级工商行政管理部门对本辖区的商标（含注册商标和未注册商标）使用、侵害商标权等行为进行管理和查处。

（2）《商标法》三次修改的主要内容

自 1982 年颁布以来，中国《商标法》于 1993 年、2001 年、2013 年历经了三次修改，条文数量和实质内容都发生了重大变化，从 43 条增至 73 条。

《商标法》第一次修改的主要原因是随着改革开放的不断深化和实践经验的不断积累，中国确立建立社会主义市场经济体制，特别是中国又先后于 1985 年和 1989 年加入《保护工业产权巴黎公约》和《商标国际注册马德里协定》，需要进一步完善中国的商标法律制度，与国际上通行做法相衔接，以适应中国发展社会主义市场经济的需要。1993 年，国家工商行政管理总局经过 3 年多调研、论证，反复修改，形成了《商标法》修正案（草案），经国务院常务会议通过后提交全国人大常务委员会审议。1993年2月22日，第七届全国人民代表大会常务委员会第三十次会议审议通过《关于修改〈中华人民共和国商标法〉的决定》。此次修改的主要内容包括：一是将服务商标纳入商标法保护范围。1982年《商标法》仅适用于在商品上使用的商标，未将服务商标纳入保护范围。随着中国商品经济的发展，特别是第三产业的兴起，服务商标越来越多，国内有关企业事业单位强烈要求保护服务商标，而且《保护工业产权巴黎公约》要求其成员国保护服务商标。1993年《商标法》明确规定："本法有关商品商标的规定，适用于服务商标。"二是增加地名不得作为商标的规定。这主要是考虑到以地名作为商标，缺乏显著性，不利于消费者通过商标识别不同类别的商品，容易造成混乱。而且，如果同一地区多家企业生产同类商品，一家企业率先以地名作为商标注册，容易形成实际上的垄断，使其他企业处于不利地位。三是适度保护未注册商标，增加了制止不正当注册的规定。实践中，有的企业弄虚作假骗取商标注册，还有的企业以不正当手段将他人长期使用并具有一定信誉的商标抢先注册，谋取非法利益。1982年《商标法》对这种不正当注册的问题缺乏相应的规定，1993年《商标法》对此予以明确规定，即已经注册的商标"是以欺骗手段或者其他不正当手段取得注册的，由商标局撤销该注册商标；其他单位或者个人可以请求商标评审委员会裁定撤销该注册商标"。四是增加了侵犯商标权行为的种类。在总结实践的基础上，将侵犯商标权的行为细化为"（1）未经注册商标所有人的许可，在同一种商品或者类似商品上使用与其注册商标相同或者近似的商标的；（2）销售明知是假冒注册商标的商品的；（3）伪造、擅自制造他人注册商标标识或者销售伪造、擅自制造的注册商标标识的；（4）给他人的注册商标专用权造成其他损害的"。

　　商标法第二次修改主要是因为中国加入世界贸易组织，而中国商标法律制度和《与贸易有关的知识产权协议》存在一定的差距，同时也不能完全适应市场经济发展的需要。这就迫切需要完善中国商标法律制度，进一步加强对商标专用权的保护，以适应中国加入世界贸易组织进程，符合《与贸易有关的知识产权协议》的要求，并有力促进我国社会主义市场经济的发展。2001年，国家工商行政管理总局在总结实践经验和广泛征求意见的基础上，根据《与贸易有关的知识产权协议》的规定，形成了《商标法》修正案（草案），经国务院常务会议通过后提交全国人大常务委员会审议。2001年10月27日，第九届全国人民代表大会常务委员会第二十四次会议审议通过《关于修改〈中华人民共和国商标法〉的决定》。此次商标法修改，主要是按照中国加入世界贸易组织的承诺，对1993年《商标法》与世界贸易组织《与贸易有关的知识产权协议》存在的差距所作的修改，属于"被动修改"。主要修改内容包括：一是增加了商标构成要素。1993年《商标法》将商标构成要素限于文字、图形及其组合，此次修改明确将"三维标志、颜色组合"纳入商标构成要素。二是增加了保护驰名商标的规定。1993年的《商标法》没有规定驰名商标保护制度，《商标法实施细则》只规定了保护"公众熟知的商标"，实践中主要是通过1996年国家工商行政管理总局颁布的行政规章《驰名商标认定和管理暂行规定》对驰名商标进行保护。此次修改明确规定了对驰名商标的特殊保护制度，即对驰名的未注册商标在相同和类似商品上予以保护，对驰名的注册商标在不相同和不相类似商品上予以保护。三是增加了保护集体商标、证明商标和地理标志的规定，此次修改明确规定经商标局核准注册的商标包括商品商标、服务商标和集体商标、证明商标，并且规定了集体商标、证明商标的概念。同时，增加了关于地理标志的定义及其保护规定，为地理标志的保护提供了法律依据。四是增加了优先权的规定。此次修改增加了"基于基础注册申请的优先权"和"展会优先权"，优先权期限均为六个月。五是增加了司法审查的规定。1993年《商标法》对商标驳回复审、异议复审、撤销复审和商标争议采用行政终局裁决模式，即由商标评审委员会作出终局裁决。此次修改增加司法审查，即当事人不服商标评审委员会裁决的，可以依法提起行政诉讼，以商标评审委员会为被告，由人民法院进行审理并作出判决。六是增加了法定赔偿制度。明确侵犯商标权赔偿范围"为侵权人在侵权期间因侵权所获得的利益，或者被侵权人在被侵权期间因被侵权所受到的损失，包括被侵权人为制止侵权行为所支付的合理开支"。同时，规定了法定赔偿制度，即"侵权人因侵权所得利益，或者被侵权人因被侵权所受损失难以确定的，由人民法院根据侵权行为的情节判决给予五十万元以下的赔偿"。

　　商标法的第三次修改是因为随着中国社会主义市场经济的发展，商标在经济生活中的作用越来越大，现行商标法有的内容已难以适应实践需要，主要是商标注册程序比较繁琐，商标确权时间过长，商标领域的恶意注册和不正当竞争现象比较严重，商标侵权尚未得到有效遏制，注册商标专用权保护有待加强。国家工商行政管理总局在认真总结实践经验的基础上，起草了《中华人民共和国商标法（修订送审稿）》（以下简称送审稿），于2009年11月18日报请国务院审批。该草案于2012年10月31日经国务院第223次常务会议讨论通过后提交全国人大常务委员会审议。2013年8月30日，第十二届全国人民代表大会常务委员会第四次会议审议通过了《关于修改〈中华人民共和国商标法〉的决定》。此次在总体思路上把握了以下两点：一是在与中国参加的国际条约保持一致的前提下，重在立足国内实际需要进行修改，属于"主动修改"。二是加强针对性，围绕实践中存在的主要问题完善有关制度，包括方便申请人获得商标注册，规范商标申请和使用，维护公平竞争的市场秩序，加强商标专用权保护，切实保障权利人的合法权益。此次修改的实体条款主要内容包括：一是增加了声音商标，即声音可以作为商标构成要素申请注册。二是增加了制止恶意抢注的规定。增加了"申请注册和使用商标，应当遵循诚实信用原则"作为商标法的基本原则，同时增加了制止因特定关系抢注他人商标的规定，即就同一种商品或者类似商品申请注册的商标与他人在先使用的未注册商标相同或者近似，申请人与该他人具有"代理或者代表合同"以外的合同、业务往来关系或者其他关系而明知该他人商标存在，该他人提出异议的，不予注册。三是增加侵犯注册商标专用权行为种类，规定"故意为侵犯他人商标专用权行为提供便利条件，帮助他人实施侵犯商标专用权行为的"，属于侵犯商标权行为。四是增加惩罚性赔偿的规定，即对恶意侵犯商标专用权，情节严重的，可以在按照法定方法确定数额的一倍以上三倍以下确定赔偿数额。五是提高法定赔偿额的上限，即从50万元提高到300万元。六是减轻了权利人的举证负担，即"人民法院为确定赔偿数额，在权利人已经尽力举证，而与侵权行为相关的账簿、资料主要由侵权人掌握的情况下，可以责令侵权人提供与侵权行为相关的账簿、资料；侵权人不提供或者提供虚假的账簿、资料的，人民法院可以参考权利人的主张和提供的证据判定赔偿数额"。七是明确将他人商标用作字号的处理方式，即将他人注册商标、未注册的驰名商标作为企业名称中的字号使用，误导公众，构成不正当竞争行为的，依照《中华人民共和国反不正当竞争法》处理。八是增加了对注册商标退化为通用名称予以撤销的规定，对商标申请注册时并不构成核定使用商品的通用名称，但因商标注册人使用不当导致商标显著特征退化变成通用名称,或者因他人将某注册商标作为商品名称使用,注册人怠于行使权利,导致注册商标变成通用名称的,任何单位或者个人可以向商标局申请撤销该注册商标。此规定有利于防止已成为通用名称的注册商标的权利人滥用商标权利,扰乱公平竞争的市场秩序。九是规定在先使用为请求损害赔偿条件,即"注册商标专用权人请求赔偿,被控侵权人以注册商标专用权人未使用注册商标提出抗辩的,人民法院可以要求注册商标专用权人提供此前三年内实际使用该注册商标的证据。注册商标专用权人不能提供此前三年内实际使用过该注册商标,也不能证明因侵权行为受到其他损失的,被控侵权人不承担赔偿责任"。十是增加了"在先使用权"制度,即"商标注册人申请注册前,他人已经在同一种商品或者类似商品上先于商标注册人使用与注册商标相同或者近似并有一定影响的商标的,注册商标专用权人无权禁止该使用人在原使用范围内继续使用该商标,但可以要求其附加适当区别标识"。本规定系在商标在先使用人与商标注册人之间寻求利益平衡,赋予在先使用者继续使用的权利,避免因一律禁止使用造成显失公平的后果。

(3)行政法规规章

为配合《商标法》的施行,1983年3月10日,国务院颁发了《中华人民共和国商标法实施细则》。此后,《商标法实施细则》于1988年、1993年、2002年、2014年先后经过四次修改,并自2002年更名为《商标法实施条例》。 为了解决商标法实施中的具体问题,国家工商行政管理总局还先后颁发和及时修订了一系列行政规章,主要包括:规范驰名商标认定工作、保护驰名商标持有人的合法权益的《驰名商标认定和保护规定》(2014年),明确集体商标和证明商标申请条件和管理措施的《集体商标、证明商标注册和管理办法》(2003年),适用于以中国为原属国的商标国际注册申请、指定中国的领土延伸申请及其他有关的申请的《马德里商标国际注册实施办法》（2003年），规范商标评审程序的《商标评审规则》（2014年）以及为维护商标代理秩序、保障委托人及商标代理组织合法权益的《商标代理管理办法》（2010年）。

（4）最高人民法院司法解释

自 2001 年《商标法》修改后，最高人民法院根据审理商标确权和侵权纠纷案件的司法实践，制定颁布的一系列与商标有关的司法解释，主要包括：为了正确审理商标纠纷案件制定的《关于审理商标民事纠纷案件适用法律若干问题的解释》（2002 年）；为解决侵犯商标权纠纷中行为保全和证据保全制定的《最高人民法院关于诉前停止侵犯注册商标专用权行为和保全证据适用法律问题的解释》（2002 年）；为正确审理注册商标、企业名称与在先权利冲突的民事纠纷案件制定的《关于审理注册商标、企业名称与在先权利冲突的民事纠纷案件若干问题的规定》（2008 年）；为在审理侵犯商标权等民事纠纷案件中依法保护驰名商标制定的《关于审理涉及驰名商标保护的民事纠纷案件应用法律若干问题的解释》（2009 年）；为解决人民法院审理商标案件有关管辖和法律适用等问题制定的《关于商标法修改决定施行后商标案件管辖和法律适用问题的解释》（2014 年）。

在司法解释之外，最高人民法院近年来还制订公布了与商标审判工作有关的司法政策文件，主要包括：为使知识产权审判更好地服务于有效应对国际金融危机冲击，促进经济平稳较快发展的大局而制定颁布的《关于当前经济形势下知识产权审判服务大局若干问题的意见》（2009 年）；为了更好地审理商标授权确权行政案件，进一步总结审判经验，明确和统一审理标准制定的《关于审理商标授权确权行政案件若干问题的意见》（2010 年）。

经过多年的不懈努力，中国已基本建立起符合国际规则、具有中国特色的现代商标法律制度，全社会的商标意识逐步增强。1982年底，全国的有效注册商标仅为84047件，其中国内商标70899件。1983年3月1日《商标法》正式施行，当年商标申请量仅为1.9万件，而2013年商标申请量达到188.15万件。截至2014年6月底，中国商标累计申请量达1425.7万件，累计注册量达907.5万件，有效注册量达761.1万件，连续多年位居世界第一，已成为名副其实的"商标大国"。

二、中国商标制度的特色

（一）对商标注册申请实行全面审查制

商标注册申请的实质审查，是指商标局依照中国《商标法》和《商标法实施条例》的规定，对符合形式要件的商标注册申请按其申请日期的先后，通过检索、分析、对比和必要的调查研究，审查其合法性，从而做出予以初步审定或者驳回的决定。以实质审查的内容为标准，可以分为绝对理由审查和相对理由审查。绝对理由审查是指对申请商标是否存在违反公众秩序和公众利益，是否具有显著性，三维标志是否具有功能性进行的审查；相对理由审查是指对申请商标是否与在先申请或者注册的商标存在冲突进行的审查。对申请商标既进行绝对理由审查，又进行相对理由审查的，称之为全面审查制。

在第三次《商标法》修改过程中，国家工商行政管理总局在2007年草拟的《商标法修改征求意见稿》中曾取消相对理由审查，当时主要考虑有：一是进行相对理由审查不符合商标权作为私权的本质属性，因为商标权属于民事权利，属于私权。私权的保护应当由权利人自己通过异议、撤销或者无效宣告和民事侵权等法律程序自己主张。在后商标是否因与在先商标近似而不得注册属于私权纠纷，相对理由审查使行政主管部门主动介入私权纠纷，充当在先商标所有人的保姆，代替其保护权利，不符合商标权的私权属性；二是加重了审查员的工作负担，并造成商标申请到注册的周期过长，因为商标局从事商标申请实质审查的人员数量严重不适应商标申请量增长的要求，而相对理由审查耗费了审查员过多的时间和精力，其后果是直接导致商标申请积压急剧增加，商标注册周期过长。在征求意见过程中，反对取消相对理由审查的观点认为，相对理由审查可以有效防止在同一种或者类似商品上出现相同和近似商标的并存注册，在保护在先商标所有人利益的同时，维护了消费者利益和市场竞争秩序。如果取消相对理由审查可能造成市场混乱和无序竞争。最终，商标法保留了原《商标法》规定的全面审查制。依据《商标法》的规定，对商标申请的审查包括绝对理由审查和相对理由审查，前者是指审查申请商标是否违反禁用条款（《商标法》第十条）、是否具备显著特征（《商标法》第十一条）、立体商标是否使用了功能性标志（《商标法》第十二条），后者是指审查申请商标是否与他人在先初步审定和在先注册的商标相冲突（第三十条）。此外，根据《商标法》第三十一条、《商标法实施条例》第十九条的规定，两个或者两个以上的商标注册申请人，在同一种商品或者类似商品上，以相同或者近似的商标申请注册的，由商标局初步审定并公告申请在先的商标；同一天申请的，商标局会通知各申请人提交使用证据，各申请人应当自收到商标局通知之日起 30 日内提交其申请注册前在先使用该商标的证据，由商标局初步审定并公告使用在先的商标，驳回其他人的申请，不予公告。同日使用或者均未使用的，商标局会通知各申请人自行协商，各申请人可以自收到商标局通知之日起 30 日内自行协商，并将书面协议报送商标局；不愿协商或者协商不成的，商标局通知各申请人以抽签的方式确定一个申请人，驳回其他人的注册申请。商标局已经通知但申请人未参加抽签的，视为放弃申请，商标局应当书面通知未参加抽签的申请人。

（二）建立了制止恶意抢注的法条体系

中国《商标法》实行商标权取得申请在先和注册原则，且在申请人提出商标注册申请并不要求提供使用证据或者说明有使用意图，这就给恶意抢注商标留下了可乘之机。恶意抢注商标是商标确权领域内典型的不正当竞争行为，已严重危害了公平竞争的市场秩序。通过第三次修改，中国《商标法》建立了严格的制止恶意抢注的法条体系。一是在《商标法》总则中明确规定"申请注册和使用商标，应当遵循诚实信用原则"，以此要求申请注册商标必须遵循诚信原则，不得恶意抢注。二是建立了驰名商标保护制度，对驰名的未注册商标在相同或者类似商品上予以保护，即《商标法》第十三条第二款规定："就相同或者类似商品申请注册的商标是复制、摹仿或者翻译他人未在中国注册的驰名商标，容易导致混淆的，不予注册并禁止使用"；对驰名的注册商标的保护扩大至不相同或者不相类似的商品上，即《商标法》第十三条第三款规定"就不相同或者不相类似商品申请注册的商标是复制、摹仿或者翻译他人已经在中国注册的驰名商标，误导公众，致使该驰名商标注册人的利益可能受到损害的，不予注册并禁止使用"。对于已经在中国注册的驰名商标，在不相同或者不相类似商品上确定其保护范围时，要与其驰名程度相适应。对于社会公众广为知晓的已经在中国注册的驰名商标，在不相同或者不相类似商品上确定其保护范围时，要给予与其驰名程度相适应的较宽范围的保护，[①]以大程度地制止攀附或者不当利用驰名商标声誉。三是制止因合同、业务往来等特定关系的恶意抢注行为，即《商标法》第十五条规定："未经授权，代理人或者代表人以自己的名义将被代理人或者被代表人的商标进行注册，被代理人或者被代表人

[①]《最高人民法院关于审理商标授权确权行政案件若干问题的意见》第 11 条。

提出异议的，不予注册并禁止使用。就同一种商品或者类似商品申请注册的商标与他人在先使用的未注册商标相同或者近似，申请人与该他人具有前款规定以外的合同、业务往来关系或者其他关系而明知该他人商标存在，该他人提出异议的，不予注册"。该条两款中的"异议"并非特指"商标异议"，而应作宽泛解释，包括商标异议、商标无效宣告。实践中，有些抢注行为发生在代理、代表关系尚在磋商的阶段，即抢注在先，代理、代表关系形成在后，在此种情形下也应将其视为代理人、代表人的抢注行为。与代理人或者代表人有串通合谋抢注行为的商标注册申请人，可以视其为代理人或者代表人。对于串通合谋抢注行为，可以视情况根据商标注册申请人与上述代理人或者代表人之间的特定身份关系等进行推定。[①]四是禁止以不正当手段抢先注册在先使用并具有一定影响的商标，即《商标法》第三十二条规定，申请商标注册"不得以不正当手段抢先注册他人已经使用并有一定影响的商标"。此处的"一定影响"，是指在中国境内实际使用并为一定范围的相关公众所知晓。[②]五是禁止以其他不正当手段取得注册，即根据《商标法》第四十四条第一款规定，对已经注册的商标"是以欺骗手段或者其他不正当手段取得注册的，由商标局宣告该注册商标无效；其他单位或者个人可以请求商标评审委员会宣告该注册商标无效"。审查判断注册商标是否属于以其他不正当手段取得注册，要考虑其是否属于欺骗手段以外的扰乱商标注册秩序、损害公共利益、不正当占用公共资源或者以其他方式谋取不正当利益的手段。[③]实践中，对于不以使用为目的，大量或多次抢注他人知名度较高或独创性较强商标，以谋取不正当利

[①] 《最高人民法院关于审理商标授权确权行政案件若干问题的意见》第12条。
[②] 《最高人民法院关于审理商标授权确权行政案件若干问题的意见》第18条。
[③] 《最高人民法院关于审理商标授权确权行政案件若干问题的意见》第19条。

益的行为通常会被认定为扰乱商标注册秩序，构成"以其他不正当手段取得注册"。

（三）权利冲突纠纷的解决机制因权利冲突类型而异

权利冲突包括注册商标之间的冲突和注册商标与其他在先权利的冲突。《商标法》第三十条规定："申请注册的商标，凡不符合本法有关规定或者同他人在同一种商品或者类似商品上已经注册的或者初步审定的商标相同或者近似的，由商标局驳回申请，不予公告"；第三十二条规定："申请商标注册不得损害他人现有的在先权利"。根据《商标法》第四十五条规定，已经注册的商标违反第三十条、第三十二条规定的，自商标注册之日起五年内，在先权利人或者利害关系人可以请求商标评审委员会宣告该注册商标无效。当事人对商标评审委员会的裁定不服的，可以自收到通知之日起三十日内向人民法院起诉。人民法院应当通知商标裁定程序的对方当事人作为第三人参加诉讼。上述规定确立了中国商标权的无效宣告制度，即由商标评审委员会集中审查注册商标权利的有效性并接受司法审查。但是，对于因注册商标投入商业使用产生的权利冲突，如何处理权利有效性审查程序和民事侵权争议程序，《商标法》未作规定。对此实践中曾出现不同做法：一是行政程序优先，即通过行政程序及其后续相应的司法程序解决权利有效性之后，方可通过民事侵权争议程序解决权利冲突纠纷。如最高人民法院法〔1998〕65号《关于全国部分法院知识产权审判工作座谈会纪要》曾指出："人民法院受理的知识产权纠纷案件或者其他民事纠纷案件中，凡涉及权利冲突的，一般应当由当事人按照有关知识产权的撤销或者无效程序，请求有关授权部门先解决权利冲突问题后，再处理知识产权侵权纠纷或者其他民事纠纷案件。经过撤销或者无效程序未能解决权利冲突的，或者自当事人请求之日起三个月内有关授权部门未作出处理结果且又无正当理由的，人民法院应当按照民法通则规定的诚实信用原则和保护公民、法人合法的民事权益原则，依法保护在先授予的权利人或者在先使用人享有继续使用的合法的民事权益。"二是权利冲突纠纷本质上属于民事纠纷，可以直接纳入民事侵权争议的范畴，不必设置行政程序优先。如2002年北京市高级人民法院《关于商标与使用企业名称冲突纠纷案件审理中若干问题的解答》指出："当事人因注册商标与使用企业名称发生冲突引起纠纷向人民法院起诉的，经审查符合民事诉讼法第一百零八条规定的，人民法院应予受理。"2008年，最高人民法院颁布《关于审理注册商标、企业名称与在先权利冲突的民事纠纷案件若干问题的规定》对权利冲突纠纷的解决方式予以规范。该规定区分了两种情形作出了不同规定：

1. 注册商标之间的权利冲突，以行政程序优先为原则。即该《规定》第一条第二款规定："原告以他人使用在核定商品上的注册商标与其在先的注册商标相同或者近似为由提起诉讼的，人民法院应当根据民事诉讼法第一百一十一条第（三）项的规定，告知原告向有关行政主管机关申请解决。"但是，对于超出核定使用商品或者服务范围使用注册商标、改变注册商标显著特征或者作近似于他人在先注册商标的改变而引发纠纷的，该《规定》第一条第二款规定"原告以他人超出核定商品的范围或者以改变显著特征、拆分、组合等方式使用的注册商标，与其注册商标相同或者近似为由提起诉讼的，人民法院应当受理"。

2. 注册商标与其他在先权利的权利冲突，不受行政程序的影响。该《规定》第一条第二款规定："原告以他人注册商标使用的文字、图形等侵犯其著作权、外观设计专利权、企业名称权等在先权利为由提起诉讼，符合民事诉讼法第一百零八条规定的，人民法院应当受理。"本条中的在先权利除列举的著作权、外观设计专利权、企业名称权外，还包括反不正当竞争法规定的知名商品的特有名称、包装、装潢、域名以及其他在先权利等。如果被告已经投入商业使用的商标，虽已向商标局提出商标的注册申请，但该商标并未由商标局核准注册的，原告对该使用行为提起民事诉讼的，人民法院可以受理。但是，如果被告的商标并未实际使用，而是仅在注册程序之中，原告提起诉讼的，人民法院不予受理。最高人民法院(2005)民三监字第2号函曾指出："在商标授权程序中，当事人仅因他人申请注册商标时使用其作品而主张保护著作权的，应通过商标法规定的异议等救济程序解决。在已提出异议的情况下，当事人又以他人使用其作品申请注册商标并获初审公告的行为构成侵权为由，提起民事诉讼的，人民法院不宜受理。"

（四）注重对商标使用和注册的管理

中国《商标法》历来注重对商标使用和注册的管理，并试图通过商标管理促进商标注册和使用人保证商品质量，维护消费者合法权益。1982年《商标法》第一条规定"为了加强商标管理，保护商标专用权，促使生产者保证商品质量和维护商标信誉，以保障消费者的利益，促进社会主义商品经济的发展，特制定本法。"该条将"加强商标管理"作为《商标法》立法的首要宗旨，此后历次修改都沿用了这一制度安排。2013年《商标法》第一条规定"为了加强商标管理，保护商标专用权，促使生产、经营者保证商品和服务质量，维护商标信誉，以保障消费者和生产、经营者的利益，促进社会主义市场经济的发展，特制定本法。"《商标法》对"加强商标管理"的立法宗旨的贯彻主要体现在：一是要求商标使用人对商品质量负责，即第七条规定："商标使用人应当对其使用商标的商品质量负责。各级工商行政管理部门应当通过商标管理，制止欺骗消费者的行为"。二是设专章即第六章规定"商标使用的管理"，禁止商标注册人在使用注册商标的过程中，自行改变注册商标、注册人名义、地址或者其他注册事项。一旦发生此类擅自改变注册事项的行为，由地方工商行政管理部门责令限期改正；期满不改正的，由商标局撤销其注册商标。①三是将因注册商标发生可撤销事由引起的纠纷纳入商标管理的范围，由商标局进行审理；当事人对商标局审理决定不服的，可以向商标评审委员会申请复审，由此造成商标撤销案件行政二审制。《商标法》第四十九条第二款规定："注册商标成为其核定使用的商品的通用名称或者没有正当理由连续三年不使用的，任何单位或者个人可以向商标局申请撤销该注册商标。商标局应当自收到申请之日起九个月内做出决定。"《商标法》第五十四条规定："对商标局撤销或者不予撤销注册商标的决定，当事人不服的，可以自收到通知之日起十五日内向商标评审委员会申请复审。商标评审委员会应当自收到申请之日起九个月内做出决定，并书面通知当事人。有特殊情况需要延长的，经国务院工商行政管理部门批准，可以延长三个月。当事人对商标评审委员会的决定不服的，可以自收到通知之日起三十日内向人民法院起诉。"四是强化对商标注册的管理，赋予商标局主动宣告注册商标无效的权力。当事人对商标局无效宣告决定不服的，可以向商标评审委员会申请复审，由此造成商标局依职权宣告商标注册无效的案件实际上也是行政二审制。《商标法》第四十四条规定："第四十四条已经注册的商标，违反本法第十条、第十一条、第十二条规定的，或者是以欺骗手段或者其他不正当手段取得注册的，由商标局宣告该注册商标无效，""商标局做出宣告注册商标无效的决定，应当书面通知当事人。当事人对商标局的决定不服的，可以自收到通知之日起十五日内向商标评审委员会申请复

---

① 《商标法》第四十九条第一款。

审。商标评审委员会应当自收到申请之日起九个月内做出决定，并书面通知当事人。有特殊情况需要延长的，经国务院工商行政管理部门批准，可以延长三个月。当事人对商标评审委员会的决定不服的，可以自收到通知之日起三十日内向人民法院起诉。"

（五）商标专用权行政执法保护与司法保护的"双轨制"

商标专用权保护双轨制，是指行政执法保护和司法保护并存。为了加强商标管理，保护商标专用权，充分发挥工商行政执法力量和克服商标审判力量不足，1982年《商标法》就确立了商标专用权保护的双轨制，即根据该法第三十八条规定，发生侵犯注册商标专用权行为，被侵权人可以向侵权人所在地的县级以上工商行政管理部门要求处理，也可以直接向人民法院起诉。有关工商行政管理部门不仅有权责令侵权人立即停止侵权行为，而且可以责令侵权人赔偿被侵权人的损失；对情节严重的，可以并处罚款。当事人不服的，可以在收到通知十五天内，向人民法院起诉；期满不起诉又不履行的，由有关工商行政管理部门申请人民法院强制执行。至2001年《商标法》第二次修改时，考虑到侵犯商标专用权纠纷属于民事纠纷，由行政机关确定赔偿数额并责令侵权人赔偿有违民事权利保护的基本原则，也不符合国际通行规则，因此取消了工商行政管理部门责令赔偿的权力，改为"工商行政管理部门应当事人的请求，可以就侵犯商标专用权的赔偿数额进行调解；调解不成的，当事人可以依照《中华人民共和国民事诉讼法》向人民法院起诉"。2013年《商标法》沿用了商标专用权行政执法保护和司法保护的双轨制。根据《商标法》第六十条的规定，因侵犯注册商标专用权引起纠纷的，由当事人协商解决；不愿协商或者协商不成的，商标注册人或者利害关系人可以向人民法院起诉，也可以请求工商行政管理部门处理。该条规定了发生侵犯商标专用权纠纷后，权利人寻求救济的三种途径：一是由权利人和侵权人自行协商解决。这是一种倡导性规定，协商不是必经程序，而是由当事人之间基于平等、自愿原则进行。二是权利人向人民法院提起侵权之诉，寻求司法保护，这是世界通行的做法。三是权利人请求工商行政管理部门处理，寻求行政执法保护。此外《商标法》第六十一条规定，对侵犯注册商标专用权的行为，工商行政管理部门有权依法查处。据此，工商行政管理部门在日常市场巡查和管理中，发现侵犯商标专用权的商品或者侵权行为的，可以依职权主动查处，采取相关措施，而不需要权利人投诉或者第三人举报。

行政执法和司法保护对加大商标专用权保护力度、维护公平竞争的市场秩序起到了积极作用。工商行政管理部门具有执法队伍和执法网络健全、程序简便、权利人举证责任轻、快速高效的优势，已成为行政执法的主力军。2013年，全国工商行政管理部门共立案查处侵权假冒案件8.13万件、涉案金额11.21亿元，捣毁制假售假窝点1786个，依法向司法机关移送涉嫌犯罪案件477件、涉案金额2.8亿元。司法保护虽然具有程序较为繁琐、周期较长、成本较高、权利人举证责任较重等不足，但其具有终局性，且可以就损害赔偿作出判决的优势，权利人寻求司法保护呈上升趋势。2013年，全国地方人民法院共新收商标案件23272件，同比上升17.45%。

（六）商标权司法保护在北京、上海、广州施行知识产权专门法院管辖

为进一步加强知识产权司法保护，切实依法保护权利人合法权益，维护社会公共利益，根据宪法和人民法院组织法，第十二届全国人民代表大会常务委员会第十次会议于2014年8月31日通过《关于在北京、上海、广州设立知识产权法院的决定》。《决定》对知识产权法院管辖范围和审级等事项作出了明确规定，主要包括（1）知识产权法院管辖有关专利、植物新品种、集成电路布图设计、技术秘密等专业技术性较强的第一审知识产权民事和行政案件。不服国务院行政部门裁定或者决定而提起的第一审知识产权授权确权行政案件，由北京知识产权法院管辖。知识产权法院对第一款规定的案件实行跨区域管辖。在知识产权法院设立的三年内，可以先在所在省（直辖市）实行跨区域管辖。（2）知识产权法院所在市的基层人民法院第一审著作权、商标等知识产权民事和行政判决、裁定的上诉案件，由知识产权法院审理。（3）知识产权法院第一审判决、裁定的上诉案件，由知识产权法院所在地的高级人民法院审理。2014年10月31日，《最高人民法院关于北京、上海、广州知识产权法院案件管辖的规定》发布，自11月3日施行。同年11月6日，北京知识产权法院率先成立并开始履职，集中管辖原由北京市各中级人民法院管辖的知识产权民事和行政案件。

三、中国商标制度的行政执法和司法体系

（一）工商行政执法体系

工商行政管理部门的商标管理与行政执法实行统一注册、分级管理原则和商标注册争议行政两审制度。

统一注册，是指全国的商标注册工作由国务院工商行政管理部门商标局负责，凡需要取得商标专用权的，应当向商标局申请注册。《商标法》第二条第一款规定"国务院工商行政管理部门商标局主管全国商标注册和管理的工作"，第四条第二款规定"自然人、法人或者其他组织在生产经营活动中，对其商品或者服务需要取得商标专用权的，应当向商标局申请商标注册。"2008年7月11日《国务院办公厅关于印发国家工商行政管理总局主要职责内设机构和人员编制规定的通知》（国办发〔2008〕88号）以及2008年9月8日国家工商行政管理总局《关于印发各司（厅、局、室）主要职责内设机构和人员编制规定的通知》（工商人字〔2008〕195号）规定，商标

局承担商标注册与管理等行政职能，具体负责全国商标注册和管理工作，依法保护商标专用权和查处商标侵权行为，加强驰名商标的认定和保护工作，负责特殊标志、官方标志的登记、备案和保护，研究分析并依法发布商标注册信息，为政府决策和社会公众提供信息服务，实施商标战略等工作。

分级管理，是指各地工商行政管理部门对本辖区内的商标使用行为进行监督管理，依职权或应权利人请求查处侵犯注册商标专用权行为，保护商标权人和消费者的合法权益。地方工商行政管理部门共分为三级，即省级、地市级和县区级，都建立了商标管理机构，与国家工商行政管理总局商标局共同构成了四级商标行政执法体系。地方工商行政管理部门的主要职责是对商标注册人在使用注册商标的过程中自行改变注册商标、注册人名义、地址或者其他注册事项的行为进行管理；对使用未注册商标和注册商标违反商标法的行为进行管理；依职权或者应权利人投诉或者公众举报对侵犯商标专用权的行为进行查处。

商标注册争议行政两审，是指由商标局负责对部分商标注册争议的行政一审，当事人不服商标局决定的，由商标评审委员会负责行政二审。《商标法》第二条第二款规定"国务院工商行政管理部门设立商标评审委员会，负责处理商标争议事宜。"2008年9月8日国家工商行政管理总局《关于印发各司（厅、局、室）主要职责内设机构和人员编制规定的通知》（工商人字〔2008〕195号）以及2013年修改后《商标法》的规定，商标评审委员会主要职责是处理商标争议事宜，并依法作出裁决。具体包括：对商标局驳回的商标申请，应当事人请求进行复审；对商标局作出的不予注册的异议决定、商标撤销决定、商标无效宣告决定，应当事人请求进行复审；对当事人提出的商标无效宣告申请进行审理；对商标局作出的商标注册程序性决定，应当事人请求进行复议；依法认定驰名商标；依法参加商标评审案件的行政诉讼。

（二）海关行政执法体系

商标权海关保护，是指海关对与进出口货物有关并受中国法律、行政法规保护的商标专用权实施的保护。中华人民共和国海关是国家进出境监督管理机关，实行垂直领导体制。基本任务是出入境监管、征税、打私、统计，对外承担税收征管、通关监管、保税监管、进出口统计、海关稽查、知识产权海关保护、打击走私、口岸管理等主要职责。海关的机构设置为海关总署、直属海关和隶属海关三级。海关总署是中华人民共和国国务院下属的正部级直属机构，统一管理全国海关，并在欧盟、俄罗斯、美国等派驻海关机构。全国海关目前共有46个直属海关单位（广东分署，天津、上海特派办，41个直属海关，2所海关院校），600个隶属海关和办事处，通关监管点近4000个。中国海关现有关员（含海关缉私警察）约5万人。

根据《中华人民共和国知识产权海关保护条例》，商标专用权的权利人请求海关对其知识产权采取保护措施，可以选择"依职权保护"和"依申请保护"两种模式。"依职权保护"，指海关有权主动启动制止和查处进出口侵权货物的执法程序，也被称作海关"主动保护"。"依申请保护"，指海关根据商标专用权权利人的申请启动海关执法程序，也被称作海关"被动保护"。 商标专用权的权利人申请海关保护，应当向海关申请保护备案，即按照《中华人民共和国知识产权海关保护条例》的规定，将其与进出口货物有关并受中华人民共和国法律、行政法规保护的商标专用权的法律状况、有关的进出口商品、合法使用商标权和侵权货物进出口等情况向海关总署进行登记，以便海关在对进出口货物的监管过程中能够主动地对商标权实施保护。

依据《中华人民共和国知识产权海关保护条例》第七条的规定，

商标权海关保护备案自海关总署准予备案之日起生效，有效期为10年。商标权有效的，商标权人可以在备案有效期届满前6个月内，向海关总署申请续展备案。每次续展备案的有效期为10年。商标权海关保护备案有效期届满而不申请续展或者商标权不再受法律、行政法规保护的，商标权海关保护备案随即失效。海关备案不是商标权获得海关保护的前提条件，但备案便于海关实施进出口货物的监管。

商标权人发现侵权嫌疑货物即将进出口的，可以向海关提出扣留侵权嫌疑货物的申请，但应当在海关规定的期限内向海关提供相当于货物价值的担保，用于赔偿可能因申请不当给收货人、发货人造成的损失，以及支付货物由海关扣留后的仓储、保管和处置等费用。《中华人民共和国海关关于〈中华人民共和国知识产权海关保护条例〉的实施办法》第二十四条规定，在海关总署备案的商标专用权的知识产权权利人，经海关总署核准可以向海关总署提交银行或者非银行金融机构出具的保函，为其向海关申请商标专用权海关保护措施提供总担保。自海关总署核准其使用总担保之日至当年12月31日，知识产权权利人根据《中华人民共和国知识产权海关保护条例》第十六条的规定，请求海关依职权扣留涉嫌侵犯其已在海关总署备案的商标专用权的进出口货物的，无须另行提供担保。

有关货物涉嫌侵犯已经在海关总署备案的商标权的，商标权权利人可以向海关举报，并向海关提出扣留侵权嫌疑货物的申请，由海关依职权调查处理。海关对进出口货物实施监管，发现进出口货物涉嫌侵犯在海关总署备案的商标权的，应当立即书面通知商标权权利人。被扣留的侵权嫌疑货物，经海关调查后认定侵犯商标权的，由海关予以没收，并应将侵犯商标权货物的有关情况书面通知商标权权利人。被没收的侵犯商标权货物可以用于社会公益事业的，海关应当转交给有关公益机构用于社会公益事业；商标权权利人有收购意愿的，海关可以有偿转让给商标权权利人。被没收的侵犯商标权货物无法用于社会公益事业且商标权权利人无收购意愿的，海关可以在消除侵权特征后依法拍卖；侵权特征无法消除的，海关应当予以销毁。

海关接受商标权保护备案和采取商标权保护措施的申请后，因商标权权利人未提供确切情况而未能发现侵权货物、未能及时采取保护措施或者采取保护措施不力的，由商标权权利人自行承担责任。商标权权利人请求海关扣留侵权嫌疑货物后，海关不能认定被扣留的侵权嫌疑货物侵犯商标权，或者人民法院判定不侵犯商标权的，商标权权利人应当依法承担赔偿责任。

（三）司法审判体系

中国的司法审判职能由人民法院履行。中国的法院由最高人民法院、高级人民法院、中级人民法院和基层人民法院四级法院组成。中国在北京、上海、广州设立知识产权法院，其层级为中级人民法院。根据中国相关法律规定，司法审判所涉及的诉讼类型包括民事诉讼、刑事诉讼和行政诉讼。三种诉讼类型均实行二审终审制度。三种诉讼类型中均涉及与商标有关的纠纷。

1. 与商标有关的民事诉讼

原则上，公民、法人及其他组织等平等民事主体之间因商标而发生民事争议的，均可以向人民法院提起民事诉讼。对于商标民事诉讼，人民法院根据中国民事诉讼法等相关法律规定进行审理，作出裁判。最高人民法院2002年制定的《关于审理商标案件有关管辖和法律适用范围问题的解释》（法释〔2002〕1号，以下简称《商标管辖和法律适用解释》）第一条对司法实践中法院受理的商标民事案件类型作了归纳和总结。2013年，中国对商标法进行了修订。相应地，2014年初，最高人民法院重新制定了司法解释。最新的司法解释《关于商标法修改决定施行后商标案件管辖和法律适用问题的解释》（法释〔2014〕4号）第一条用"列举加兜底"的方式，明确了法院受理的商标民事案件的主要类型包括：商标权权属纠纷案件；侵害商标专用权纠纷案件；确认不侵害商标专用权纠纷案件；商标权转让合同纠纷案件；商标使用许可合同纠纷案件；商标代理合同纠纷案件；申请诉前停止侵害商标专用权案件；因申请停止侵害商标专用权损害责任案件；因商标纠纷申请诉前财产保全案件；因商标纠纷申请诉前证据保全案件；其他商标案件。

根据《关于商标法修改决定施行后商标案件管辖和法律适用问题的解释》（法释〔2014〕4号）第三条规定，上述商标民事案件中，除了涉及驰名商标保护外，其余的第一审案件，由中级以上人民法院及最高人民法院指定的基层人民法院管辖。其中，截至2014年5月，最高人民法院指定的具有商标民事案件管辖权的基层人民法院共有160个。对于涉及驰名商标保护的案件，原本并无管辖的特殊规定，也由所有中级人民法院和最高人民法院指定的基层人民法院管辖。但在2007年前后，驰名商标保护出现了较为严重的"异化"现象，考虑到驰名商标保护案件的特殊性，为了统一法律适用标准，2009年1月5日，最高人民法院发布了《关于涉及驰名商标认定的民事纠纷案件管辖问题的通知》（法〔2009〕1号），对涉及驰名商标认定的民事纠纷案件采取"集中管辖"原则，由省、自治区人民政府所在地的市、计划单列市、直辖市辖区内的中级人民法院以及经最高人民法院指定的其他中级人民法院管辖。前述2014年的司法解释第三条第二款坚持了该管辖确定标准。根据2014年10月31日发布的《最高人民法院关于北京、上海、广州知识产权法院案件管辖的规定》，北京市、上海市、广东省涉及驰名商标认定的民事案件，分别由北京、上海、广州知识产权法院专属管辖。截至目前，除了省、自治区人民政府所在地的市、计划单列市、直辖市辖区内的中级人民法院以外，最高人民法院指定的具有涉及驰名商标认定的民事纠纷案件管辖权的中级人民法院共有厦门、大连、青岛、东营、潍坊、宁波、温州和新疆生产建设兵团分院农八师中级人民法院等八个。

2. 与商标有关的行政诉讼

根据中国行政诉讼法的规定，当事人对行政主体作出的具体行政行为不服，可以向人民法院提起行政诉讼。法院审理的与商标有关的行政诉讼主要包括两大类。

其中一类是当事人不服商标评审委员会作出的与商标授权确权有关的复审决定或者裁定而提起的行政案件，由北京知识产权法院管辖。另一类是当事人不服工商行政管理部门作出的有关商标的其他具体行政行为而提起的行政诉讼案件。实践中，后者主要是针对前述行政执法的行政处理决定而提起的。当事人不服工商行政管理部门作出的处理决定的，可以依照《中华人民共和国行政诉讼法》第三十九条的规定，在知道作出具体行政行为之日起三个月内向人民法院提出行政诉讼。根据《行政诉讼法》的规定，此类案件一般由被告住所地，即作出行政处理决定的行政机关所在地的人民法院作为一审管辖法院。人民法院根据行政诉讼法的相关规定对行政机关作出的具体行政行为进行审查，并作出维持行政决定、撤销行政决定、变更行政决定等判决。

3. 与商标有关的刑事诉讼

《中华人民共和国刑法》规定了三种与商标有关的罪名，分别为假冒注册商标罪[①]、销售假冒注册商标的商品罪[②]和非法制造、销售非

[①] 《刑法》第213条规定：未经注册商标所有人许可，在同一种商品上使用与其注册商标相同的商标，情节严重的，处三年以下有期徒刑或者拘役，并处或者单处罚金；情节特别严重的，处三年以上七年以下有期徒刑，并处罚金。

[②] 《刑法》第214条规定：销售明知是假冒注册商标的商品，销售金额数额较大的，处三年以下有期徒刑或者拘役，并处或者单处罚金；销售金额数额巨大的，处三年以上七年以下有期徒刑，并处罚金。

法制造的注册商标标识罪[①]。对于这些侵害商标权的犯罪行为，被害人既可以向公安机关报案，由公安机关进行刑事侦查后由检察机关向人民法院提起刑事公诉，在有证据的情况下也可以直接向人民法院提起刑事自诉，追究犯罪嫌疑人的刑事责任。

对于刑事公诉和刑事自诉，人民法院依照刑事诉讼法的规定进行审理，对于是否构成犯罪及应当承担的刑事责任作出裁判。根据中国刑法规定，主要的刑事责任方式包括有期徒刑、拘役和/或罚金。

四、商标确权的行政程序与司法程序

（一）行政程序

商标确权的行政程序主要包括商标注册申请、商标注册申请的形式审查、商标注册申请的实质审查、商标注册申请的驳回与初步审定、商标异议、商标核准注册、商标评审、商标注册续展等（见图一：商标注册流程简图）。2013年《商标法》的修改对商标确权行政程序进行了优化，主要表现在以下几个方面：

1. 改申请注册商标"一标一类"为"一标多类"

商标法修改前实行"一标一类"，即同一商标注册申请只能在一个类别中指定商品或者服务项目。一标多类，也称"一表多类"，是指同一商标注册申请可以在两个或者两个以上类别指定商品或者服务项目，即新《商标法》第二十二条第二款规定，"商标注册申请人可以通过一份申请就多个类别的商品申请注册同一商标。"

[①] 《刑法》第215条规定：伪造、擅自制造他人注册商标标识或者销售伪造、擅自制造的注册商标标识，情节严重的，处三年以下有期徒刑、拘役或者管制，并处或者单处罚金；情节特别严重的，处三年以上七年以下有期徒刑，并处罚金。

图一　商标注册流程简图

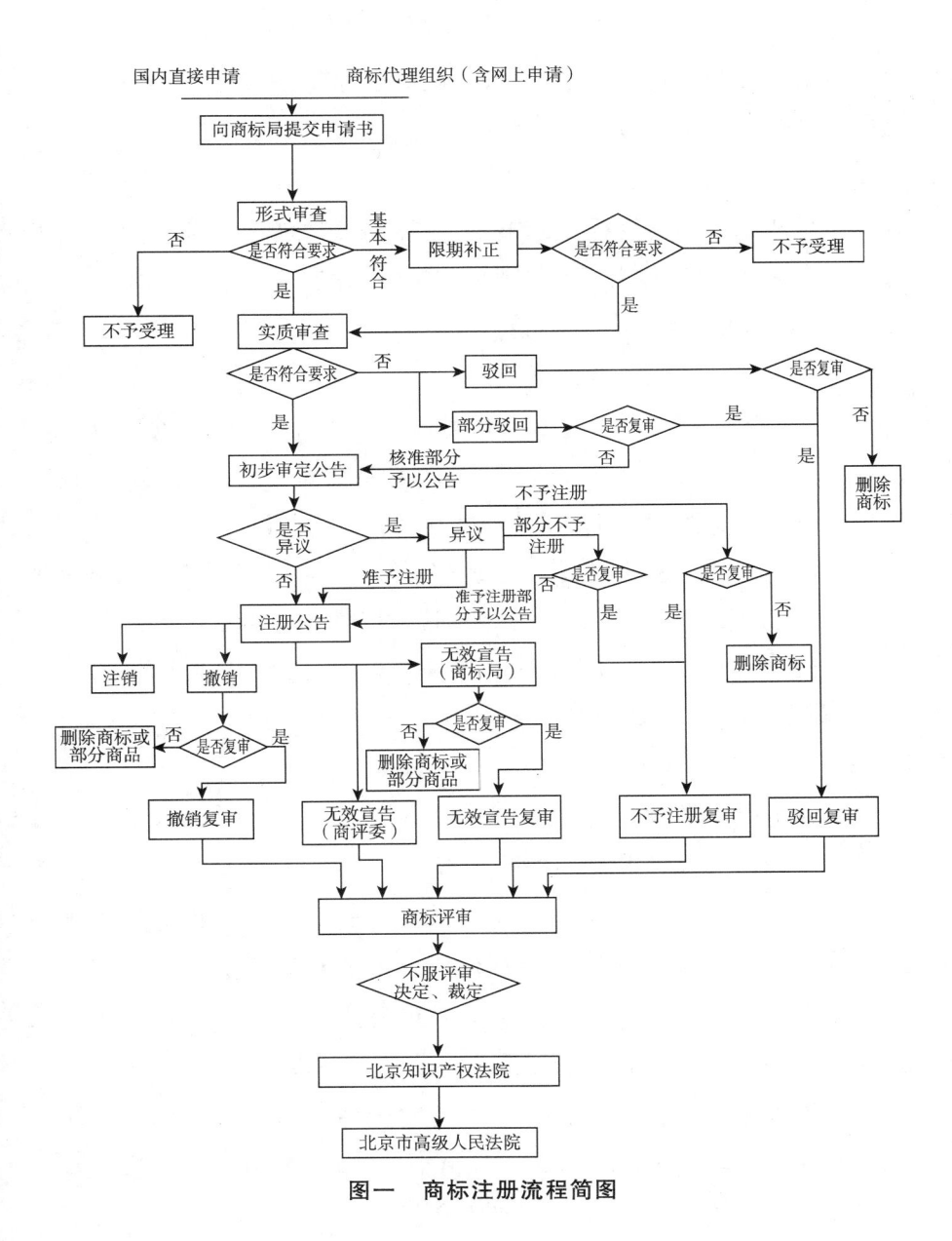

2. 增加电子申请注册方式

修改前的《商标法实施条例》第十五条第三款规定:"商标注册

申请等有关文件，应当打字或者印刷。"商标局自 2006 年开通了商标注册的网上申请但仅向商标代理机构开放，后逐步扩大商标代理机构的范围。2013 年商标法修改在总结实践的基础上，对电子申请方式予以明确，即《商标法》第二十二条第三款规定"商标注册申请等有关文件，可以以书面方式或者数据电文方式提出。"新《商标法》实施后，电子申请将向所有申请人开放。

3. 增加了实质审查的沟通程序

在商标审查实践中，存在大量通过修正或者说明使商标注册申请符合商标法规定，而不必直接予以驳回或者部分驳回的情形，由于法律没有赋予商标局主动通知申请人的职权和程序，导致不必要的驳回，这不仅不方便申请人及时获得商标权，而且成为驳回复审申请量增加的诱因之一。为解决这一问题，《商标法》第二十九条规定："在审查过程中，商标局认为商标注册申请内容需要说明或者修正的，可以要求申请人作出说明或者修正。申请人未作出说明或者修正的，不影响商标局做出审查决定。"

4. 重新设计了异议程序

商标异议程序，是指自然人、法人或者其他组织在法定期限内对商标注册申请人经商标局初步审定并刊登公告的商标提出不同意见，请求商标局不予该商标注册，由商标局依法进行审理并做出决定的程序。新《商标法》对异议程序从两个方面进行了重新设计：一是区分异议理由对异议人主体资格作出不同规定，即基于初步审定商标违反不得注册的绝对理由条款的（商标不得注册的绝对理由条款包括《商标法》第十条、第十一条、第十二条），任何人可以提出异议；基于初步审定商标违反不得注册的相对理由条款的（商标不得注册的相对理由条款包括《商标法》第十三条、第十五条、第十六条第一款、第三十条、第三十一条、第三十二条），主体资格限定为在先权利人、利害关系人。二是给予异议人和被异议人不同的救济方式。2001年《商标法》对商标异议案件实行"行政两审、司法两审"的"四审终审制"，行政两审是指异议案件由商标局异议裁定，当事人不服可以申请复审，由商标评审委员会做出异议复审裁定。司法两审是指当事人对商标评审委员会异议复审裁定不服可以起诉，从而进入行政诉讼程序，实行两审终审。"四审终审制"导致异议程序过于冗长，2013年《商标法》对此进行了修正，即根据《商标法》第三十五条第二款的规定，异议人不服商标局做出的准予注册决定，异议人不得向商标评审委员会申请复审；也不得向人民法院起诉，只能等到该商标注册后，依法向商标评审委员会请求宣告该注册商标无效；第三十五条第三款规定，被异议人不服商标局做出不予注册决定的，可以向商标评审委员会申请复审，被异议人对商标评审委员会的复审决定不服的，可以向人民法院提起诉讼。而且，只有被异议人对商标评审委员会复审决定不服可以起诉，这就意味着在商标局做出不予注册决定，被异议人提出复审，而商标评审委员会做出准予注册复审决定，原异议人也不得起诉，但可以依法另行向商标评审委员会请求宣告该注册商标无效。

5.区分了商标权的撤销和无效宣告

撤销和宣告无效都是商标权终止的原因。商标权的撤销，是指因商标权产生之后的事由使商标权丧失了继续受保护的基础，由商标主管机构做出取消该商标注册的决定。商标权的无效，是指因商标权的取得存在瑕疵，由商标主管机构宣告商标权自始就没有法律效力。世界多数国家和地区商标法对撤销和无效宣告制度都明确加以区分，中国2001年《商标法》没有"无效宣告"的概念，而是统称为"撤销"。2013年《商标法》严格区分了商标权撤销和无效宣告，并对撤销和宣告无效裁决的生效时间做了必要完善。[①]

6. 放宽基于驰名商标请求宣告"恶意注册商标"无效的时限

2013年《商标法》第四十五条规定："已经注册的商标，违反本法第十三条第二款和第三款、第十五条、第十六条第一款、第三十条、第三十一条、第三十二条规定的，自商标注册之日起五年内，在先权利人或者利害关系人可以请求商标评审委员会宣告该商标注册无效。对恶意注册的，驰名商标所有人不受五年的时间限制。"本条中的第十三条第二款系在相同或者类似商品上保护未注册驰名商标、第十三条第三款系在不相同或者不相类似商品上保护已注册驰名商标、第三十条含在同一种或者类似商品上保护在先已经注册的商标。根据本条规定，在援引第十三条第二款、第三款和第三十条请求宣告在后注册商标无效时，如果在后注册出于恶意，驰名商标所有人都不受五年的时间限制。

7. 增加了审查和审理时限

为了保障申请人及时获得商标权利，2013年《商标法》增设了商标申请审查和各类行政确权案件审理的时限。《商标法》第二十八条规定："对申请注册的商标，商标局应当自收到商标注册申请文件之日起九个月内审查完毕，符合本法有关规定的，予以初步审定公告。"同时，《商标法》对商标异议、撤销、无效等行政确权案件都规定了相应的审理时限，[②]以保证商标注册争议得到及时解决。

（二）司法程序

1. 案件类型和范围

在2001年修订商标法之前，商标评审委员会对于商标授权确

[①]《商标法》第四十六条、第五十五条第一款。
[②]《商标法》第三十四条、第三十五条、第四十四条和第五十四条。

权事宜作出的行政裁决是终局裁决，不接受司法审查。2001年修订商标法，将上述行政行为纳入司法审查范围。根据2001年商标法第三十二条、第三十三条、第四十三条和第四十九条的规定，当事人对于商标评审委员会作出的驳回复审决定、异议复审决定、争议裁定和撤销复审决定不服的，均可以在自收到通知之日起三十日内向人民法院起诉。2013年商标法基本保留了前述司法审查制度。根据2013年商标法第三十四条、第四十四条、第四十五条和第五十四条的规定，对于商标评审委员会作出驳回复审决定、无效裁定和撤销复审决定不服的，同样可以在自收到通知之日起三十日内向人民法院起诉。2013年商标法改革了商标异议制度，只有在商标评审委员会作出不予注册的异议复审决定时，被异议人（即商标申请人）才可以向人民法院提起诉讼。商标评审委员会作出准予注册复审决定的，异议人不能向人民法院提起诉讼，只能依照商标法第四十四条、第四十五条的规定，另行向商标评审委员会请求宣告该注册商标无效。上述案件一般统称为商标授权确权案件。

2. 管辖

关于商标授权确权案件的管辖，《商标管辖和法律适用解释》（法释〔2002〕1号）第二条规定，不服商标评审委员会作出的复审决定或者裁定的案件，由北京市高级人民法院根据最高人民法院的授权确定其辖区内有关中级人民法院管辖。2002年5月21日最高人民法院在《关于专利法、商标法修改后专利、商标相关案件分工问题的批复》（法〔2002〕117号）中，明确按照行政诉讼法有关规定，此类案件应由北京市高、中级人民法院管辖，同时又对管辖法院内部知识产权庭和行政审判庭之间的分工作出规定。根据最高人民法院的批复，北京市高级人民法院于2003年8月13日发布《关于执行〈最高人民法院关于专利法、商标法修改后专利、商标相关案件分工问题的批复〉及国际贸易行政案件分工的意见（试行）》，明确当事人不服商标评审委员会的复审决定或裁定，提起行政诉讼的，一审暂由北京市第一中级人民法院管辖，并主要以是否涉及相应的民事争议为标准，将相关案件分归民事审判和行政庭审理。

2009年6月22日，最高人民法院发布《关于专利、商标等授权确权类知识产权行政案件审理分工的规定》，明确自2009年7月1日起，商标授权确权案件的一、二审和再审案件统一交由北京市有关中级人民法院、北京市高级人民法院和最高人民法院知识产权审判庭审理。自此，此类案件一、二审和再审分别由北京市第一中级人民法院、北京市高级人民法院和最高人民法院的知识产权庭审理。

2014年10月31日，最高人民法院发布《关于北京、上海、广州知识产权法院案件管辖的规定》，同年11月6日，北京市高级人民法院发布《关于北京知识产权法院履职的公告》，明确自11月6日起，商标授权确权行政案件的一审由北京知识产权法院审理。自此，此类案件一、二审和再审分别由北京知识产权法院、北京市高级人民法院知识产权庭和最高人民法院知识产权庭审理。

3. 当事人

对于前述商标评审委员会作出的与商标授权确权事宜有关的裁决，商标评审程序的当事人不服的，可在自收到通知之日起三十日内向北京市第一中级人民法院起诉。根据行政诉讼法的规定，这些案件的被告均为商标评审委员会。因此法院在受理后会依法通知商标评审委员会作为被告应诉。对于涉及驳回复审决定的诉讼，案件当事人只有作为原告起诉的商标申请人和被告商标评审委员会；注册商标权人对于商标局依职权撤销注册商标的决定不服向商标评审委员会申请复审，商标评审委员会经过审理作出维持撤销的复审决定，注册商标权人不服提起诉讼的案件中，案件当事人只有原告注册商标权人和被告商标评审委员会。但对于被异议人针对不予注册的异议复审决定提起的诉讼中，法院还会通知异议人作为第三人参加诉讼；在一方当事人针对无效宣告请求裁定提起的诉讼中，法院还会通知商标裁定程序的对方当事人作为第三人参加诉讼；对于依请求而启动的商标撤销复审决定，一方当事人不服提起诉讼的，人民法院通知另一方当事人作为第三人参加诉讼。

4. 审理范围

虽然对于商标授权确权案件的诉讼模式有很多讨论和观点，但 2013 年商标法并未就此进行修改，目前仍采用行政诉讼模式，按照中国行政诉讼法的规定进行审理。根据审判实践，法院一般只针对原告提出异议的问题进行审理，不对被诉裁决进行全面审查，对于被诉裁决中原告未提出异议的部分，法院一般不主动审查。当然，如果法院发现其他部分存在错误，也会进行处理。根据行政诉讼法第三十二条的规定，被告商标评审委员会对作出的具体行政行为负有举证责任，应当提供作出该具体行政行为的证据和所依据的规范性文件。考虑到除了驳回复审案件和商标局依职权撤销注册商标的双方当事人案件外，其他案件在评审程序中均存在另一对方当事人，商标评审委员会是居间裁决，并不主动收集证据，而且该对方当事人在诉讼中作为案件第三人参加诉讼，故实践中，除了由商标评审委员会将当事人在评审程序中提交证据作为证据提交外，作为第三人的当事人也常常提交证据支持被诉裁定。原告也可以提交证据证明被诉裁决违反法律规定。法院总体上坚持行政诉讼的卷宗主义，即通常只针对评审期间涉及的事实、证据和理由进行审查，但在一些情况下在一定范围内接受新证据，考虑新的事实。

根据行政诉讼法第五条的规定，法院审理上述行政案件，对具体行政行为是否合法进行审查，具体包括在程序、事实认定和法律适用上对商标评审委员会所作的授权确权行政行为进行审查，对相关的实质性授权条件作出独立判断。2010年4月，最高人民法院颁布了《关于审理商标授权确权行政案件若干问题的意见》（法发〔2010〕12号），对人民法院审理此类案件的总体性司法政策导向、商标是否具有显著特征的审查判断、驰名商标的保护、代理人或者代表人抢注、商品类似和商标近似判断、在先权利的保护、注册商标连续三年停止使用的审查判断等人民法院商标授权确权司法审查中较为突出的问题明确了指导意见。

5. 审理程序

一审法院受理后，法院根据行政诉讼法及其司法解释的规定，对此类案件组成合议庭开庭审理。一审法院应当在立案之日起三个月内作出第一审判决。有特殊情况需要延长的，由北京市高级人民法院批准。一审法院经过审理，如果被诉裁决证据确凿，适用法律、法规正确，符合法定程序的，判决维持；如果被诉裁决存在主要证据不足、适用法律法规错误、违反法定程序、超越职权或者滥用职权情形之一的，判决撤销或者部分撤销被诉裁决，并视情况判决商标评审委员会重新作出具体行政行为。据统计，2013年北京一中院知识产权庭审结的商标授权确权行政案件中，判决撤销商标评审委员会所作行政裁决的案件352件，撤销比例为16.7%，比2012年降低了2个百分点。其中，商标驳回复审案件判决撤销49件，商标异议复审判决撤销251件，商标争议案件判决撤销44件，商标撤销复审案件判决撤销8件。

对于一审判决，当事人不服的，可以在裁定书送达之日起十日内向北京市高级人民法院提出上诉。北京市高级人民法院经过初步审查，认为事实清楚的，可以实行书面审理；当事人对原审人民法院认定的事实有争议的，或者第二审人民法院认为原审人民法院认定事实不清楚的，第二审人民法院开庭审理。二审法院经过审理，如果原判决认定事实清楚，适用法律、法规正确的，判决驳回上诉，维持原判；如果原判决认定事实清楚，但适用法律、法规错误的，依法改判；如果原判决认定事实不清，证据不足，或者由于违反法定程序可能影响案件正确判决的，裁定撤销原判，发回原审人民法院重审，也可以查清事实后改判。二审判决为终审判决。

当事人认为北京市高级人民法院作出的二审判决确有错误的，可以向北京市高级人民法院或者最高人民法院提出申诉。受理申诉的法院将对申诉进行审查。经过审查，如果认为当事人的申诉符合法律规定条件，将启动再审程序，对二审判决进行再审；如果经过审查认为申请人的申诉不符合法律规定，则驳回再审申请。

五、侵犯商标权的行政执法程序与司法程序

（一）行政执法程序

1. 侵犯商标权行为的类型

根据《商标法》第五十七条、《商标法实施条例》第七十五条、第七十六条的规定，侵犯商标权行为的种类包括：未经商标注册人的许可，在同一种商品上使用与其注册商标相同的商标的；未经商标注册人的许可，在同一种商品上使用与其注册商标近似的商标，或者在类似商品上使用与其注册商标相同或者近似的商标，容易导致混淆的（包括在同一种商品或者类似商品上将与他人注册商标相同或者近似的标志作为商品名称或者商品装潢使用，误导公众的）；销售侵犯注册商标专用权的商品的；伪造、擅自制造他人注册商标标识或者销售伪造、擅自制造的注册商标标识的；未经商标注册人同意，更换其注册商标并将该更换商标的商品又投入市场的；故意为侵犯他人商标专用权行为提供便利条件，帮助他人实施侵犯商标

专用权行为的（包括为侵犯他人商标专用权提供仓储、运输、邮寄、印制、隐匿、经营场所、网络商品交易平台等）；给他人的注册商标专用权造成其他损害的。

2. 立案

对侵犯商标专用权的行为，工商行政管理部门可以依职权主动立案进行查处。商标注册人或者利害关系人可以向人民法院起诉，也可以请求工商行政管理部门处理。根据《商标法实施条例》第七十七条的规定，对侵犯注册商标专用权的行为，任何人可以向县级以上工商行政管理部门投诉或者举报。工商所是县级工商行政管理机关的派出机构，可以接受投诉人投诉。投诉一般应采取书面形式，写明有关情况并提供相关证据，如侵权嫌疑人名称、地址，涉嫌侵权行为的发生地，涉嫌侵权的商标标识或者物品（照片、影印资料）等，同时附送商标权利人有效的权利证明。工商行政管理部门接到投诉或者举报后，经审查符合条件的，予以立案。立案一般应符合的条件包括存在商标侵权的事实、需要给予行政处罚、属于本工商行政管理部门管辖、人民法院尚未受理。

3. 调查

县级以上工商行政管理部门根据已经取得的违法嫌疑证据或者举报，对涉嫌侵犯他人注册商标专用权的行为进行查处时，可以行使下列职权：（1）询问有关当事人，调查与侵犯他人注册商标专用权有关的情况；（2）查阅、复制当事人与侵权活动有关的合同、发票、账簿以及其他有关资料；（3）对当事人涉嫌从事侵犯他人注册商标专用权活动的场所实施现场检查；（4）检查与侵权活动有关的物品；对有证据证明是侵犯他人注册商标专用权的物品，可以查封或者扣押。工商行政管理部门在调查过程中，依法行使上述职权时，当事人应当予以协助、配合，不得拒绝、阻挠。①此外，在查处商标侵权案件过程中，工商行政管理部门可以要求权利人对涉案商品是否为权利人生产或者其许可生产的产品进行辨认。②

4. 中止

在查处商标侵权案件过程中，当事人对商标权属存在争议或者权利人同时向人民法院提起商标侵权诉讼的，工商行政管理部门可以中止案件的查处。中止原因消除后，应当恢复或者终结案件查处程序。③商标权属存在争议主要是指涉案注册商标权属正在商标局、商标评审委员会审理或者人民法院诉讼中，案件审理结果可能影响正在查处的案件定性。④

5. 处理

（1）行政处罚。工商行政管理部门处理时，认定侵权行为成立的，可以根据情形作出下列行政处罚：一是责令立即停止侵权行为，没收、销毁侵权商品和主要用于制造侵权商品、伪造注册商标标识的工具。二是对违法经营额五万元以上的，可以处违法经营额五倍以下的罚款，没有违法经营额或者违法经营额不足五万元的，可以处二十五万元以下的罚款。⑤违法经营额的计算可以考虑侵权商品的销售价格、未销售侵权商品的标价、已查清侵权商品实际销售的平均价格、被侵权商品的市场中间价格、侵权人因侵权所产生的营业收入等因素。⑥三是对五年内实施两次以上商标侵权行为或者有其他严重情节的，应当从重处罚。四是销售不知道是侵犯注册商标

---

① 《商标法》第六十二条第一款、第二款。
② 《商标法实施条例》第八十二条。
③ 《商标法》第六十二条第三款。
④ 《商标法实施条例》第八十一条。
⑤ 《商标法》第六十条第二款。
⑥ 《商标法实施条例》第七十八条。

专用权的商品，能证明该商品是自己合法取得并说明提供者的，由工商行政管理部门责令停止销售，并将案件情况通报侵权商品提供者所在地工商行政管理部门。①能证明该商品是自己合法取得的情形主要包括有供货单位合法签章的供货清单和货款收据且经查证属实或者供货单位认可、有供销双方签订的进货合同且经查证已真实履行、有合法进货发票且发票记载事项与涉案商品对应等。②

（2）行政调解。对侵犯商标专用权的赔偿数额有争议的，工商行政管理部门可以应当事人的请求，对侵权损害赔偿数额进行调解。经工商行政管理部门调解，当事人未达成协议或者调解书生效后不履行的，当事人可以依照《中华人民共和国民事诉讼法》向人民法院起诉。行政调解不是必经的法定程序，当事人也可以直接向人民法院起诉。③

（3）移送。依据《商标法》第六十一条的规定，工商行政管理部门在查处商标侵权行为中，认为商标侵权行为涉嫌犯罪的，应当及时移送司法机关处理。可能构成犯罪的包括三种情形④：未经商标注册人许可，在同一种商品上使用与其注册商标相同的商标；伪造、擅自制造他人注册商标标识或者销售伪造、擅自制造的注册商标标识；销售明知是假冒注册商标的商品。

（二）司法程序

商标侵权的司法程序包括与侵犯商标权有关的行政诉讼、民事诉讼和刑事诉讼。由于之前已经较为详细介绍了行政诉讼和刑事诉讼的程序，在此不再赘述。以下介绍民事诉讼程序。

根据《商标法》第六十条的规定，当出现侵犯注册商标专用权

---

① 《商标法》第六十条第二款、《商标法实施条例》第八十条。
② 《商标法实施条例》第七十九条。
③ 《商标法》第六十条第三款。
④ 《刑法》第二百一十三条、第二百一十四条和第二百一十五条。

行为时，商标注册人或者利害关系人可以向人民法院起诉，也可以请求工商行政管理部门处理。从实践看，提起民事诉讼已经成为保护商标权的主要途径和有效途径。

1. 侵犯商标权的行为类型

对于侵犯商标权的行为类型，中国商标法一直都是采用列举的方式把常见的类型予以明确，同时又规定了兜底条款，以适应不断变化的行为模式。除《商标法》、《商标法实施条例》规定的侵权行为类型以外，最高人民法院2002年发布的司法解释《关于审理商标民事纠纷案件适用法律若干问题的解释》（法释〔2002〕32号，以下简称《商标民事适用法律解释》）又明确了几种常见的侵权类型：将与他人注册商标相同或者相近似的文字作为企业的字号在相同或者类似商品上突出使用，容易使相关公众产生误认的；复制、摹仿、翻译他人注册的驰名商标或其主要部分在不相同或者不相类似商品上作为商标使用，误导公众，致使该驰名商标注册人的利益可能受到损害的；将与他人注册商标相同或者相近似的文字注册为域名，并且通过该域名进行相关商品交易的电子商务，容易使相关公众产生误认的。该司法解释还规定：复制、摹仿、翻译他人未在中国注册的驰名商标或其主要部分，在相同或者类似商品上作为商标使用，容易导致混淆的，应当承担停止侵害的民事法律责任。上述司法解释虽然是根据2001年商标法制定的，但上述规定并没有与2013年商标法相冲突，仍然有效。实践中，发生最多、提起民事侵权诉讼最多的是商标法规定的前三项所列情形。但侵权行为总是形形色色，兜底条款的存在为司法救济非常见侵权类型提供了法律依据，这也是司法保护相较于行政保护的优势之一。

2. 起诉

根据中国民事诉讼法第一百一十九条的规定，起诉必须符合下列条件：（一）原告是与本案有直接利害关系的公民、法人和其他组织；（二）有明确的被告；（三）有具体的诉讼请求和事实、理由；（四）属于人民法院受理民事诉讼的范围和受诉人民法院管辖。

实践中，争议较大的是第一项，即原告主体资格的确定。注册商标权人有当然的原告资格，对于侵害商标权的行为可以提起诉讼。但很多商标权人是将商标许可他人使用，侵害商标权的行为也可能影响被许可人的利益。但被许可人并不当然具有原告资格，其能否单独作为原告起诉，主要取决于许可的类型。根据《商标民事适用法律解释》的规定，在发生注册商标专用权被侵害时，独占使用许可合同的被许可人可以向人民法院提起诉讼；排他使用许可合同的被许可人可以和商标注册人共同起诉，也可以在商标注册人不起诉的情况下，自行提起诉讼；普通使用许可合同的被许可人经商标注册人明确授权，可以提起诉讼。

当然，除了商标权人及相应的被许可人可以提起诉讼外，中国法院还允许被商标权人发侵权警告的主体在符合条件的情况下主动提起确认不侵权之诉。目前，提起确认不侵害商标权诉讼的条件主要参照确认不侵犯专利权诉讼的相关司法解释规定，即：商标权利人向他人发出侵犯商标权的警告，被警告人或者利害关系人经书面催告权利人行使诉权，自权利人收到该书面催告之日起一个月内或者自书面催告发出之日起二个月内，权利人不撤回警告也不提起诉讼的，被警告人或者利害关系人可以向人民法院提起请求确认其行为不侵犯商标权的诉讼。

需要强调的是，起诉应当在诉讼时效内提出。根据《商标民事适用法律解释》的规定，侵犯注册商标专用权的诉讼时效为二年，自商标注册人或者利害权利人知道或者应当知道侵权行为之日起计算。商标注册人或者利害关系人超过二年起诉的，如果侵权行为在起诉时仍在持续，在该注册商标专用权有效期限内，人民法院应当判决被告停止侵权行为，侵权损害赔偿数额应当自权利人向人民法院起诉之日起向前推算二年计算。

3. 管辖

中国民事诉讼法第二十八条规定：因侵权行为提起的诉讼，由侵权行为地或者被告住所地人民法院管辖。侵犯商标权行为是典型的侵权行为，因此原则上根据上述规定确定管辖。由于一般认为侵权行为地包括侵权行为实施地和侵权结果发生地，而侵犯商标权的商品可能流通到很多地方，这些地方是否具有管辖权，实践中存在争议。为此，《商标民事适用法律解释》第六条规定：因侵犯注册商标专用权行为提起的民事诉讼，由侵权行为的实施地、侵权商品的储藏地或者查封扣押地、被告住所地人民法院管辖。其中，侵权商品的储藏地，是指大量或者经常性储存、隐匿侵权商品所在地；查封扣押地，是指海关、工商等行政机关依法查封、扣押侵权商品所在地。可见，司法解释缩小了结果发生地管辖的范围，仅有储藏地和查封扣押地法院方有管辖权。当然，因为侵犯商标权的行为类型较多，同一诉讼中可能涉及多个被告多个行为类型，因此司法解释进一步规定：对涉及不同侵权行为实施地的多个被告提起的共同诉讼，原告可以选择其中一个被告的侵权行为实施地人民法院管辖；仅对其中某一被告提起的诉讼，该被告侵权行为实施地的人民法院有管辖权。这意味着如果在同一诉讼中既对制造商制造侵犯商标权的商品的行为提起诉讼，同时又要求销售商承担民事责任，则不仅可以在制造行为发生地法院起诉，也可以在销售行为所在地法院起诉，当然如果被告住所地与制造地、销售地不同一的，也可以在被告住所地法院起诉。

4. 行为保全

行为保全包括临时禁令、证据保全和财产保全等诉讼保全措施。

临时禁令又包括诉前临时禁令和诉中临时禁令。1982年和1993年商标法均未规定临时禁令制度。2001年商标法第五十七条规定了诉前临时禁令制度，明确商标注册人或者利害关系人有证据证明他人正在实施或者即将实施侵犯其注册商标专用权的行为，如不及时制止，将会使其合法权益受到难以弥补的损害的，可以在起诉前向人民法院申请采取责令停止有关行为的措施。2013年商标法保留了相关规定。2002年最高人民法院颁布了《关于诉前停止侵犯注册商标专用权行为和保全证据适用法律问题的解释》（法释〔2002〕2号），对诉前临时禁令的有关内容作出了具体规定。2012年修订的民事诉讼法又对民事诉讼中的保全措施作了修改和完善。根据上述规定，诉前禁令由商标权人或者利害关系人向侵权行为地或者被申请人住所地对商标案件有管辖权的人民法院提出。申请人应当提交被申请人正在实施或者即将实施侵犯注册商标专用权的行为的证据（包括被控侵权商品），并就有关行为如不及时制止将会使商标注册人或者利害关系人的合法权益受到难以弥补的损害作出具体说明。申请人必须提供担保。人民法院对相关申请进行审查，并在四十八小时内作出书面裁定。如果裁定责令被申请人停止侵犯注册商标专用权行为的，立即开始执行。商标注册人或者利害关系人应当在采取临时禁令措施后三十日内向法院提起侵权之诉，否则法院将解除禁令措施。如申请错误造成被申请人损失的，申请人应当赔偿被申请人相关损失。当然，商标注册人和利害关系人也可以在提起侵害商标权诉讼的同时或者在诉讼中主张临时禁令。

证据保全也包括诉前证据保全和诉中证据保全。诉中证据保全是民事诉讼法明确规定的制度，在侵害商标权诉讼中一直适用，即在证据可能灭失或者以后难以取得的情况下，当事人可以在诉讼过程中向人民法院申请保全证据，人民法院也可以主动采取保全措施。

2001年商标法规定了诉前证据保全制度，为制止侵权行为，在证据可能灭失或者以后难以取得的情况下，商标注册人或者利害关系人可以在起诉前向人民法院申请保全证据。

财产保全也包括诉前财产保全和诉中财产保全。财产保全主要是解决裁判执行问题。根据规定，人民法院对于可能因当事人一方的行为或者其他原因，使判决难以执行或者造成当事人其他损害的案件，根据对方当事人的申请，可以裁定对其财产进行保全。该申请既可以在诉前提出，也可以在诉中提出。

5. 证据

侵害商标权诉讼是民事诉讼的一种，因此适用一般民事诉讼的证据规则，提出主张的一方当事人应当就其主张承担举证责任。具体到侵害商标权诉讼中，权利人应就其拥有商标权、被告的具体侵权行为以及应当承担的民事责任等承担举证责任；被告提出不侵权抗辩或者免除民事责任抗辩的，应就其抗辩承担举证责任。为了减轻商标权人的举证责任，2013年商标法增加规定：人民法院为确定赔偿数额，在权利人已经尽力举证，而与侵权行为相关的账簿、资料主要由侵权人掌握的情况下，可以责令侵权人提供与侵权行为相关的账簿、资料；侵权人不提供或者提供虚假的账簿、资料的，人民法院可以参考权利人的主张和提供的证据判定赔偿数额。

6. 法律责任

侵害商标权行为是典型的侵权行为之一，其法律责任主要适用中国《民法通则》和《侵权责任法》中有关权利保护和侵权责任的一般规定。《民法通则》第一百三十四条规定承担民事责任的方式主要有：停止侵害、排除妨碍、消除危险、赔偿损失、消除影响和赔礼道歉等。同时，第一百一十八条又明确规定：公民、法人的著作权（版权）、专利权、商标专用权、发现权、发明权和其他科技成果权受到剽窃、篡改、假冒等侵害的，有权要求停止侵害，消除影响，赔偿损失。《商标民事适用法律解释》第二十一条进一步规定：人民法院在审理侵犯注册商标专用权纠纷案件中，依据民法通则第一百三十四条、商标法第五十三条的规定和案件具体情况，可以判决侵权人承担停止侵害、排除妨碍、消除危险、赔偿损失、消除影响等民事责任，还可以作出罚款，收缴侵权商品、伪造的商标标识和专门用于生产侵权商品的材料、工具、设备等财物的民事制裁决定。实践中，侵害商标权的行为主体通常承担停止侵害、赔偿损失、消除影响等民事责任。停止侵害其实就是永久禁令，要求侵权人停止相关侵权行为。有些判决不仅判令侵权人停止相关侵权行为，而且同时判决侵权人销毁侵权产品和生产侵权产品的专用工具。赔偿损失主要是弥补商标权人因侵权行为所遭受的损失，一般认为采用填平原则。根据2013年商标法规定，侵犯商标专用权的赔偿数额，按照权利人因被侵权所受到的实际损失确定；实际损失难以确定的，可以按照侵权人因侵权所获得的利益确定；权利人的损失或者侵权人获得的利益难以确定的，参照该商标许可使用费的倍数合理确定。对恶意侵犯商标专用权，情节严重的，可以在按照上述方法确定数额的一倍以上三倍以下确定赔偿数额。赔偿数额应当包括权利人为制止侵权行为所支付的合理开支。权利人因被侵权所受到的实际损失、侵权人因侵权所获得的利益、注册商标许可使用费难以确定的，由人民法院根据侵权行为的情节判决给予三百万元以下的赔偿。消除影响针对因被告侵权行为给原告的声誉或者商誉造成不良影响的情形。

（撰稿人：汪泽　周云川）

商标权的取得

1. 申请注册商标具有"不良影响"的判定

——广东省广美佛宝矿泉有限公司"佛宝 FOBAO 及图"商标驳回复审行政纠纷案

案件索引：北京市第一中级人民法院（2012）一中知行初字第1388号，2012年5月17日判决；北京市高级人民法院（2012）高行终字第1224号，2012年8月17日判决。

基本案情

2009年3月20日，广东省广美佛宝矿泉有限公司（以下称申请人）向商标局申请注册第7268691号"佛宝 FOBAO 及图"（见图一）商标（以下称申请商标），指定使用在第32类啤酒、果汁、矿泉水等商品上。商标局认为申请商标注册可能具有不良影响，依据《商标法》第十条第一款（八）项的规定驳回申请商标的注册申请。申请人不服商标局的驳回决定，向商标评审委员会（以下称商评委）申请复审。

图一

申请人复审的主要理由为：一、申请商标中的"佛"字是指佛宝公司所在的广东省佛冈县，与宗教无关，申请商标使用在矿泉水等商品上无伤于宗教感情；二、申请人已经使用申请商标长达20年，"佛宝"具有作为商标应有的识别作用，不会引起消费者的误认；三、商标局曾经在类似商品上核准注册过若干"佛宝"商标，依照审查标准一致的原则，申请商标亦应当被核准。申请人提交的主要证据包括：一、申请人的营业执照；二、"佛宝"矿泉水在20世纪90年代获得的各种荣誉证书、名牌证书、体育赛事指定使用商品证书；三、2005年"佛宝"矿泉水获得中国著名品牌的证书。

商评委经审理认为，申请商标中含有"佛"，用作商标使用有伤宗教感情，易造成不良社会影响，不得作为商标注册。依据2001年《商标法》第十条第一款第（八）项的规定，商评委决定：申请商标予以驳回。申请人不服商评委做出的驳回决定，向北京市第一中级人民法院提起行政诉讼。

判决与理由

北京市第一中级人民法院经审理认为，本案的焦点问题为申请商标的注册申请是否违反《商标法》第十条第一款第（八）项的规定。

《商标法》第十条第一款第（八）项中的"其他不良影响"，一般系指商标的构成要素对中国政治、经济、文化、宗教、民族等社会公共利益和公共秩序所产生的消极的、负面的影响。本案中申请商标含有的"佛"字，一般应理解为中国佛教中受膜拜的偶像或尊者名称，在中国佛教信徒中具有特殊的含义。将"佛"字用于商标进行注册和使用，易在中国佛教信徒中产生消极、负面的影响，对中国的宗教信仰和宗教制度产生不良后果。原告所称"佛"字指原告所在地的县名，但对于中国一般公众而言，在见到申请商标时，一般不会产生上述名称系中国地名的联想，而仍易将其理解为宗教用语，原告的上述主张不能成立。《商标法》第十条第一款第（八）项规定的不予注册的情形属于法律禁止性条款，具有不良影响的相关标志无论是否经过使用而具有相应的知名度，均不能获准注册和使用。此外，其他"佛宝"商标获准注册的事实与本案不同，不是本案申请商标可以获准注册的当然考量依据。综上，一审法院判决维持商评委决定。申请人不服一审判决，向北京市高级人民法院提起上诉。

北京市高级人民法院经审理认为，"佛"在佛学领域具有复杂含义，一般可理解为佛教中所崇拜的对象，且"佛"、"法"、"僧"为佛教成立之三宝。广美佛宝公司将"佛"和"寶"组合，申请注册在包含"啤酒"的第 32 类商品上，有违佛教之教义信条和戒律仪轨，会对中国佛教制度产生消极不良影响，故申请商标属于《商标法》第十条第一款第（八）项规定的具有不良影响之标志。由于具有不良影响之标志属于《商标法》禁止注册和禁止使用的商标，广美佛宝公司对申请商标的使用情况无法成为该商标获准注册的理由。商标的个案审查原则亦决定了其他商标的获准注册不能成为本案申请商标获准注册的当然考量依据。综上，判决驳回上诉，维持原判。

评 析

《商标法》第十条第一款第（八）项规定："有害于社会主义道德风尚或者有其他不良影响的标志不得作为商标使用。"本案是依据

《商标法》第十条第一款第（八）项规定，禁止"其他不良影响"商标注册的典型案例。

一、"其他不良影响"的含义

从1982年《商标法》起，"有害于社会主义道德风尚或者有其他不良影响"就作为不得用作商标的情形之一加以明确规定，《商标法》历经三次修改仍一直沿用，未作任何文字修改，这足见该条款在《商标法》体系中的重要性。

世界大多数国家和地区的《商标法》中均有类似的规定，例如英国、德国、日本及中国台湾地区的《商标法》中均将"妨害公共秩序和善良风俗"明确列为商标不得注册的情形之一。《保护工业产权巴黎公约》第六条之五规定："违反道德或公共秩序，尤其是具有欺骗公众性质的商标"不得注册。《欧共体商标条例》中也将"违反公共秩序和善良风俗"列为驳回注册的绝对理由之一。

"公序良俗"原则作为民法的基本原则之一，具有填补法律漏洞，限制民事主体的意思自治及权利滥用的作用，加之该原则的适用具有一定的自由裁量性，较为灵活，因此在民商事法律中被广泛使用。前述国际或地区条约、各国或地区《商标法》中规定的"公共秩序和善良风俗"，即"公序良俗"与中国《商标法》第十条第一款（八）项中的"有害于社会主义道德风尚或者有其他不良影响"的内涵是基本一致的，只是中国不仅将其作为商标不得注册的情形，还禁止此类标志作为商标使用。其中，"社会主义道德风尚"与"善良风俗"基本一致，而"其他不良影响"应该与"公共秩序"更具有语义和立法目的上的一致性。

从立法结构上来看，《商标法》第十条第一款列明了八种禁止作为商标使用的情形，其中前五项是对标志本身的限制，而后三项涉及对标志性质的判断，其中"其他不良影响"条款放在最后一项中，一般被认为是兜底性条款,用以规制前七项以及"有害于社会主义道德风尚"所指情形以外的不得作为商标使用的情形。

最高人民法院《关于审理商标授权确权行政案件若干问题的意见》第三条规定:"人民法院在审查判断有关标志是否构成具有其他不良影响的情形时,应当考虑该标志或者其构成要素是否可能对中国政治、经济、文化、宗教、民族等社会公共利益和公共秩序产生消极、负面影响。如果有关标志的注册仅损害特定民事权益,由于商标法已经另行规定了救济方式和相应程序,不宜认定其属于具有其他不良影响的情形。"

综上,"其他不良影响"是指除《商标法》第十条第一款前七项以及"有害于社会主义道德风尚"所指情形以外的,商标的文字、图形或者其他构成要素对中国政治、经济、文化、宗教、民族等社会公共利益和公共秩序产生消极的、负面的影响。

二、"其他不良影响"的判定

"其他不良影响"的判定应以一般公众或相关领域的特定主体的感受认知为出发点,结合商标的构成及其指定使用的商品或服务,综合考虑社会背景、政治背景、历史背景、文化传统、民族风俗、宗教政策等因素,对是否可能会对社会公共利益和公共秩序产生消极、负面的影响进行判定。

(一)"可能性"的判定

实践中,有的当事人会以并无证据证明系争商标的使用已经造成了不良影响为由进行抗辩,或者要求商标行政机关提供证明系争商标造成了不良影响的证据。对"其他不良影响"的判定不以实际发生"不良影响"的实际后果为前提要件,商标行政机关仅需证明该标志与可能发生"不良影响"之间的因果关系即可。因为,法律具有引导、预防、惩戒、评价的功能,其中事先通过法律规范引导社会主体规范行为、预防可能会发生的违法行为较之违法行为发生后的惩戒和评价,在节约社会成本、维护社会和谐方面更具有优势,也更为重要。就"其他不良影响"的判定而言,发挥法律的预防功能,对可能会对社会公共利益和公共秩序产生消极、负面影响的标志,禁止使用和注册更符合本条款的立法本意,也更节约社会成本和救济成本。而且,依据《商标法》第十条第一款的规定,具有"其他不良影响"的标志是禁止使用的,若该条款的适用必须以该标志在"使用"中实际产生了不良影响为要件,则明显属于逻辑倒置,有违本条款的立法本意。

本案中,商评委和两审法院就综合考虑"佛"字在中国佛教信徒中具有特殊的含义,判定将"佛"字用于商标进行注册和使用,易在中国佛教信徒中产生消极、负面的影响,对中国的宗教信仰和宗教制度产生不良后果。

(二)主体因素

就商标可注册性的主体因素而言,涉及"相关公众"、"一般公众"等不同的概念。依据《最高人民法院关于审理商标民事纠纷案件适用法律若干问题的解释》第八条的规定:"商标法所称相关公众,是指与商标所标识的某类商品或者服务有关的消费者和与前述商品或者服务的营销有密切关系的其他经营者。"因此,在《商标法》下,"相关公众"应该是具有具体含义的,它强调了主体与商标所标识的商品/服务的密切相关性。商标的显著性和知名度判定应以"相关公众"的认知为出发点。所谓"一般公众"是指中国的普通公众,并无限定或特指。因为"其他不良影响"的判定是考虑对社会公共利益和公共秩序可能产生的消极、负面影响,因此一般应以"一般公众"的感受为出发点,判定是否会对政治、经济、文化等方面产生"不良影响"。

例如，在第3237636号"流氓兔"商标驳回复审案[①]中，商评委认为，《商标法》明确规定"有害于社会主义道德风尚或者其他不良影响"的标志不得作为商标注册，即是说商标除具有表明商品来源的功能外，还是一种具有文化宣传导向作用的载体。"流氓兔"一词作为这种载体，其功能显然有别于原卡通形象，对于普通公众而言，其感受的是其文字含义。流氓系指放刁、撒泼、施展下流手段等恶劣行为。"流氓兔"一词就表面含义理解，显然是指具有上述恶习的特定主体。考虑到大众对"流氓"一词的反感，以及带有"流氓"字样的词汇作商标一般不为传统理念下的社会公众所接受的状况，以"流氓兔"作为商标使用，易产生不良影响。该案经过司法两审，两审法院均判决维持商评委的驳回决定。

此外，对于可能具有宗教、民族方面"不良影响"的，或者对不同性别、职业等特定群体可能产生"不良影响"的标志，还需要针对性的考虑"特定主体"的感受，不宜再以"一般公众"为出发点进行判定。若"特定主体"对该标志会产生反感、抵触等负面、消极的情绪，则应顾及该"特定主体"的利益，判定该标志构成"不良影响"。"特定主体"是指有关宗教、民族等特定领域，或不同性别、职业等特定群体内的主体，与"相关公众"强调主体与商标所标识的商品或者服务的相关性不同，"特定主体"的界定在于考虑主体与商标标志本身的关系。本案中，商评委和两审法院也是从佛教徒这一"特定主体"的角度出发，判定争议商标申请注册在包含"啤酒"的第32类商品上，有违佛教之教义信条和戒律仪轨，会对中国佛教制度产生消极不良影响。此外，在第1218394号"城隍"商标

[①] 参见商评字〔2005〕第2493号关于第3237636号"流氓兔"商标驳回复审决定；北京市第一中级人民法院（2006）一中行初字第765号判决；北京市高级人民法院（2006）高行终字第571号判决。

争议案[①]中，核定使用在宝石、珍珠（珠宝）、翡翠等商品上的争议商标于 1998 年 10 月 28 日即获准注册，且 2011 年 5 月，争议商标被商标局在管理程序中认定为驰名商标。商评委和两审法院均未考虑对"一般公众"而言"城隍"具有"护城河"等含义，对"相关公众"而言"城隍"是使用在宝石、珍珠（珠宝）、翡翠等商品上的驰名商标，而从信奉道教的广大信众的角度出发，考虑"城隍"作为道教信仰中常见的神灵，是道教信徒普遍尊奉的偶像，判定将"城隍"作为商标加以使用，将对信奉道教的相关公众的宗教感情产生伤害，并对社会公共利益和公共秩序产生消极、负面的影响，构成《商标法》第十条第一款第（八）项所指的具有"其他不良影响"的情形。在第 8724085 号"泼妇鱼莊"商标驳回复审案[②]中，商评委和一审法院均认为，"泼妇"一词可解释为：凶悍，不讲道理的女人。从该词的含义以及结合历来文学作品以及日常生活中人们对该词的使用，"泼妇"一词含有贬损女性之意，属贬义词。申请商标含有贬损女性的含义，可能导致女性消费者产生反感、抵触等负面、消极的情绪，进而损害了社会女性群体的利益。因此，申请商标"泼妇鱼莊"注册在"饭店、自助餐厅、自助餐馆"等服务上会产生不良影响。

（三）**商品因素**

实践中，关于"其他不良影响"的判定是否应考虑系争商标指定使用的商品因素还存在着一定争议。一种观点认为，应考虑商标指定使用的商品和服务，例如 2005 年《商标审查及审理标准》中就

---

① 参见商评字〔2013〕第 07311 号关于第 1218394 号"城隍"商标争议裁定；北京市第一中级人民法院（2013）一中知行初字第 1860 号判决；北京市高级人民法院（2014）高行终字第 485 号判决。

② 参见商评字〔2013〕第 18684 号关于第 8724085 号"泼妇鱼莊"商标驳回复审决定；北京市第一中级人民法院（2013）一中知行初字第 2538 号行政判决。

对此予以明确规定。另一种观点认为,"其他不良影响"是指商标或其构成要素本身的不良影响,而非该标志使用在其指定使用的商品上是否会造成不良影响。例如,在第5697580号"华夏第一井"商标驳回复审行政诉讼案[①]中,两审法院均持此观点,认为申请商标"华夏第一井"为文字商标,该商标及其构成要素本身并不会对中国政治、经济、文化、宗教、民族等社会公共利益和公共秩序产生消极、负面影响,商评委判定"华夏第一井"使用在指定的酒(饮料)等商品上,易使消费者认为其标示商品产自中国最好的井水,从而导致误认误购,产生不良影响的结论缺乏依据,判决撤销商评委驳回决定。

虽然对是否具有"其他不良影响"的判定更侧重于考虑商标标志本身与可能造成不良影响可能性之间的因果关系,但是,商标与商品是密不可分的,某标志是通过贴附于商品上进入市场进而发挥区别商品来源作用,从而被称为"商标"的。哪怕是在"可能性"推定的假定模式中,也应该以"一般公众"或者"特定主体"对该标志作为"商标"的认知感受为出发点。因此,"其他不良影响"的判定应考虑系争商标指定使用的商品和服务。只是在多数情况下,某标志本身所具有的"其他不良影响"导致其在任何商品上均不得使用和注册,例如本案中,除啤酒外,申请商标使用在矿泉水等商品上;在前述"城隍"案中,争议商标使用在珠宝类商品上;在"流氓兔"系列驳回复审案件中,申请人麻希玛柔娱乐有限公司在第3、9、10、16、21、25、28、29、30、41等多类商品和服务上的注册申请,均被以可能会造成不良影响为由不予注册。这就容易给人造成"其他不良影响"的判定是考虑"商标或其构成要素本身的不良影响,

---

① 参见商评字〔2012〕第11601号关于第5697580号"华夏第一井"商标驳回复审决定;北京市第一中级人民法院(2012)一中知行初字第1905号行政判决;北京市高级人民法院(2012)高行终字第1923号判决。

而非该标志使用在其指定使用的商品上是否会造成不良影响"的误解。实际上，在具体案件中，因某标志指定使用的商品不同，可能会导致其是否具有"其他不良影响"的判定结论不同。例如，"黑人"可以获准注册使用在牙膏商品上，但是若将其指定使用在卫生洁具等商品上，则应判定会伤害种族感情，造成不良影响。

（四）无须考虑申请人主观状态和商标使用情况

因是否构成"其他不良影响"应以"一般公众"或"特定主体"对某标志作为商标的感受认知为出发点，判定是否可能会对社会公共利益和公共秩序产生消极、负面的影响，且此类标志均应禁止使用，因此，在"其他不良影响"的判定中无须考虑申请人主观状态和商标使用情况。申请人申请注册该标志并无主观恶意，或者该标志经申请人长期使用在"相关公众"中已经具有较高的知名度，均不能成为其可以获准注册的合理理由。

本案中，虽然申请人主张申请商标中的"佛"字是指佛宝公司所在的广东省佛冈县，与宗教无关，申请人申请注册申请商标并无主观恶意，且申请人已经使用申请商标长达20年，"佛宝"矿泉水在20世纪90年代就获得大量荣誉，具有较高知名度，2005年还曾获得中国著名品牌的证书，但是，在将"佛"字用于商标进行注册和使用，易在中国佛教信徒中产生消极、负面的影响，对中国的宗教信仰和宗教制度产生不良后果的情况下，上述理由均不能成为申请商标应该获准注册的合理抗辩。

三、"其他不良影响"条款的具体适用

（一）常见类型

"其他不良影响"条款适用的常见类型主要包括：

1.具有政治上不良影响的，包括与国家、地区或者政治性国际组织领导人姓名相同或近似的；有损国家主权、尊严和形象的；由

具有政治意义的数字等构成的；与恐怖主义组织、邪教组织、黑社会名称或者其领导人物姓名相同或近似的等。2.有害于种族尊严或者感情的。3.有害于宗教信仰、宗教感情或者民间信仰的，包括是宗教或者民间信仰的偶像名称、图形或者其组合；是宗教活动地点、场所的名称、图形或者其组合；是宗教的教派、经书、用语、仪式、习俗以及宗教人士的称谓、形象等。4.与中国各党派、政府机构、社会团体等单位或者组织的名称、标志相同或者近似的。5.与中国党政机关的职务或者军队的行政职务和职衔的名称相同的。6.与各国法定货币的图案、名称或者标记相同或者近似的。7.与中国传统文化相悖的。

（二）兜底性适用

除了前述常见的适用类型外，实践中，"其他不良影响"条款常常被用作《商标法》的兜底性条款，阻止其他具体法条无法规制、但是可能误导公众、获取不正当竞争地位或者不当利益的商标注册行为。这对有效应对社会生活的复杂性和弥补法律规范的有限性，维护公平竞争的市场秩序和诚实信用的商标注册秩序具有重要意义。例如，在第6403947号"九朝贡胶"商标驳回复审案[①]中，判定申请商标"九朝贡胶"易使消费者联想到"该种阿胶在九个朝代都被作为贡品"，从而对商品品质产生先入为主的判断，进而影响购买决策，申请商标会对社会公共利益产生消极的影响；在第1674835号"哈里·波特HaLiBoTe"商标异议复审案[②]中，综合考虑在被异议商标申

[①] 参见商评字〔2011〕第01830号关于第6403947号"九朝贡胶"商标驳回复审决定；北京市第一中级人民法院（2011）一中知行初字第1636号判决。

[②] 参见商评字〔2009〕第30606号关于第1674835号"哈里·波特HaLiBoTe"商标异议复审裁定；北京市第一中级人民法院（2010）一中知行初字第401号行政判决；北京市高级人民法院（2011）高行终字第669号判决。

商标权的取得

请注册日之前，"Harry Potter"、"哈利·波特"等图书及人物形象在公众中已具有广泛的影响力和较高的知名度，"哈利·波特"并非汉语固有词汇，被异议商标申请人未对申请注册被异议商标做出合理解释等因素，判定被异议商标申请人明知"哈利·波特"人物角色名称的知名度而申请注册被异议商标，违反了诚实信用的公序良俗，被异议商标属于有"其他不良影响"的标志；在第6081872号"THE HARRIS PRODUCTS GROUP"商标驳回复审案[1]中，认为申请商标可译为"HARRIS产品集团"，这与申请人的名义"林肯环球有限公司(LINCOLN GLOBAL，INC.)"不一致，使用在指定商品上容易导致消费者的误认，从而造成不良影响；在第4309489号"李小龍"商标异议复审案[2]和第4143917号"刘德华"商标争议案[3]中，在无法依据2001年《商标法》第三十一条"在先姓名权"予以规制的情况下，适用"其他不良影响"条款，对攀附已故自然人和同名情况下的他人姓名知名度的有违诚实信用原则的不当注册行为予以制止；在第4953206号"中国劲酒"商标驳回复审行政诉讼再审案[4]中，最高人民法院认为申请商标整体上并未与中国国家名称相同或者近似，因此不应依据2001年《商标法》第十条第一款第（一）项予以驳回，但是，国家名称是国家的象征，如果允许随意将其作为商标的组成要素予以注册并作商业使用，将导致国家姓名的滥用，损害国家尊严，

---

[1] 参见商评字〔2010〕第24137号关于第6081872号"THE HARRIS PRODUCTS GROUP"商标驳回复审决定；北京市第一中级人民法院（2011）一中知行初字第1462号判决；北京市高级人民法院（2012）高行终字第1085号判决。

[2] 参见商评字〔2012〕第35443号关于第4309489号"李小龍"商标异议复审裁定；北京市第一中级人民法院（2013）一中知行初字第2100号判决。

[3] 参见商评字〔2011〕第09341号关于第4143917号"刘德华"商标争议裁定；北京市第一中级人民法院（2011）一中知行初字第2272号判决。

[4] 参见最高人民法院（2010）行提字第4号行政判决。

也可能对社会公共利益和公共秩序产生其他消极、负面影响，因此，对于上述含有与中国国家名称相同或者近似的文字的标志，虽然不宜依据第十条第一款第（一）项进行审查，但是仍应当根据《商标法》的其他相关规定如"其他不良影响"条款认定为不得使用和注册的商标。

但是，由于将"其他不良影响"条款进行兜底性适用缺乏具体的判断标准，过于灵活的适用标准也可能会有违本条款的立法本意和打破本条款与其他具体条款之间的平衡，这增添了实践中判断是否构成"其他不良影响"的难度。特别是就容易使公众对商品的质量等特点或者来源产生误认的标志；一方面直接损害了特定民事主体的权益，另一方面又有违诚实信用原则，但是无法适用其他条款规制的标志；申请人申请注册系争商标非以正当使用为目的，同时还存在大量或者多次恶意抢注他人商标行为等情形是否构成"其他不良影响"还存在着较大争议，客观上也出现了不少案件情形类似但判定结果不同的情况。

首先，关于"可能导致消费者误认"是否构成第十条第一款第（八）项之"其他不良影响"问题上的分歧，会因《商标法》第十条第一款第（七）项修改而基本解决。《商标法》第三次修改中将其明确划入第十条第一款第（七）项予以规制，把第十条第一款第（七）项的规定由"夸大宣传并带有欺骗性的"修改为"带有欺骗性，容易使公众对商品的质量等特点或者产地产生误认的"。只是关于除第（七）项列明的"质量"外的其他特点的界定、对"产地"产生误认与对"来源"产生误认内涵是否一致以及若不一致应如何区分等问题，还需要新法实施后实践的总结和标准上的统一，以有效厘清第十条第一款第（七）项和"其他不良影响"条款的适用范围，并实现两个条款在维护公平竞争的市场秩序和诚实信用的商标注册秩序上的有益补充。

其次，就有违诚实信用原则、直接损害了特定民事主体权益的标志，鉴于《最高人民法院关于审理商标授权确权行政案件若干问题的意见》第三条明确规定了"如果有关标志的注册仅损害特定民事权益，由于商标法已经另行规定了救济方式和相应程序，不宜认定其属于具有其他不良影响的情形"。且"其他不良影响"条款属于禁用的绝对性条款，与《商标法》中保护在先商标权或其他在先权利的具体法律条款在性质上和依法请求保护的期限上均存在区别，为避免法律适用上"向一般条款逃逸"，破坏《商标法》不同性质的法律条款之间的立法平衡，此类标志还是应通过用足用好具体法律条款予以制止。2013年《商标法》首次明确了申请注册商标应当遵循诚实信用原则，其作为法律原则虽然无法在个案中具体适用，但是具体法律规则的解释与适用均应体现和贯彻维护诚实信用原则这一立法精神。相信新法实施后，以维护诚实信用原则为指引，此类标志可以通过适用保护在先商标权或其他在先权利的具体法律条款予以有效制止。

最后，就非以使用为目的，大量或多次抢注他人知名度较高或独创性较强商标以谋取不正当利益的行为，鉴于目前商评委与法院对其应视为是扰乱商标注册秩序的行为，构成了2013年《商标法》第四十四条第一款"以其他不正当手段取得注册"所指情形已基本形成共识，适用该条款予以规制更为合宜。

（撰稿人：徐琳）

2."公众知晓的外国地名"的判定

——恒隆地产（商标）有限公司"Olympia 66"商标驳回复审行政纠纷案

案件索引：北京市第一中级人民法院（2012）一中知行初字第1206号，2012年8月21日判决。

基本案情

2009年6月16日，恒隆地产（商标）有限公司（以下称申请人）向商标局申请注册第7473333号"Olympia 66"（见图一）商标（以下称申请商标），指定使用在海报、说明书、照片、图片等商品上。此外，申请人在第19、35、36、39、41、42等多类商品或服务上申请注册了多件"Olympia 66"、"恒隆广场Olympia 66"商标。商标局认为申请商标是公众知晓的外国地名，依据2001年《商标法》第十条第二款的规定驳回申请商标及前述其他多件系列商标的注册申请。申请人不服商标局的驳回决定，向商标评审委员会申请复审。

Olympia 66

图一

商标权的取得

　　申请人复审的主要理由为：申请商标整体不具有地名的含义，具有区别于其作为外国地名的第二含义。申请商标中"Olympia"不是《奥林匹克标志保护条例》中所保护的标志，其使用不会造成不良社会影响。商标局和其他国家或地区商标审查机关都曾有核准含有"Olympia"商标的先例，申请人类似商标在其他国家地区也获得了注册保护。申请人提交的主要证据包括：一、申请人有关公司的简历及财务数据资料网页打印件；二、申请人有关公司获得的奖项及公司部分年报；三、2002年施行的《奥林匹克标志保护条例》复印件；四、中国商标局在先核准"Olympia"商标信息；五、希腊、欧洲等其他国家和地区核准"Olympia"商标信息；六、国际奥林匹克委员会商标注册的信息。

　　商评委经审理认为，申请商标为"Olympia 66"，其中"Olympia"为《奥林匹克标志保护条例》所保护的奥林匹克标志之一，其他申请人未经奥林匹克标志权利人许可而使用该标志，易产生不良的社会影响，因此不得作为商标使用，申请商标违反了《商标法》第十条第一款第（八）项的规定。"Olympia"也是古希腊城市，是奥林匹克运动的发源地，在世界体育史上具有较重要的地位，并已为公众所知晓，申请商标违反了《商标法》第十条第二款的规定。其他商标获准注册情况不能作为申请商标亦应获准注册的当然理由，申请人所提证据不能证明申请商标具有可注册性。依据2001年《商标法》第十条第一款第（八）项、第十条第二款的规定，商评委决定：申请商标予以驳回。申请人不服商评委做出的驳回决定，向北京市第一中级人民法院提起行政诉讼。

判决与理由

北京市第一中级人民法院经审理认为，本案的焦点问题在于：一、申请商标是否属于《商标法》第十条第一款第（八）项规定的有其他不良影响的标志；二、申请商标是否属于《商标法》第十条第二款规定的公众知晓的外国地名；三、其他有关"Olympia"文字的商标在国内外获准注册的事实能否证明申请商标具有可注册性。

一、关于申请商标是否属于《商标法》第十条第一款第（八）项规定的有其他不良影响的标志。《奥林匹克标志保护条例》系中国为加强对奥林匹克标志保护，保障奥林匹克标志权利人的合法权益，维护奥林匹克运动的尊严而制定的行政法规。该条例第二条第（二）项规定，该条例所称奥林匹克标志包括：奥林匹克、奥林匹亚、奥林匹克运动会及其简称等专有名称。本案中，申请商标由外文"Olympia"和数字"66"组成。其中，"Olympia"为外文单词，其对应的中文翻译为"奥林匹亚"。根据《奥林匹克标志保护条例》的规定，"奥林匹亚"为受保护的标志。对于中国的相关公众而言，"Olympia"与"奥林匹亚"具有对应关系，其含义是一致的。如果允许将包含"Olympia"文字的标志作为商标注册和使用，不利于对奥林匹克标志的保护，有损奥林匹克运动的尊严，从而对社会公共利益和公共秩序产生不良影响。

二、关于申请商标是否属于《商标法》第十条第二款规定的公众知晓的外国地名。《商标法》第十条第二款规定，公众知晓的外国地名不得作为商标，但是地名具有其他含义的除外。这里所说的"地名具有其他含义"，应当指地名作为词汇具有确定含义，并且该含义强于作为地名的含义，不会误导公众。"Olympia"系古希腊城市，是奥林匹克运动的发源地。由于奥林匹克运动会历史较为悠久，为中国政府和广大民众普遍重视和关注，因此，"Olympia"作为奥林匹克运动发源地的地名亦为中国公众广为知晓，故被告以申请商标包含公众知晓的外国地名"Olympia"为由驳回该注册申请并无不当。原告主张，《商标法》第十条第二款规定的"外国地名"应限于现存使用的地名，而不应该包括古地名，但该条款中对此并未进行任何限定，相应的司法解释中也没有对此进行规定，故原告的该主张缺乏法律依据，本院不予支持。原告还主张申请商标整体具有明确的第二含义，且其第二含义强于其作为外国古地名的含义。但事实上，申请商标由外文"Olympia"和数字"66"组成，上述两个组成部分组合在一起并未产生新的含义。"Olympia"作为申请商标的显著识别部分之一，在申请商标中亦未产生其他含义，易使相关公众误将申请商标所标识的商品来源指向古希腊城市，因而不具备可注册性。故原告的上述主张缺乏事实依据，本院不予支持。

　　三、关于其他有关"Olympia"文字的商标在国内外获准注册的事实能否证明申请商标具有可注册性。首先，中国商标审查实行个案审查，被告认定原告所提交的关于其他含有"Olympia"文字的商标被核准注册的证据并非申请商标应予注册的当然理由并无不妥。其次，原告提交的在中国已被核准注册的有关"Olympia"文字的商标证据亦可证明，上述商标均为《奥林匹克标志保护条例》颁布施行以前即已被核准注册，上述商标的注册并不受该条例的拘束。因此，亦不能以上述商标获得注册的事实，证明申请商标具有可注册性。最后，由于商标法律制度具有地域性，有关"Olympia"文字的商标在国外获准注册的事实并不能用以证明申请商标在中国应当给予核准注册。

综上，一审法院判决维持商评委决定，原告并未提出上诉。

评　析

本案是依据《商标法》第十条第二款规定，禁止"公众知晓的外国地名"注册的典型案例。

一、本条款的立法目的

中国1982年《商标法》对于地名用作商标注册和使用并无相关禁止性规定，1993年修订时增加第八条第二款，规定："县级以上行政区划的地名或者公众知晓的外国地名，不得作为商标；但是，地名具有其他含义的除外；已经注册的使用地名的商标继续有效。"2001年《商标法》在维持1993年《商标法》前述规定的同时，在第十条第二款中将"作为证明商标和集体商标注册组成部分"增加为"县级以上行政区划的地名或者公众知晓的外国地名"可以获得注册的例外性规定。2013年《商标法》第三次修订保留了2001年《商标法》第十条第二款的相关规定。

商标的基本功能是区别商品来源，所谓"商品来源"是指具体的商品生产者或者服务提供者，而非地理性来源。若将地名注册为商标，则容易让人认为其所标志的是产地或提供地，具有地理描述性，而通常不会认为指向某个具体的厂商，因而不具有商标应有的显著性；且地名作为公共资源，其性质使得任何人不得将其注册为商标作为私权利独享，否则会妨碍同一地区其他厂商正当使用该地名的权利。因此，世界上绝大多数国家都对地名商标的使用进行限制。中国目前采取的是有限制地使用地名作商标的原则，即从中国实际出发，将禁止注册和使用的地名限定为县级以上行政区划的地名或者公众知晓的外国地名，对于县级以下行政区划的地名或者非公众知晓的外国地名则不予以限制。同时，还规定前述地名具有其他含义或者作为集体商标、证明商标组成部分的除外；已经注册使用地名的商标继续有效。

二、"公众知晓的外国地名"的判定

关于"公众知晓的外国地名"的判定，主要涉及以下几个方面的问题：

（一）"公众知晓"的判定

商标法律制度具有地域性，因此"公众知晓"应以中国公众对该外国地名的认知程度为判断依据。需要特别说明的是，本条款中的"公众"与商标法下通常所说的"相关公众"并非同一概念。商标法下的"相关公众"是指商标所标识的商品的生产者或者服务的提供者；商标所标识的商品或者服务的消费者；商标所标识的商品或者服务在经销渠道中所涉及的经营者和相关人员等，它强调了主体与商标所标识的商品或者服务的密切相关性。而本条款中对是否构成"公众知晓的外国地名"的判定强调的是普通公众对该"地名"的认知程度，而非对该"地名"作为商标的知晓程度。因此，"公众"是指中国普通的、具有广泛性的公众。

本案中，"Olympia"作为"奥林匹亚"的对应英文，是奥林匹克运动的发源地。由于奥林匹克运动会历史较为悠久，在世界上具有很高的普及度与知名度，也为中国政府和广大民众普遍重视和关注，因此，"Olympia"应判定为构成中国"公众知晓"的外国地名。

是否为"公众知晓的外国地名"虽然是客观事实，但是对其进行判定具有一定的主观性，需要考虑中国普通公众对该地名的知晓程度，并非通过字典等工具书可以查到的地名均为"公众知晓的外国地名"。某地名为中国公众所知晓可能因其是发达国家的首都或具有国际影响力的城市，可能是有某种特殊资源或特产，也可能是与中国有特殊历史渊源、与中国某个城市结为友好城市、著名的旅游城市，或者是拥有一支著名球队而为中国普通公众知晓。一般来说，中国普通公众通过教育、书籍、媒体、网络等方式容易得知的外国地名可以认为是《商标法》第十条第二款所述的"公众知晓的外国地名"。是否为"公众知晓的外国地名"有时还会因为中外文形式不同而结论不同，就有的外国地名而言，中国普通公众仅对其中文翻译较为熟知，但对其外文表现形式并不熟知，则该地名的外文表现形式不应视为中国公众所知晓的外国地名。

在第5645357号"Shimizu及图"商标驳回复审案[1]中，商评委认为"Shimizu"在《英汉大辞典》中有日本清水市的含义，但是一审法院和二审法院均认为因地缘因素、语言差异等因素，中国公众一般难以将"Shimizu"认知为作为地名的日本清水市，现有证据亦不足以证明"清水市"作为日本地名已为中国公众所知晓。在第6819548号"milwaukee及图"商标驳回复审行政诉讼案[2]中，两审法院均认为虽然2007年版《英汉大词典》以及互联网搜索的结果均显示申请商标中的"milwaukee"对应的中文译文为密尔沃基，而密尔沃基是美国威斯康星州东南部的城市名称。但根据现有证据尚不足以认定"milwaukee"作为该外国地名的外文表达，对于中国公众而言具有较高的认知程度，申请商标未构成《商标法》第十条第二款规定的不得注册情形。

---

[1] 参见商评字〔2010〕第27457号关于第5645357号"Shimizu及图"商标驳回复审决定；北京市第一中级人民法院（2011）一中知行初字第562号判决；北京市高级人民法院（2011）高行终字第1376号判决。

[2] 参见商评字〔2011〕第22731号关于第6819548号"milwaukee及图"商标驳回复审决定；北京市第一中级人民法院（2012）一中知行初字第1715号判决；北京市高级人民法院（2012）高行终字第1922号判决。

（二）"外国地名"的界定

本条款中对"外国地名"的要求与中国地名不同，中国地名以是否构成县级以上行政区划作为判断标准，但是对于"外国地名"，则对其行政区划级别没有要求，只要为中国公众知晓即可，即使其是一个小镇的名字，抑或是古地名。本案中，申请人以"Olympia"是古希腊城市，而《商标法》第十条第二款规定的"外国地名"应限于现存使用的地名为由，请求准予申请商标注册。但是，商评委与一审法院均未支持该理由，认为《商标法》第十条第二款并未将"外国地名"限定为现存使用的地名，"Olympia"作为奥林匹克运动的发源地已为中国公众所熟知，构成了本条款中的公众知晓的"外国地名"。

若申请商标与某一公众知晓的外国地名整体相似且该申请商标未形成其他含义，则也可以判定该商标为公众知晓的"外国地名"。如在第5782202号"HAVANNA"商标驳回复审案[1]中，商评委认为，申请商标"HAVANNA"与中国公众熟知的古巴首都哈瓦那的英文"HAVANA"仅相差一个字母，整体外观和发音极为近似，申请商标不符合《商标法》第十条第二款的规定，其注册申请应予驳回。两审法院均判决维持了商评委的驳回决定。

（三）"公众知晓的外国地名"商标的组成要素

实践中有的商标中除了含有"公众知晓的外国地名"，还具有其他的组成要素，例如本案的申请商标即为英文"Olympia"和数字"66"组成，对于此类含有其他组成要素的商标，是否属于《商标法》第十条第二款的调整范围呢？依据《商标审查及审理标准》，商标由公

---

[1] 参见商评字〔2009〕第25615号关于第5782202号"HAVANNA"商标驳回复审决定；北京市第一中级人民法院（2010）一中知行初字第1506号判决；北京市高级人民法院（2010）高行终字第1066号判决。

众知晓的外国地名构成，或者含有公众知晓的外国地名的，判为与公众知晓的外国地名相同，本案申请商标应属于本款规定调整范畴。又如，在国际注册第 G980884 号"ZURICH HELPPOINT"商标驳回复审案[①]中，商评委认为"ZURICH"的中文含义为苏黎世，是公众知晓的外国地名，构成《商标法》第十条第二款不得注册的情形。但是一审法院却认为《商标法》第十条第二款应适用于"仅"由地名构成的商标。本案中，虽然申请商标中包含有外国地名"ZURICH"，但并非仅由地名构成的商标，故不属于商标法第十条第二款调整的范围。商评委关于申请商标的注册不符合商标法第十条第二款规定的认定有误，应予纠正，判决撤销商评委决定。商评委不服，向北京市高级人民法院上诉。二审法院经审理认为：《商标法》第十条第二款不仅适用于仅由县级以上行政区划的地名或者公众知晓的外国地名构成的商标，也适用于含有县级以上行政区划的地名或者公众知晓的外国地名的商标。原审法院认定《商标法》第十条第二款应适用于仅由地名构成的商标过于绝对化，属于理解法律有误。

三、"地名具有其他含义"的判定

《商标法》第十条第二款将"地名具有其他含义"作为"县级以上行政区划的地名或者公众知晓的外国地名不得作为商标"的除外情况。一般而言，本条款中的"其他含义"是指除地名以外的其他含义，且在普通公众中，该"其他含义"强于地名含义。鉴于《商标法》第十条为"禁用"条款，即"县级以上行政区划的地名或者公众知晓的外国地名"不仅不得注册，还禁止作为商标使用，因此，"其他含义"不应包括通过使用获得的所谓商标的"第二含义"。

---

① 参见商评字〔2011〕第 02276 号关于第 G980884 号"ZURICH HELPPOINT"商标驳回复审决定；北京市第一中级人民法院（2011）一中知行初字第 2708 号判决；北京市高级人民法院（2012）高行终字第 1001 号判决。

(一) 地名本身具有其他含义的

对于地名本身具有其他含义的,判定是否构成《商标法》第十条第二款所规定的不得注册情形的难点,在于判断"其他含义"是否强于地名含义。在判断外国地名的其他含义是否强于其地名含义时,通常仍应以中国普通公众为判断主体标准。如在第 5705649 号"DETROIT"商标驳回复审案[1]中,申请人的复审理由"DETROIT"除了是美国的一个城市的名称外,还是美国一条河流的名称,因此具有"其他含义",应准予注册。商评委经审理认为,"DETROIT"的中文含义为"底特律",是美国密歇根州首府。在中国公众的认知中,底特律作为"汽车之城"的知名度远远高于其作为美国一条河流名称的含义,因此申请商标并没有强于其公众知晓的外国地名的含义,申请人的复审理由不成立,依据《商标法》第十条第二款的规定,申请商标的注册申请应予驳回。本案后经过两审,两审法院均判决维持商评委的驳回决定。

实践中常见的外文商标具有其他含义的情况是该外文既是外国地名,也是外国常见的姓氏。外国地名与外国姓氏之间含义强弱的比较,具有个案性,需要根据个案的不同情况具体判断,客观上说也具有一定的主观性。例如,在第 3330317 号"华盛顿及图"商标驳回复审案[2]中,申请商标指定使用在第 31 类鲜水果、自然花、树木等商品上。申请人的复审理由为:"华盛顿"除了是美国的首都外,还是美国常见的姓氏,特别是美国的开国总统"华盛顿"为世人所

---

[1] 参见商评字〔2009〕第 25080 号关于第 5705649 号"DETROIT"商标驳回复审决定;北京市第一中级人民法院(2010)一中知行初字第 901 号判决;北京市高级人民法院(2010)高行终字第 882 号判决。

[2] 参见商评字〔2006〕第 0048 号关于第 3330317 号"华盛顿及图"商标驳回复审决定;北京市第一中级人民法院(2006)一中知行初字第 1161 号判决;北京市高级人民法院(2007)高行终字第 107 号判决。

知晓，申请商标具有除了地名以外的其他含义，应准予注册。商评委经审理认为，"华盛顿"是美国的首都，为公众知晓的外国地名，对于中国公众而言，"华盛顿"一词作为美国首都的含义强于该词作为英语国家人名姓氏的含义，依据《商标法》第十条第二款的规定，申请商标的注册申请应予驳回。本案后经过两审，两审法院均判决维持商评委的驳回决定。而在第 6565593 号 "HAMPTON MANOR" 商标驳回复审案[①]中，商评委认为 "HAMPTON" 的中文含义为 "汉普顿"，是美国弗吉尼亚州东南部城市，在中国公众中，其地名含义强于姓氏的含义，判定申请商标构成《商标法》第十条第二款规定的不得注册情形。但一审法院认为，汉普顿作为姓氏的含义强于地名，申请商标的注册未构成《商标法》第十条第二款所指不得注册的情形，判决撤销商评委决定。

（二）商标由公众知晓的外国地名和其他要素构成，整体具有其他含义的

2010 年 4 月 20 日最高人民法院《关于审理商标授权确权行政案件若干问题的意见》第 4 条规定，"如果商标因有其他要素的加入，在整体上具有显著特征，而不再具有地名含义或者不以地名为主要含义的，就不宜因其含有县级以上行政区划的地名或者公众知晓的外国地名，而认定其属于不得注册的商标。"从该规定的文字表述和实际执行效果来看，目前对于地名与其他要素共同组成的商标的判定标准趋于从宽，若该要素具有一定的独立性和显著性，则一般会判定商标整体不再具有地名含义或者不以地名为主要含义，可以获准注册。本案中，虽然申请商标由外文 "Olympia" 和数字 "66" 组

[①] 参见商评字〔2011〕第 29188 号关于第 6565593 号 "HAMPTON MANOR" 商标驳回复审决定；北京市第一中级人民法院（2012）一中知行初字第 1508 号判决。

成，但上述两个组成部分组合在一起并未产生新的含义，"Olympia"仍为申请商标的显著识别部分，且在申请商标中亦未产生其他含义，应认定申请商标构成《商标法》第十条第二款不得注册的情形。

在前述的第 G980884 号"ZURICH HELPPOINT"商标驳回复审案中，二审法院虽然认为一审法院认定《商标法》第十条第二款应适用于仅由地名构成的商标过于绝对化，属于理解法律有误；但同时认可了一审法院关于申请商标整体具备显著性，并不违反商标法第十条第二款规定的认定，认为申请商标中除外国地名"ZURICH"之外还含有其他组成部分，该组成部分与"ZURICH"在字体、字号等方面无差别，两者在申请商标整体中所占比例也无不同，相关公众在看到申请商标时，不会将其识别为地名，申请商标具有可注册性。最终判决驳回上诉，维持原判。

此外，在国际注册第 G1024730 号"Munich RE 及图"商标驳回复审行政诉讼案[①]中，二审法院认为虽然申请商标中含有地名文字，但是因有其他要素的加入，其整体上已经形成了有别于地名的其他含义，不宜因其含有公众知晓的外国地名而认定其属于不得注册的商标，判决撤销商评委决定和一审判决。在第 4815053 号"THE VENETIAN 及图"（见图二）商标驳回复审案[②]及其他两件"THE VENETIAN 及图"系列商标驳回复审案中，一审法院认为图形要素的加入使得申请商标整体具有显著性，整体上已经形成了有别于地名的其他含义，应准予初步审定，判决撤销商评委的驳回决定。

---

① 参见商评字〔2012〕第 20021 号关于第 G1024730 号"Munich RE 及图"商标驳回复审决定；北京市第一中级人民法院（2012）一中知行初字第 3335 号判决；北京市高级人民法院（2013）高行终字第 884 号判决。

② 参见商评字〔2011〕第 15982 号关于第 4815053 号"THE VENETIAN"商标驳回复审决定；北京市第一中级人民法院（2012）一中知行初字第 353 号判决。

（三）商标所含地名与其他具备显著特征的标志相互独立，地名仅起真实表示申请人所在地作用的

依据《商标审查及审理标准》，对于商标所含地名与其他具备显著特征的标志相互独立，地名仅起真实表示申请人所在地作用的，应不适用《商标法》第十条第二款规定。例如：申请人：QUINTING S.A.（地址：瑞士日内瓦）申请注册商标含有"GENEVE"的商标（见图三）。

图二　　　　　　　　图三

（撰稿人：徐琳）

3. 位置商标的显著性认定

——萨塔有限公司国际注册"图形"商标驳回复审行政纠纷案

案件索引：北京市第一中级人民法院（2009）一中行初字第1716号，2009年11月11日判决；北京市高级人民法院（2010）高行终字第188号，2010年3月26日判决。

基本案情

原告萨塔有限公司（简称萨塔公司）申请将喷枪商品上的特定位置注册为商标。萨塔公司在商标说明中对于申请商标的描述为，"该商标由位于喷漆枪把手底部的蓝色标记组成；该标记呈盘状，从把手的三面都可见，厚约3-5mm，长和宽约10-20mm；图中可见的其他特征并不构成该商标的组成部分"。（见图一，以下称申请商标）

图一　申请商标

针对该申请，国家工商行政管理总局商标局以申请商标不符合《商标法》第十一条为由，驳回了申请商标的申请。原告萨塔公司不服，向国家工商行政管理总局商标评审委员会（简称商标评审委员会）提出复审申请。商标评审委员会经审理认为，"申请商标为指定使用商品的常用外形，消费者不易将其作为商标识别，申请商标缺乏显著性，难以起到商标的识别作用"，不符合《商标法》第十一条第一款第（三）项的规定。商标评审委员会据此作出驳回复审决定，对于申请商标指定使用在第7类油漆喷枪商品上在中国的领土延伸保护申请，予以驳回。[①]

原告萨塔公司不服，向北京市第一中级人民法院提起诉讼，其起诉的主要理由为：申请商标彩色盘状标记的设计，具有独创性和显著性，能够起到区分产品产源的作用。申请商标及与申请商标表现形式相同的图形商标已经在其他国家获得注册，间接证明了申请商标具有商标应有的显著性，应当得以注册。此外，通过申请商标在中国的大量使用，更加强了申请商标的显著性，使其起到了区分产品产源的作用。综上，申请商标具有显著性，应予注册。为证明申请商标经过使用已获得显著特征，原告萨塔公司提交了其自行制作的申请商标在中国的宣传图册以及原告产品的销售数量统计表。

判决与理由

北京市第一中级人民法院经审理认为：申请商标的图形系喷枪

[①] 参见商评字〔2008〕第30558号关于国际注册第896064号图形商标驳回复审决定书。

商标权的取得

图形中的一个部分，鉴于该部分在喷枪图形中整体所占比例很小，且须附着于该喷枪图形同时使用，故其使用在商品或服务上时，给消费者所带来的认知系该喷枪的整体图形，而非申请商标。据此，申请商标不具有商标所应具有的内在显著特征，无法起到标识作用，不得作为商标注册。原告萨塔公司认为申请商标具有显著特征的主张不能成立，法院不予支持。

根据《商标法》第十一条第二款规定可知，对于该条第一款所规定的不具有显著特征的标志，如果经过使用具有了识别作用，则该标志可以作为商标注册。对于何种情况下，不具有内在显著特征的标志可以被认定具有显著特征，可以作为商标注册，《商标法》中并无明确规定。对此，法院认为，第十一条第一款中规定的标志之所以被认为不具有内在显著特征，原因在于此类标志本身所具有的固有含义会使消费者认为该标志所代表的是商品或服务的特点，或该标志的使用并不被消费者认为是商标的使用，无法起到商标所固有的指示商品或服务来源的作用。鉴于此，此类标志只有在其通过使用行为给消费者带来了商标意义上的认知，且该认知强于该标志的固有含义时，才被认为具有显著特征。鉴于此类标志的固有含义系为消费者较为熟知，故其作为商标意义上的使用行为只有达到消费者熟知的程度时，才能够使消费者产生强于其固有含义的商标意义上的认知。

本案中，原告萨塔公司虽然提交了相关的使用证据，但鉴于其提交的申请商标在中国的宣传图册以及原告产品的销售数量统计表，均系其自行制作，在无其他证据佐证的情况下，上述证据中所反映出的内容的真实性难以确认，故本案现有证据无法证明申请商标的使用已达到使消费者熟知的程度，申请商标并未通过使用获得显著特征。据此，原告萨塔公司认为申请商标通过使用已具有显著特征的主张不能成立，法院认为不予支持。

综上，依据《中华人民共和国行政诉讼法》第五十四条第（一）项之规定，法院判决：维持被诉决定。

原告萨塔公司不服一审判决，向北京市高级人民法院提起上诉。北京市高级人民法院经审理作出二审判决：驳回上诉，维持原判。

评　析

本案涉及的是位置商标这一非传统类型商标的注册问题。因2001年及2013年的《商标法》中均未将位置商标明确规定为商标类型之一，且亦未出现"位置商标"这一用语，因此，"位置商标"尚无法定含义。但就现有案件所体现出的情形而言，位置商标通常指向的是商品外观中某个特定部位。也就是说，商标申请人申请将商品的"特定部位"，而非商品的"整体"注册为商标，此即为位置商标。

位置商标所具有的特殊性，使得其相对于传统商标类型而言，在注册过程中通常会面临以下问题：

一、位置商标是否属于《商标法》准许注册的商标类型

2001年《商标法》中有关商标类型的规定体现在第八条，该条规定，"任何能够将自然人、法人或者其他组织的商品与他人的商品区别开的可视性标志，包括文字、图形、字母、数字、三维标志和颜色组合，以及上述要素的组合，均可以作为商标申请注册。"

从文字表述看，该条款中仅明确包括三种商标类型：即平面商标、三维标志及颜色组合商标，位置商标并未位列其中。这一情形的存在，使得对于位置商标是否属于《商标法》所准许注册的商标类型，似乎无法从上述法律规定中得出确切的结论。而法律规定的这一不明确性，亦使得无论是商标申请人，商标审查机关还是法院，对此

商标权的取得

问题均存在不同认识及做法。其中对于商标申请人的影响尤甚，因商标法实施条例中明确规定，商标申请人在申请文件中应明确申请商标的类型。这就意味着，商标申请人在申请文件中不得不将其归类，在尚无位置商标这一类型的情况下，申请人只能依据自己的理解采用不同的申请方式。就目前实践而言，通常包括以下三种方式：

1. 申请为三维标志，但在商标说明中用文字强调其要求保护的特定位置，或在商标图样中采用虚实线的画法，仅要求保护实线部分。这是多数位置商标所采用的做法。

如吉伯生公司在电吉他商品上申请注册的位置商标，其要求保护的是实线表示的电吉他主体部分（见图二）[1]；爱玛仕公司在包类商品上申请注册的位置商标，其要求保护的是实线表示的包体上的开关部位（见图三）[2]；萨塔公司在油漆喷枪及其零件等商品上申请注册的位置商标，在国际公告中对申请商标的说明为，"申请保护的为位于喷漆枪喷壶底部的红环，该红环位于喷壶盖正下方并环绕其一周，宽度为5-20毫米"（见图四）[3]。

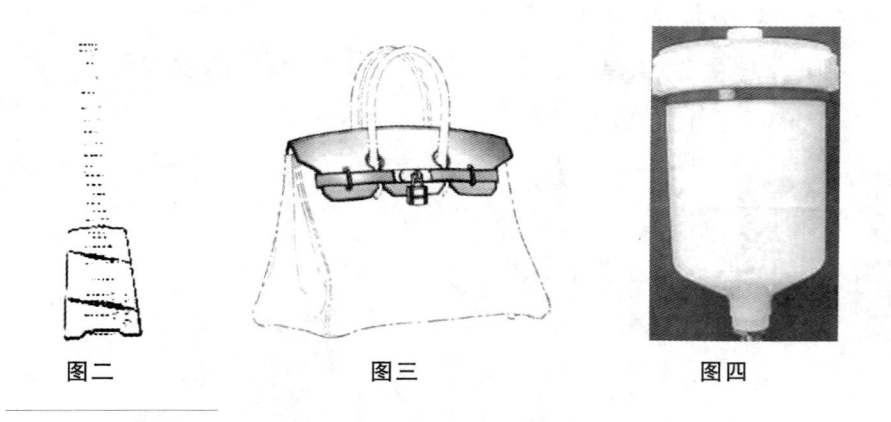

图二　　　　　图三　　　　　图四

---

[1] 参见北京市第一中级人民法院（2010）一中知行初字第1173号行政判决书。
[2] 参见北京市第一中级人民法院（2008）一中行初字第00323号行政判决书。
[3] 参见北京市第一中级人民法院（2010）一中知行初字第1272号行政判决书。

2. 未申请为三维标志，但在商标说明中用文字指出其所要求保护的特定位置。

本案原告即采用的是此种做法。本案中，原告并未将申请商标明确申请为三维标志，但在商标说明中载明，"该商标由位于喷漆枪把手底部的蓝色标记组成；该标记呈盘状，从把手的三面都可见，厚约 3-5mm，长和宽约 10-20mm；图中可见的其他特征并不构成该商标的组成部分"。

此外，阿迪达斯公司在裤子类商品上申请注册的三道杠位置商标采用的亦是此种方式，该商标的商标设计说明部分载明"该商标以裤子为背景，由三条杠图形组成，裤子的轮廓仅仅是为了更好的显示三条杠图形在指定使用商品上的位置，裤子的轮廓并不是申请商标的一部分"（见图五）[①]。

图五

法院对于位置商标的态度虽与《商标法》第八条规定的不明确性有关，但亦很大程度上取决于申请人采用的申请方式。现有实践

---

① 参见北京市高级人民法院（2011）高行终字第 387 号行政判决书。

中法院主要采用以下三种做法：

  1. 认定为三维标志，但将申请图样的"整体"，而非"特定位置"，视为申请商标。

  如前文中提到的爱玛仕公司的位置商标，原告在申请文件中将其列为三维标志，并主张其要求保护的部位是实线表示的包体上的开关部位。但是，法院对这一观点并未支持，而是认为，因"《商标法》及《商标法实施条例》均未规定对立体商标的局部保护，故对于申请商标仍应从整体外观上判断是否应当依法给予注册保护"。该案中，法院并未仅将开关部位这一特定位置视为申请商标，而是将包的整体视为申请商标。

  2. 认定为平面商标，亦将申请图样的"整体"，而非"特定位置"，视为申请商标。

  如在前文提到的阿迪达斯的三道杠案中，法院指出，虽然被异议商标的《商标注册申请书》在"商标设计说明"部分载明"该商标以裤子为背景，由三条杠图形组成，裤子的轮廓仅仅是为了更好的显示三条杠图形在指定使用商品上的位置，裤子的轮廓并不是申请商标的一部分"，但是，根据《商标法实施条例》第十三条的规定，在申请人未明确声明其为三维标志的情况下，只能将其认定为平面商标。此外，法院进一步指出，商标标志应当以向商标局提交的商标图样为准，商标设计说明并不是确定商标标志的法定依据，不能以商标设计说明替代或限定商标图样中的商标标志。鉴于此，法院将该裤子图样整体作为申请商标，并在此基础上认定其缺乏显著特征。

  3. 虽未明确使用"位置商标"这一名称，但对位置商标这一商标类型持认可态度。

  本案中采用的即是这一做法。本案判决中对于申请商标的表述为，"申请商标系喷枪图形中的一个部分，而非整个喷枪图形"，可见，判决中虽未明确采用位置商标这一名称，但将申请商标确定为申请图形中的特定位置，相当于实际上认同了位置商标属于可受《商标法》保护的商标类型。另如在前文提到的电吉他图形商标案中，法院虽同样未采用位置商标的名称，但指出"申请商标为一吉他的主体部分的三维立体形状"，可见其对位置商标亦持实质认同的观点。

分析上述各种做法可以看出，上述做法均有其合理之处，而在现行法律未作明确规定的情况下，基于不同的出发点，存在上述差异做法亦在情理之中。但相比较而言，本案中的做法值得赞成，即对于位置商标这一商标类型属于《商标法》所规定的商标类型持认同态度。在本案中之所以采用这一做法，主要是基于以下考虑：

首先，从《商标法》第八条规定可以看出，其虽明确列举了平面商标、三维标志以及颜色组合商标这三种商标类型，但不可忽视的是，该条款同时使用了"可视性标志"这一用语。在位置商标本身亦属于可视性标志，而该条款中不能当然被认为系穷尽列举的情况下，是否可以赋予位置商标这一合法地位，并非不可探讨。此外，从《中华人民共和国商标法释义》对这一条款的解释中，似乎亦可读出此层含义，该释义中记载，"当前根据中国的实际情况，将商标注册确定为是指对视觉商标的注册也是适宜的。"可见，立法者似乎认为全部可视性标志应均属于《商标法》所准许注册的类型。

其次，即便不将位置商标作为一种单独的商标类型，将其纳入三维标志的范围内亦具有合理性。作为《商标法》所认可的商标类型之一，三维标志通常包括三种形式（商品的外观，商品的包装，商品或服务的装饰），其中，商品的外观是三维标志中最为重要的一种类型。因为位置商标实际上指向的是商标外观中的某一特定位置，而在现行法律中并无法看出三维标志仅指商品的整体，而非局部的情况下，将商品的某一特定位置作为三维标志注册，似乎亦不能认为其违反了《商标法》对于三维标志的限定，而这也恰恰是多数商标申请人将其申请注册为三维标志的主要考虑。当然这一做法需要申请人明确表明其所申请的是三维标志，否则即可能面临前述阿迪达斯公司三道杠图形商标案中的后果。

二、位置商标的显著性认定

虽然本案中对于位置商标是否属于《商标法》所认可的商标类型持认可的态度，但认可这一类型商标并不意味着此类商标当然应被核准注册，其是否可以被核准注册，仍要考虑其是否符合《商标法》中相关的绝对理由以及相对理由条款。本案涉及的则是位置商标的显著性判断问题。

2001年《商标法》有关显著性的条款为第十一条，该条款规定："下列标志不得作为商标注册：（一）仅有本商品的通用名称、图形、型号的；（二）仅仅直接表示商品的质量、主要原料、功能、用途、重量、数量及其他特点的；（三）缺乏显著特征的。前款所列标志经过使用取得显著特征，并便于识别的，可以作为商标注册。"其中，第一款是有关固有显著性的规定，第二款是有关获得显著性的规定，第二款的适用应以其不符合第一款要求为前提，亦即如果申请商标不具有"固有显著性"，则如果其经过使用具有获得显著性，亦可以作为商标予以注册。

对于位置商标固有显著性的认定，亦应遵循固有显著性认定的一般规则。通常而言，固有显著性的认定应考虑以下两个认知层次：相关公众是否会将该标志作为"商标"认知；该标志对于商品或服务的"特点"是否具有直接描述性。实践中，无论是学术界或实务界，在谈及显著性问题时，通常关注的是第二层次的认定，即该标志是否具有直接描述性，却常常忽略第一层次的认知。但需要强调的是，第一层次的认知为显著性认定的根本前提，只有在符合第一层次要求情况下，才会涉及对第二层次描述性的判断，尤其对于非传统类型的商标更是如此。

在第一层次的认定中，其判断的关键在于相关公众的认知。任何标志只有其可能会被相关公众当作商标来认知的情况下，才可能具有《商标法》所要求的固有显著性。而在此判断中，商标的类型对于认定结果具有实质性影响。

2001年《商标法》规定了平面标志、三维标志或颜色组合标志等可视性标志可以被注册为商标，2013年《商标法》将可注册的商标扩展到声音标志等非可视性标志，依据这一规定，以声音、气味等形式表现的标志均属于可注册的商标类型。从上述规定可以看出，《商标法》对于可注册的商标类型持开放的态度，即只要符合《商标法》的规定，各种类型的商标均具有被核准注册的可能性。但应注意的是，上述规定并不意味着各种"不同"类型的商标具有"相同"的固有显著性程度。

通常情况下，在各种不同的商标类型中，除"平面商标"以外的其他非传统类型的商标原则上均不符合这一要求，其中当然包含本案所涉位置商标。这一结论是在充分考虑市场使用情形对于相关公众的影响这一因素基础上得出的。众所周知，长期以来市场中使用的商标绝大多数均是平面商标，这种客观情形对相关公众对于商标的"外在表现形式"的认知具有决定性的影响。当相关公众在某一商品或服务上看到相关平面标志时很易将其作为商标认知，但如果其看到的是某商品的外观、包装或颜色，或听到商品所发出的声音，闻到商品所发出的气味，却通常并不会将其作为商标认知。在该标志未被大量使用的情况下，相关公众通常仅仅会将其认知为商品的外观、包装以及颜色、声音、气味等等，而不会将其当然地认为是指向某一商品的提供者。①这一情形充分说明，上述非传统类型的商标并不会使相关公众将其作为商标认知，因此，并不符合这一层次的要求。也正因如此，中国 2001 年之前的《商标法》中将可注册为商标的标志类型仅限于"平面标志"，而不包括三维标志及其他非传统类型的商标。

基于上述考虑，本案判决中指出，"申请商标的图形系喷枪图形中的一个部分，鉴于该部分在喷枪图形中整体所占比例很小，且须附着于该喷枪图形同时使用，故其使用在商品或服务上时，给消费者所带来的认知系该喷枪的整体图形，而非申请商标。据此，申请商标不具有商标所应具有的内在显著特征。"由该表述中可以看出，法院认为，因相关公众并不会将该特定位置作为商标认知，因此，申请商标不具有固有显著性。

其他涉及位置商标的案件中亦存在类似表述，如在吉伯生公司电吉他图形商标案中，法院认为，"申请商标为其所指定使用的电吉他商品的组成部分，相关消费者往往不会将其作为表示产源的商标予以认知。"在萨塔公司申请的另一位置商标案中，法院认为"申请商标使用在指定商品上时，相关公众一般会将其视为对商品本身的描述，而很难将其认知为标识商品来源的标记"。②

不仅在涉及位置商标的案件中，法院会持这一观点，在其他非传统类型商标中（多为三维标志，少数为颜色组合商标），法院的做法亦无实质不同。如在冰淇淋立体商标案中，法院认为，由于普通消费者易将申请商标识别为冰激凌的形状，故申请商标不能起到标

---

① 当然，如果上述商标已经经过大量使用足以使相关公众将其对应到特定的提供者，但此时其所产生的已是获得显著性，而非固有显著性。
② 参见北京市第一中级人民法院（2010）一中知行初字第 1272 号行政判决书。

示、区分其所使用的商品来源的作用（见图六）。①另如在锯条商品颜色组合商标案中，法院亦认为该颜色组合不具有显著性，不应核准注册（见图七）。②就目前司法实践中涉及非传统类型的商标，仅有极小的比例最终被核准注册。

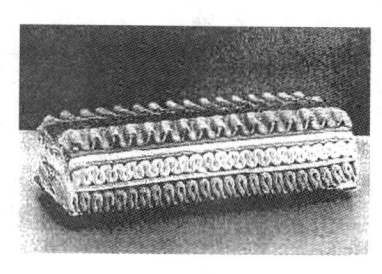

图六　　　　　　　　　　图七

　　在此，需要特别强调的是，相关公众是否将此类非传统类型商标作为商标认知，与该标志本身是否新颖，是否为申请人所独创等等因素均无直接关系，即便该标志之前从未出现过，亦同样如此。这一点与平面商标的显著性认定具有显著不同，平面商标的新颖与否直接决定了其固有显著性的高低，但对于非传统类型商标，则并非如此。在雀巢公司方形瓶三维标志案中，法院即明确阐述了这一观点，该判决指出，三维标志"是否系使用者所独创或其是否为臆造标志与其所具有的固有显著性的高低并无直接关系。……即便该三维标志从未在该类商品上使用过，相关公众仍会将其作为商品包装或商品本身的形状、装饰认知，至多会认为该商品包装或商品形状或装饰较为'新颖'而已，却并不会因此将其作为商标认知"。③正因如此，本案原告萨塔公司在其起诉理由中所称申请商标"具有

---

① 参见北京市第一中级人民法院（2007）一中行初字第1350号行政判决书。
② 参见北京市第一中级人民法院（2005）一中行初字第1084号行政判决书。
③ 参见北京市第一中级人民法院（2012）一中知行初字第269号行政判决书。

独创性和显著性，能够起到区分产品产源的作用"的主张显然是无法得到法院支持的。

当然，如果此类商标经过大量使用已具有很高知名度，则亦可以认定其具有获得显著性，可以作为商标注册。本案判决中即指出，原告的使用行为已足以使相关公众将其作为商标认知，则亦可以认定其符合《商标法》第十一条的规定。但本案中，原告虽然提交了相关的使用证据，但鉴于其提交的申请商标在中国的宣传图册以及原告产品的销售数量统计表，均系其自行制作，真实性难以确认，故本案现有证据无法证明申请商标的使用已达到使消费者熟知的程度，申请商标并未通过使用获得显著特征。

（撰稿人：芮松艳）

4. 三维标志的显著性及美学功能性的判断

——开平味事达调味品有限公司请求宣告雀巢产品有限公司国际注册"三维标志"商标无效行政纠纷案

案件索引：北京市第一中级人民法院（2012）一中知行初字第269号，2012年8月2日判决；北京市高级人民法院（2012）高行终字第1750号，2013年9月13日判决。

基本案情

涉案争议商标为指定颜色的方形瓶（见图一），该商标核定使用商品为食用调味品，注册商标专用权人为雀巢公司。申请注册日为2002年3月14日，核准注册日为2005年7月27日。

图一

商标权的取得

　　针对争议商标，味事达公司向商标评审委员会提出争议申请，请求将争议商标予以撤销，其主要理由涉及以下两点：其一，争议商标不具有显著性。味事达公司认为，该瓶型的产品已被国内众多调味品企业作为酱油产品的包装瓶使用，且本案现有证据亦无法证明争议商标经过长期使用已使得相关公众将该瓶型与雀巢公司建立起唯一对应关系，故争议商标不具有显著性，违反了《商标法》第十一条的规定。其二，争议商标具有美学功能性。味事达公司认为，因中国调味品行业长期使用争议商标瓶型进行广泛使用和宣传推广，棕色方形瓶包装的形状和美感已经能够影响消费者的购买心理，其美学功能成为商业成功的重要因素，故属于使商品具有实质性价值的形状，具有美学功能性，因此，争议商标的注册违反了《商标法》第十二条的规定。为证明其主张，味事达公司提交了相关证据，上述证据可以证明两个事实：其一为在争议商标申请日之前，原告及其前身已开始在酱油产品上使用与争议商标相近似的包装瓶（见图二）；其二为很多同行业经营者亦已在使用与争议商标近似的包装瓶（见图三）。

图二

图三

雀巢公司认为争议商标不仅具有固有显著性，且经过长期使用亦已具有很高知名度，具有了获得显著性。为证明这一主张，雀巢公司亦提交了相关证据，但其中能够证明争议商标实际使用情形的证据主要为雀巢公司及其关联公司自制的证据，来源于第三方的证据仅为2002年后出版的《东方美食》、《中国烹饪》等较为专业的杂志上所做的六份广告。此外，雀巢公司还认为争议商标不具有美学功能性。

在上述事实的基础上，商标评审委员会经审查作出裁定，维持争议商标的注册。①味事达公司不服，于法定期限内向北京市第一中级人民法院提起诉讼，其仍然坚持其在商标评审阶段所提理由。

判决与理由

北京市第一中级人民法院经审理认为，因争议商标易被相关公众认知为核定使用商品的包装物，无法起到区分商品来源的作用，故争议商标不具有商标所要求的固有显著性。因现有证据无法证明争议商标已通过使用具有很高知名度，故争议商标亦不具有获得显著性。据此，争议商标不符合《商标法》第十一条的规定。因争议商标核定使用的调味品类商品的购买者通常不会仅仅基于喜爱该类商品的包装而购买该商品。据此，争议商标并不具有美学功能性，未违反《商标法》第十二条的规定。综上，鉴于商标评审委员会认定争议商标符合《商标法》第十一条的规定，该认定有误，故法院

---

① 参见商评字〔2010〕第15921号重审第00789号关于国际注册第640537号"三维标志"商标争议裁定书。

依照《中华人民共和国行政诉讼法》第五十四条第（二）项之规定，判决撤销被诉裁定，商标评审委员会针对味事达公司的争议申请重新作出裁定。

雀巢公司不服一审判决，向北京市高级人民法院提起上诉。北京市高级人民法院经审理作出二审判决：驳回上诉，维持原判。

评 析

2001 年修改的《商标法》最重要的变化之一是确认了三维标志的可注册性。此后，三维标志商标申请的绝对数量一直呈上升态势，这一情形使得如何正确地认识三维标志的可注册性逐渐成为实务界关注的问题。

因相比于平面标志，三维标志具有其不同的内在特点，故《商标法》要求申请注册的三维标志不仅应与平面标志同样具备商标所应具有的显著性，同时还附加了技术功能性及美学功能性的要求，即三维标志只有在不属于由技术功能或美学功能决定的标志的情况下，才可以作为商标注册。尽管有上述规定，但现有的此类案件，基本上均涉及的仅是三维标志的显著性判断问题，但本案则属其中特例，其不仅涉及到常规的"显著性"判断问题，亦涉及到中国现有案件中从未出现过的"美学功能性"的判断问题。这一情形使得本案的审理具有与众不同的意义。

一、争议商标的显著性认定

《商标法》第十一条规定，下列标志不得作为商标注册：（一）仅有本商品的通用名称、图形、型号的；（二）仅仅直接表示商品的质量、主要原料、功能、用途、重量、数量及其他特点的；（三）缺乏显著特征的。前款所列标志经过使用取得显著特征，并便于识别的，可以作为商标注册。上述规定涉及了商标显著性的两种情形，即"固有显著性"及"获得显著性"。凡属于《商标法》第十一条第一款规定情形的标志均不具有"固有显著性"，原则上不能作为商标注册。但如果此类标志符合了《商标法》第十一条第二款的规定（即已经过使用具有很高知名度，起到了区分商品或服务来源的作用），则可以认定其具有"获得显著性"，能够作为商标获得注册。

（一）争议商标不具有固有显著性

判断某一标志是否具有固有显著性，其关键在于相关公众是否会将其作为商标认知。如果某一标志无法使相关公众将其作为商标认知，则该标志原则上不具有固有显著性，反之，则会得出不同结论。通常而言，对商品或服务特点（如质量、功能、包装、颜色等）进行直接描述的标志，会使相关公众将其认知为商品或服务的相关特点，无法起到区分商品或服务来源的作用，故属于不具有固有显著性的情形。

具体到三维标志，虽然2001年《商标法》第八条规定，"任何能够将自然人、法人或者其他组织的商品与他人的商品区别开的可视性标志，包括文字、图形、字母、数字、三维标志和颜色组合，以及上述要素的组合，均可以作为商标申请注册"，即平面标志、三维标志或颜色组合标志均可以被注册为商标，但这一规定并不意味着上述三种表现形式的标志均具有相同的固有显著性程度。同理，虽然2013年《商标法》将可注册的商标扩展到声音标志等非可视性标志，依据这一规定，以声音、气味等形式表现的标志均属于可注册的商标类型，但这一规定同样亦不意味着上述类型的标志与传统的平面标志具有相同的固有显著性。上述非传统类型的标志是否具有显著性仍应以相关公众的认知为基础。

商标权的取得

因长期以来市场中使用的商标绝大多数均是平面商标，而这一情形的长期存在必然使相关公众对于商标的外在形式产生深刻认知，因此，相关公众在某一商品或服务上看到相关平面标志时很易将其作为商标认知，这也决定了"平面标志"相较于其他类型的标志整体上具有更高的固有显著性程度，也正因如此，中国2001年之前的《商标法》中将可注册为商标的标志类型仅限于"平面标志"，而不包括三维标志及其他类型的商标。

与平面标志不同，因三维标志整体上不符合相关公众对于商标所具有的"外在形式"的固有认知，故其通常情况下并不会使相关公众将其作为商标认知。当然，这一结论亦非绝对，其亦可能存在特例，该特例很大程度上取决于该标志的具体使用方式以及行业惯例。三维标志通常包含以下三种方式：用作商品本身的形状（见图四）；用作商品的包装（即本案争议商标）；用作商品或服务的装饰（见图五）。

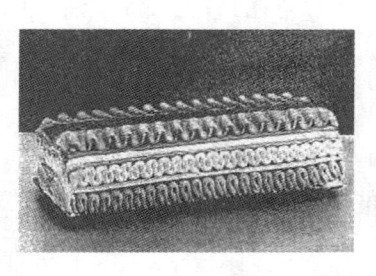

图四　指定使用商品为冰淇淋等 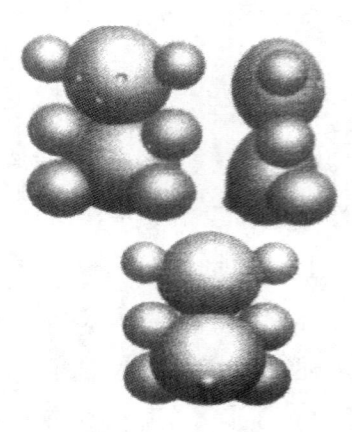　　　图五　指定使用商品为服装、箱子等

上述三种使用方式中，除三维标志作为商品或服务的"装饰"使用时与商品或服务的特点通常并无关联外，在其他两种使用方式下，相关公众看到该三维标志时，则通常均会将其认知为商品的包

装或商品本身的形状,而并不会将其作为商标认知。上述情形足以说明,在该两种使用方式下,三维标志表示了商品的相关特点,整体上并不具有固有显著性。现有案件中基本上均采用这一做法。[1]即便是作为商品或服务的装饰使用的三维标志,相关公众虽不会将其识别为商品本身的形状或包装,但相关公众仍并非必然会将其作为商标识别,其是否会被当作商标识别仍要结合行业惯例予以判断,亦即该行业是否具有使用三维标志作为商标使用的惯例。如对于汽车行业而言,采用三维形式的车标已成为行业惯例,因此,如果在汽车类商品上注册三维标志,比较容易被认为具有固有显著性。但对于并无此惯例的行业而言,这一使用则通常会使相关公众认为其系商品的装饰,而非商标,仍不具有固有显著性。如在前文提到的图五所示小熊图立体商标案中,法院认为,该标志使用在服装、箱子等商品上,"易使相关消费者认为其是商品装饰的一部分,而不会将其作为商标进行识别",据此不具有显著特征。[2]

具体到本案,争议商标指定使用商品为食用调味品。显然,争议商标使用在食用调味品上,通常会使相关公众认为其属于该商品的包装物,而通常不会被认为其指代的是具体商品的提供者,这一情形使得争议商标针对该商品而言无法起到区分商品来源的作用,故争议商标不具有商标所要求的固有显著性。

---

[1] 如在前述冰淇淋案中,法院认为申请商标使相关公众认为其属于冰淇淋产品的形状,故不具有显著性[参见北京市第一中级人民法院(2007)一中行初字第01348号行政判决书]。

另如在比克笔案中,法院认为申请商标的笔杆为笔杆的常用形状,故不具有显著性[参见北京市第一中级人民法院(2008)一中行初字第328号行政判决书]。

另如在"三叶草"案中,法院认为申请商标给相关公众的整体视觉印象是其所指定使用的作为机器部件的密封端纽的产品形状,故不具有显著性[参见北京市第一中级人民法院(2009)一中行初字第71号行政判决书]。

[2] 北京市第一中级人民法院(2014)一中知行初字第2205号行政判决书。

商标权的取得

　　此外，对于"特定的"三维标志而言，其是否系使用者所独创或其是否为臆造标志与其所具有的固有显著性的高低并无直接关系，这一点与平面标志具有显著不同。对于平面标志而言，臆造的词或图形通常具有更高的固有显著性。但三维标志则不然。只要三维标志被用作商品的包装，商品本身的形状或装饰，则即便该三维标志从未在该类商品上使用过，相关公众仍会将其作为商品包装或商品本身的形状、装饰认知，至多会认为该商品包装或商品形状或装饰较为"新颖"而已，却并不会因此将其作为商标认知。之所以会存在这一情形，究其根本在于固有显著性的判断系以相关公众为判断主体，而对于三维标志，影响相关公众认知的因素为使用方式（即是用作商品包装、商品本身的形状，还是装饰），而非标志本身。这一判断方式使得三维标志的固有显著性并不会受其是否独创或是否系臆造所影响，只要三维标志的使用方式导致相关公众会将其认为是商品本身的形状或包装，无论该设计有多么新颖，都不会影响对其不具有固有显著性的事实判断。因此，本案中，无论争议商标是否由雀巢公司最先在中国使用，亦无论争议商标是否由雀巢公司所独创，均不会影响对争议商标固有显著性的判断。

　　其实，不仅三维标志整体上不具有固有显著性，对于除平面标志以外的其他类型的商标亦同样不具有固有显著性。颜色组合标志通常会被认为是商品本身所具有的颜色，[1]声音标志（即便为申请人所独创）亦仅会被相关公众当作声音认知，气味标志同样亦仅仅会被相关公众认知为气味而已。诸如此类的情形，均源于上述类型的

---

[1] 凯普曼公司在锯条商品上申请注册的橘黄色与蓝色组合的颜色组合商标，针对这一申请，商标评审委员会与法院均认为上述颜色组合不能起到区分商品来源的作用，不具有显著性［参见北京市第一中级人民法院（2005）一中行初字第1084号行政判决书］。

标志与相关公众对于商标的固有认知不符，也正因如此，上述类型的标志通常仅有在其通过使用具有获得显著性的情况下才可能被准许注册。

（二）争议商标不具有获得显著性

依据《商标法》第十一条第二款的规定可知，缺乏固有显著性的标志，如已通过使用在特定商品或服务上达到了必要的知名度，且该知名度足以使相关公众将使用在该商品或服务上的这一标志与使用者之间建立起唯一对应关系，则可以认定该标志在该商品或服务上具有了商标所要求的识别特性，具有了获得显著性，可以作为商标予以注册。

获得显著性的判断关键在于商标知名度的认定，准确地说，其关键在于该标志达到"何种"知名程度才可以被认定其通过使用获得显著性。本案中，法院认为，如果使用者可以证明，全国范围内该商品的相关公众对使用在特定商品或服务上的某一标志已"广为知晓"，且能够将其与使用者之间建立起唯一对应关系，则可以认定该标志在这一商品或服务上具有获得显著性。因这一知名度标准与驰名商标的知名度标准基本相同，故对于通过使用获得显著性的举证要求可以参照驰名商标的相关规定。同时还应注意的是，通常情况下，如果相关公众对某一标志的固有含义的认知程度越高，则对其知名度的举证要求亦越高。

法院所持这一观点主要是基于以下考虑：此类标志之所以不具有固有显著性，究其根源在于该类标志均具有识别作用之外的其他"固有"含义，且相关公众对上述"固有"含义均有所认知（例如，对于颜色组合标志而言，其本身固有的指代颜色这一含义使得相关公众通常会将其认知为商品或服务的颜色，而非商标。对于三维立体标志而言，其本身的固有含义常会使得相关公众通常将其认知为商品包装物或形状等，而非商标。对于具有直接描述性的平面标志而言，相关公众通常会基于其固有含义而认为该标志系对商品或服务的质量、原料、颜色等特点的描述，而非作为商标使用）。此种情况下，使用者如希望相关公众对该类标志产生"商标"的认知，必须通过使用使该类标志的商标识别含义强于其"固有"的含义；而因为相关公众对于固有含义通常具有较为强烈的认知，故只有通过使用使该标志具有很高知名度时方可能达到这一效果。同时，如果同行业经营者具有使用这一标志的惯例（如通常会在商品上使用某一颜色组合，或使用某一包装），则相关公众对该类标志固有含义的认知会相应地被加深，此种情况下，则只有该标志的使用已具有更高的知名度时，该类标志在相关公众心目中所产生的商标的认知才可能超过其固有含义。

具体到本案，基于双方当事人的举证，法院认定现有证据无法证明争议商标已通过使用获得显著性：

首先，从味事达公司提交的证据可以看出，在争议商标申请日（2002年）之前味事达公司及其前身均已在调味品上开始使用类似的包装瓶，其所提供的40多份报纸，以及《建国以来开平工业发展史（1949—1990）》、《中国轻工业产品全书（1993—1994）》、1988年1月出版的《开平县工业出品产品汇编》、1997年9月出版的《广东省名牌产品》等证据中均可以证明这一事实。此外，不仅味事达公司具有在先使用的情况，现有证据亦可以看出其他同行业经营者亦已使用类似的包装。对上述事实，广东省高级人民法院于2010年11月17日作出的（2010）粤高法民三终字第418号民事判决书中均进行了确认。上述事实的存在使得争议商标作为包装瓶所具有的固有含义通过同业经营者的使用行为而被强化，在此情况下，雀巢公司如欲证明争议商标已经过使用获得显著性，其显然应满足更高的知名度举证要求。

其次，雀巢公司虽主张其争议商标自1896年开始即被设计并使用，但其提交的具有证明力的证据中却只有2002年后出版的六份媒体广告涉及到争议商标的使用情况，上述证据不仅无法证明雀巢公司在先使用的事实，亦无法证明争议商标已被全国范围内调味品的相关公众广为知晓，因此，基于雀巢公司的举证，法院显然无法认定争议商标通过使用获得显著性。

二、争议商标美学功能性的认定

《商标法》第十二条规定，"以三维标志申请注册商标的，仅由商品自身的性质产生的形状、为获得技术效果而需有的商品形状或者使商品具有实质性价值的形状，不得注册。"该规定中所称的"使商品具有实质性价值的形状"通常指的是美学功能性，也就是说，该条款针对的是两种情形：技术功能性、美学功能性。

本案中，虽然在争议商标不符合《商标法》第十一条规定的情况下，其无论是否属于《商标法》第十二条规定的情形，在现有情况下均无法获准注册，但法院在考虑上述两条款不同法律后果的情况下，认为仍有必要对此予以评述。原因在于，《商标法》第十一条属于禁止注册条款，即争议商标如不符合《商标法》第十一条第一款的规定，仅意味着争议商标在现有情况下无法作为商标予以注册，却并不排除其将来经过使用获得显著性从而获得注册的可能性。但《商标法》第十二条则不然，因该条款中并未规定此类三维标志可以在一定条件下获准注册，故一旦认定其不符合《商标法》第十二条的规定，将意味着争议商标将不再具有被核准注册的可能性，也就是说，不具有美学功能性的标志即便已具有很高知名度，亦不可能作为商标注册。鉴于此，认定争议商标是否违反《商标法》第十二条，对雀巢公司而言具有实质影响。

商标权的取得

法院认为，对三维标志美学功能性的认定应结合考虑"美感"与"实质性价值"两个要素。虽然商标所有人在设计其商标时通常会考虑其美感要素，但并非只要具有美感的标志均会被认定具有美学功能性，否则将会意味着多数商标均具有美学功能性。确切来讲，只有在该三维标志的美感使得该商品具有了"实质性价值"时，才可以认定其具有《商标法》第十二条中规定的美学功能性。

对于三维标志的美感在何种情况下会具有实质性价值，则应以这一美感本身是否会影响到相关公众的购买行为作为判断依据。通常情况下，如果决定购买者购买行为的关键因素在于该三维标志"本身"，而非该标志所指代的"商品提供者"，则该三维标志应被认定为对商品具有"实质性价值"。具有实质性价值的三维标志通常指向的是具有观赏性质的商品，如毛绒玩具，工艺品等等。此类商品的共同特点在于，消费者购买此类商品时，虽然会考虑其商品提供者这一因素，但更多考虑的却是其外观。例如，对于毛绒玩具而言，某消费者之所以会购买米老鼠外形的毛绒玩具，而不会购买唐老鸭外形的毛绒玩具，主要取决于其对米老鼠这一外观的喜爱，而非对这一外观所指代的商品提供者的信任。当然，消费者在购买此类商品时亦会考虑商品提供者这一因素，但这一考虑通常会在已确定其购买的玩具外观后才会考虑。即其会在确定购买米老鼠毛绒玩具后才会进一步考虑哪一生产者提供的这一玩具质量更好，而通常并不会相反，即便该外观客观上已具有区分商品来源的作用的情况下，亦是如此。在此情况下，此类商品的外形即属于对商品具有"实质性价值"的形状。

具有上述特点的三维标志之所以不能作为商标注册，主要原因在于适用《商标法》保护此类标志具有以下障碍：

首先，这一保护缺乏《商标法》的利益基础。因《商标法》保护的是商标的识别功能为商标所有人所带来的利益，因此，如果对于具有美学功能性的标志提供保护，亦应是基于上述识别功能，否则将不符合《商标法》的利益基础。但对于此类标志而言，其虽可能在具有美学功能性的同时亦具有识别功能，但决定购买者购买行为的首要因素仍然是该标志本身所具有的外观美感。此时，如为其提供商标法的保护，则必然意味着客观上保护了该"外观美感"（而非识别功能）为所有人带来的利益，这显然超出了《商标法》的保护范围，缺乏《商标法》上的利益基础。

其次，这一保护使《著作权法》、《专利法》的权利保护期限制度在相当程度上落空。因具有美学功能性的标志在很多情况下可能构成受《著作权法》保护的作品以及受《专利法》保护的外观设计专利，故在考虑其是否可注册为商标时，亦要考虑不同法律制度之间的协调，其中，权利保护期限制度之间的协调即为应考虑的问题之一。《著作权法》、《专利法》与《商标法》在保护期限这一制度的设置上具有根本不同。《著作权法》与《专利法》均明确规定了权利的保护期，《商标法》虽规定了注册商标专用权期限，但因其同时亦规定了续展制度，故这意味着只要商标权人进行续展，注册商标专用权实际上可以无限期地得到保护。在此情况下，如果《商标法》为具有"美学功能性"的三维标志提供保护，则不仅意味着客观上保护了《商标法》保护范围之外的"外观美感"，亦同时意味着该三维标志即便在已超过作品著作权或外观设计专利权保护期的情况下，亦可依据《商标法》的规定进行无限期的保护。这实际上使得《著作权法》、《专利法》中有关权利期限的制度在相当程度上落空，这种结果显然是立法者不愿意看到的。

再次，这一保护使同业经营者处于不合理的竞争劣势。对于具有美学功能性的三维标志，同业经营者很可能会希望在其商品上使用该外观以加强其竞争能力。因外观美感并非《商标法》的保护客体，故在该三维标志已过了《著作权法》及《专利法》保护期限的情况下，同业经营者理应有权利使用该标志。但如果《商标法》为其提供了注册商标的保护，则将意味着此种情况下同业经营者的使用行为会构成侵犯注册商标专用权的行为，这一情形显然构成对公有资源的不合理占用，客观上使得同业经营者处于不合理的竞争劣势。

具体到本案，争议商标为指定颜色的方形瓶，指定使用商品为食用调味品。因美学功能性应以购买者作为判断主体，故本案中如果购买者在决定购买哪种食用调味品时，主要考虑的是该商品的包装，而非该商品的提供者，则可以认定争议商标这一方形瓶设计具有美学功能性。但结合相关公众的一般认知可以看出，对于食用调味品这一类商品，购买者所关注的通常是其商品本身的质量、生产厂商等要素，至于其采用的包装本身虽然可能在一定程度上影响购买者的购买行为，但显然并非决定性因素。也就是说，整体而言此类商品的购买者通常不会仅仅基于喜爱该类商品的包装而购买该商品。鉴于此，争议商标并不具有美学功能性，未违反《商标法》第十二条的规定。

（撰稿人：芮松艳）

5. 申请商标与在先注册或者初步审定商标相冲突的判定

——安徽临水酒业有限公司请求对田秀华"金临水福"商标不予注册异议复审行政纠纷案

案件索引：北京市第一中级人民法院（2010）一中知行初字第2434号，2010年9月18日判决；北京市高级人民法院（2010）高行终字第1352号，2010年12月28日判决；最高人民法院（2011）知行字第47号，2011年10月18日裁定。

基本案情

2004年2月24日，田秀华（以下称被申请人）向商标局申请注册第3924167号"金临水福"（见图一）商标（以下称被异议商标），指定使用在第33类酒（饮料）、烧酒、米酒、葡萄酒等商品上。在初步审定公告期间，安徽临水酒业有限公司（以下称申请人）向商标局提出异议申请，商标局经审理认为申请人的异议理由不成立，被异议商标应予核准注册。申请人不服商标局异议裁定，向商评委提出异议复审申请。

申请人复审的主要理由为：申请人所拥有的第187252号"临水及图"（见图二）商标（以下称引证商标）于1983年即获准注册，

商标权的取得

核定使用在第 33 类酒（含酒精）商品上。经过申请人的多年使用，引证商标在酒类商品上已经具有较高的知名度。被异议商标完整包含引证商标的文字"临水"，"金"、"福"仅起修饰作用，未使原有含义发生改变，两商标构成近似商标。被申请人与申请人同处一地，对引证商标的知名度理应知晓，仍然在相同或类似商品上申请注册与引证商标近似的被异议商标，主观恶意明显，依据 2001 年《商标法》第二十八条的规定，被异议商标应不予核准注册。申请人提交的主要证据包括：主体资格证明；引证商标的广告宣传及获奖情况；被申请人恶意使用"金临水福"的产品包装图片、相关部门对其进行查处的资料、相关法院民事判决书复印件、产品包装实物等证据。

图一　　　　　　　　　　　图二

被申请人答辩称，被异议商标与引证商标未构成使用在相同或类似商品上的近似商标，被异议商标应予核准注册。

商评委经审理认为，被异议商标"金临水福"中的"金"、"福"二字作为商标的组成部分用于酒类商品上为常见修饰用语，显著性较弱，故被异议商标的显著识别文字部分为"临水"，其与引证商标"临水及图"中的主要识读、记忆部分即"临水"文字构成相同，两商标在整体含义上亦未产生显著区别，构成近似。被异议商标指定使用商品与引证商标核定使用商品构成类似。加之引证商标在被异议商标申请注册前已具有较高知名度，被申请人与申请人同处一地，对申请人引证商标的知名度理应知晓。被异议商标与引证商标共存于类似商品上，易导致相关消费者混淆，误以为商品来源相同或相关，已构成2001年《商标法》第二十八条所指的使用在类似商品上的近似商标，被异议商标应不予核准注册。

被申请人不服商评委做出的异议复审裁定，向北京市第一中级人民法院提起行政诉讼。

判决与理由

北京市第一中级人民法院和北京市高级人民法院经审理均认为被异议商标与引证商标构成使用在类似商品上的近似商标，依据2001年《商标法》第二十八条的规定，被异议商标应不予核准注册，判决维持商评委的异议复审裁定。

被申请人不服二审判决，向最高人民法院申请再审。最高人民法院认为，在引证商标"临水及图"中，"临水"文字是相关公众呼叫和记忆的主要识别部分，在临水公司提交的各种荣誉证书等材料中，也通常以"临水"牌指称申请人的白酒产品，原审判决认定"临水"文字构成引证商标的主要识别部分，并无不当；被申请人主张该商标的主要识别部分应该为井，没有事实依据。被异议商标与引证商标均包含"临水"文字，含义均与"临水"有关，综合考虑"临水"品牌在白酒商品上的知名度、被申请人与申请人在同一地区生产销售白酒的事实，以及被申请人在白酒产品上实际使用被异议商标时突出"临水"字样的行为、被申请人申请注册被异议商标的主观意图等案件事实，为了尽可能避免出现消费者混淆误认的情况，商评委、原审法院认定被异议商标与引证商标构成2001年《商标法》第二十八条所指的使用在类似商品上的近似商标，并无不当。综上，最高人民法院认为被申请人申请再审的理由不能成立，裁定驳回其再审申请。

评　析

2013年《商标法》第三十条（2001年《商标法》第二十八条）规定："申请注册的商标，凡不符合本法有关规定或者同他人在同一种商品或者类似商品上已经注册的或者初步审定的商标相同或者近似的，由商标局驳回申请，不予公告。"本案是依据该规定，禁止与他人在先注册或者初步审定商标相冲突的商标注册的典型案例。

一、本条款的立法目的

商标法第三十条规定，申请注册的商标不得同他人在同一种商品或者类似商品上已经注册的或者初步审定的商标相同或者近似。从该法条的字面含义来看，商标行政机关在对申请商标进行相对理由审查时，必须对商标是否近似以及商品是否类似进行判定，从而做出该申请商标注册是否应予初步审定的决定。但需要强调的是，对商标近似与商品类似与否进行判定仅仅是法律适用要件，而绝非该条款的立法目的。对本条款的理解绝不应仅仅局限于其字面含义，其实际上是"禁止混淆"原则在商标法中的集中体现。商标的基本功能是区别商品来源，因此对商标权的保护就必须以避免消费者混淆，导致商标区别来源的功能无法实现为前提。基于"禁止混淆"原则，注册商标禁用权的范围是大于使用权的：注册商标的专用权，以核准注册的商标和核定使用的商品为限；但是注册商标的禁用权范围则可以扩展至近似商标和类似商品上，只要这种使用可能会造成相关公众的混淆。因此，对商标近似和商品类似的判定的目的是保护商标的区别功能，避免消费者产生混淆，对二者进行判定绝非字面含义上理解的仅仅是对商标标识或商品的相关客观属性进行比对，应以是否容易造成相关公众混淆为根本标准，对二者进行判定。

《商标法》第三次修改中，在第五十七条之（二）中，将"容易导致混淆的"增加为在同一种商品上使用与其注册商标近似的商标，或者在类似商品上使用与其注册商标相同或者近似的商标构成商标侵权的要件，第一次在《商标法》中明确体现了"禁止混淆"这一商标权保护的基本原则。这也更加有助于解析2013年《商标法》第三十条规定的立法目的。

本案中，最高人民法院从"为了尽可能避免出现消费者混淆误认的情况"的角度出发，判定被异议商标与引证商标构成2001年《商标法》第二十八条所指的使用在类似商品上的近似商标，充分体现了对本条款"禁止混淆"立法目的的遵循。

二、商标近似的判定

商标近似的判定，既要考虑商标标志构成要素及其整体的近似程度，也要考虑引证商标的独创性和知名度、商品及服务的类别和专业性、商标实际使用情况、申请人主观意图等因素，以是否容易导致混淆作为判断标准。

（一）商标标志的近似比对

商标标志的近似比对应从商标本身的形、音、义和整体表现形式等方面，以相关公众的一般注意力为标准，以隔离观察的方式，对商标进行整体与主要部分的比对。

1. 以相关公众的一般注意力为标准

"相关公众"是《商标法》中的一个重要概念，因为商标是通过贴附于商品进入市场，并在与该商品密切相关的社会主体中发挥区别商品来源作用的，因此对商标近似与否、显著性、知名度的判断均应以该特定社会主体，即"相关公众"的认知为标准。"相关公众"包括商标所标识的商品的生产者或者服务的提供者；商标所标识的商品或者服务的消费者；商标所标识的商品或者服务在经销渠道中所涉及的经营者和相关人员等。商标行政机关的审查员和法官在对商标标志近似与否进行判断时，不应以商标专业人士的角度进行审查，而是应换位于"相关公众"的角度，以"相关公众"的普遍认知作为判断依据。

所谓"一般注意力"是指应以相关公众在市场中选购商品时对商标施加的正常注意力为标准。在以相关公众的一般注意力为标准的情况下，对于汉字构成相同，仅字体或设计、注音、排列顺序不同；由相同外文、字母或数字构成，仅字体或设计不同（见图三）；图形的构图和整体外观近似（见图四）；由两个外文单词构成，仅单词顺序不同，含义无明显区别（见图五）；由三个或者三个以上汉字构成，仅个别汉字不同，整体无含义或者含义无明显区别；外文商标由四个或者四个以上字母构成，仅个别字母不同，整体无含义或者含义无明显区别（见图六）；商标文字字形、读音、含义近似等情形，一般都会判定为易使相关公众对商品或者服务的来源产生误认，构成近似商标。

图三

申请商标与在先注册或者初步审定商标相冲突的判定

图四

Wintech   Techwin

图五

BILLDAN   BILLDANY

图六

2. 以隔离观察的方式

对于消费者而言，商标为其提供了便捷辨认商品来源的可能，这大大降低了消费者再次购买某中意商品的搜寻成本。一般消费者在购买商品，尤其是价格数额不大的生活日常用品时，往往会凭借其对某商标的记忆进行选购，很少会特别将两个商标放在一起进行比对。因此，在对商标近似进行判断时，应采取隔离观察的方式，将欲比较的两个商标隔离，凭借对某一商标的主观印象去判断另一商标与之是否近似。

3. 整体与主要部分的比对相结合

整体比对是指将构成商标的符号或者符号组合作为一个不可分割的整体加以观察比对；主要部分比对是指将商标最显著、最醒目、最易引起购买者注意和最能唤起购买者记忆的部分进行观察比对。对商标标志近似性进行判断时，既要考虑标志整体给人的直观印象，也要同时结合中国消费者对商标认读、呼叫、识别、记忆的特点和

商标权的取得

习惯,对商标的主要部分,特别是中文部分进行比对。至于整体比对与主要部分比对孰重孰轻,很难有所概论,需要根据案件中商标构成要素的不同进行个案认定。

例如:判定近似案例(见图七):

25类:服装等商品

图七

判定不近似案例(见图八):

35类:广告等服务

图八

本案中,引证商标为汉字"临水"和水井图形组成的图文组合商标,其中,汉字"临水"对中国相关公众而言应该是显著识别和呼叫部分。争议商标作为纯文字商标,完整包含了"临水"文字,虽然争议商标还在"临水"文字前后分别增加了"金"、"福"两个汉字,但是鉴于"金"、"福"为商标中常见的起修饰作用的汉字,争议商标与引证商标文字在整体含义上并未产生明显区别,在相关公众施以一般注意力的情况下,容易对商品来源产生混淆,应判定

112

争议商标与引证商标构成近似商标。

（二）考虑引证商标的独创性和知名度

1. 考虑引证商标的独创性

对于引证商标主要部分属于社会公共领域内的词汇、事物的，应考虑社会公共资源有限性和公有性的特点，适当平衡在先商标注册人的商标权与其他社会主体有权从社会公共资源中选择商标标识并建立商誉之间的平衡，对近似判定标准适当放宽，防止造成"符号圈地"。

例如，在第 6596007 号图形（见图九）商标驳回复审案[①]中，商评委认为申请商标与第 829594 号图形（见图十）商标（以下称引证商标）均由"树"的造型和外部圆圈构成，在构图元素和视觉效果上相近，两商标构成近似商标。法院则认为，申请商标与引证商标在构图和表现手法上明显不同，存在差异。且"树"为日常生活中的常见事物，引证商标是以写实手法绘制的"树"，其作为商标使用显著性较弱，在此情况下不宜由引证商标专用权人垄断对"树"的造型的使用，阻碍他人以其他形式将"树"的造型作为商标在与引证商标相同或类似商品上申请注册。综上，两商标并未构成近似商标。

图九　　　　　图十

---

① 参见商评字〔2012〕第 12567 号关于第 6596007 号图形商标驳回复审决定；北京市第一中级人民法院（2012）一中知行初字第 2785 号判决；北京市高级人民法院（2013）高行终字第 161 号判决。

2. 考虑引证商标的知名度

如前所述，相关公众在市场上一般会凭借记忆"认牌购物"，引证商标知名度越高，相关公众对其记忆越深，在相同或类似商品上遇到近似商标时，对商品来源产生混淆的可能性就越大。因此，在引证商标具有较高知名度的情况下，一般会从严把握商标近似判定标准。值得注意的是，对引证商标的独创性与知名度应综合考量予以判定，不可过于僵化。若虽然引证商标为非臆造词，独创性较差，但是其通过长期使用与宣传已经在核定使用商品上具有了较高知名度，则应判定该词汇或图形使用在该商品上已经获得了商标意义上的"第二含义"，具有了较强的显著性。对此类商标，仍需考量引证商标的知名度，从严掌握近似判定标准。本案中，在案证据证明引证商标注册、使用时间较长，在争议商标申请注册日之前已获得大量荣誉，在白酒商品上具有较高的知名度。商评委与法院均将引证商标的知名度作为一项重要的考量因素，从严掌握了近似判定标准。在商标近似判定时考虑在先商标的知名度，已成为通行做法。例如，在第4063136号"最粮液"商标异议复审案[①]中，商评委和北京市第一中级人民法院均认为，引证商标"五粮液及图"虽然具有较高知名度，但"五粮液"在酒商品上显著性较弱，在考虑同行业者利益及社会公益的情况下，不宜给予过大保护，在被异议商标与引证商标在呼叫、含义、整体外观存在较大差别的情况下，应判定二者未构成近似商标。但是，北京市高级人民法院则认为，被异议商标与引证商标未形成实质区别，在引证商标具有较高知名度的前提下，若将二者同时使用在类似商品上，容易使相关公众产生混淆，

[①] 参见商评字〔2011〕第20213号关于第4063136号"最粮液"商标异议复审裁定；北京市第一中级人民法院（2012）一中知行初字第175号判决；北京市高级人民法院（2012）高行终字第1245号判决。

二者构成了使用在相同或类似商品上的近似商标。在第3054811号"KAISABOSSR"（见图十一）商标争议案①中，考虑引证商标（见图十二）在服装商品上具有较高知名度，而争议商标完整包含引证商标显著识别部分"BOSS"，且未形成新的含义，判定争议商标与引证商标构成近似商标。

KAISABOSSR　　**BOSS**　**BOSS**
图十一　　　　　　　　　　图十二

（三）考虑商品及服务的类别和专业性

商标近似判定应以相关公众的一般注意力为标准，"相关公众"是与商标指定使用的商品密切相关的，对于不同类别的商品，相关公众的辨识能力、在购买时施以的注意力都会有所不同。例如，对于普通商品/服务，包括如服装、皮具、化妆品、食品、药品等大众消费品，种子、农药、化肥、农具等普通农业用品，广告、替他人推销等不需要较强技术手段的服务，因为事关民生，相关公众均为普通大众，商品、服务提供者较多，易引起市场混乱，且相关公众在购买时注意力有限，或辨识能力较差，宜从严掌握近似判定标准。

而对于专业商品或者服务，如工业用化学品、医疗器械等和第36类金融服务等，由于商品或者服务的生产者、提供者与消费者均具有一定的专业背景，识别力较强，近似判定标准可适度放宽。同样，对于价值昂贵的商品或者服务，如贵重金属、珠宝、汽车、航空器等或者美容整形服务等，因价格较为昂贵，消费者购买时一般会施以较强注意力，近似判定标准亦可适度放宽。

---

① 参见商评字〔2010〕第8420号关于第3054811号"KAISABOSSR"商标争议裁定；北京市第一中级人民法院（2010）一中知行初字第2627号判决。

商标权的取得

例如，在第 1479169 号图形（见图十三）商标异议复审案[1]中，中国第一汽车集团公司对东风汽车公司申请注册的被异议商标提出异议，认为该商标与其在先注册的第 1455143 号"一汽及图"（见图十四）商标（以下称引证商标）构成使用在相同或类似商品上的近似商标。商评委经审理认为，判断商标是否近似，应当以市场实际交易中，相关消费者的普遍注意力和认知习惯为标准，对商标的整体表现形式是否会导致误认，作出判断。被异议商标与引证商标图形部分构图特征各具特点，且引证商标还有显著的可识别文字"一汽"，就更加强了与被异议商标的可区别性。并且，被异议商标和引证商标均指定使用在汽车等商品上，此类商品价格高昂、专业性较强，其消费具有一定的特殊性，相关公众在实际市场交易中普遍对商品来源具有很高的注意力，被异议商标和引证商标在实际使用中一般不致造成相关公众混淆误认。因此，被异议商标与引证商标未构成使用在相同商品上的近似商标。

图十三　　　　　　　　　　图十四

（四）考虑系争商标实际使用情况

1. 市场共存情况

《最高人民法院关于审理商标授权确权行政案件若干问题的意

---

[1] 参见商评字〔2008〕第 30193 号关于第 1479169 号图形商标异议复审裁定，该裁定未经司法程序，已经生效。

见》（以下称《意见》）第一条规定："对于使用时间较长、已建立较高市场声誉和形成相关公众群体的诉争商标，应当准确把握商标法有关保护在先商业标志权益与维护市场秩序相协调的立法精神，充分尊重相关公众已在客观上将相关商业标志区别开来的市场实际，注重维护已经形成和稳定的市场秩序。"

从《商标法》第三十条"禁止混淆"的立法目的出发，商标近似判定要以是否容易导致混淆作为判断标准，即使系争商标的标志本身与引证商标较为近似，若系争商标经过长期使用已经具有较高的知名度，形成了稳定的市场秩序，相关公众能够将之与引证商标相区分而不易产生混淆时，应判定系争商标与引证商标未构成近似商标，允许其共存。但是，应严格掌握"已经形成稳定市场秩序"的判定标准和证据要求，将前述最高法院《意见》中的相关规定作为商标近似判定的个别例外情形加以适用，而不可随意降低标准，扩大适用，特别是在商标注册审查和异议程序中更应谨慎适用。具体原因在于：一是中国《商标法》实行商标注册制度，为避免与他人在先注册商标权相冲突，民事主体在申请注册和使用某商标时，应进行合理避让，尽量消除商业标志混淆的可能性，商标注册的公示性也为合理避让提供了充分保障。对于尚处于商标注册审查和异议程序中的未注册商标而言，除非在案证据可以证明在引证商标申请注册日之前，其已经过持续使用形成了"稳定的市场秩序"而不致混淆，对依据引证商标申请注册日之后的使用证据请求获得近似商标标志共存的请求，应从其申请人未尽到合理的注意和避让义务的角度出发不予支持，否则法律为在先商标注册人预留的权利空间就会成为弱肉强食的角斗场，会严重背离中国《商标法》"鼓励注册"、"禁止混淆"的制度设计。二是实践中，即使标志近似的系争商标与引证商标在市场上长期共存，且已建立较高市场声誉，也并不必然排除相关公众对二者产生混淆的可能性，其市场声誉或许就是相关公众认为二者同属一家或存在特定关联关系而相互依存才产生、建立的。因此，仅凭系争商标申请注册人提交的系争商标使用、知名度的证据是不能得出"已经形成稳定的市场秩序，相关公众能够将之与引证商标相区分"的结论的。系争商标申请人还应提供相关公众不会将系争商标和引证商标相混淆等证据予以证明。

2. 系争商标的实际使用方式

实践中，商标近似判定有时还需要考虑系争商标的实际使用方式，若系争商标与引证商标存在一定区别，但系争商标注册人在实际使用中有改变系争商标表现形式，以达到引起相关公众混淆从而攀附引证商标商誉的客观行为，则应从有效遏制不正当抢注行为，尽可能消除商业标志混淆可能性的角度出发，从严判定系争商标与引证商标构成近似商标。本案中，申请人提交的证据显示，被申请人在实际使用中打乱了争议商标的文字组合形式，在商品包装上突出"临水"二字（见图十五），安徽省六安市工商局对此还进行了行政处罚。这充分说明被申请人是在明知"临水"在白酒商品上知名度较高的情况下，以攀附他人商标商誉、获取不正当利益为目的申请注册争议商标的。因此，应从严判定争议商标与引证商标构成近似商标。

图十五

（五）对共存协议的考量

实践中，在系争商标与引证商标明显构成使用在相同或类似商品上的相同或近似商标时，系争商标申请人有时会提交其与引证商标所有人之间达成的商标共存协议，依此请求判定准予系争商标注册。关于共存协议在商标近似判定中的作用，目前存在两种观点：一种观点认为，作为市场中的理性经济主体，在先商标权人签署共存协议时必然已经对系争商标注册不会损害其利益进行了判断，从商标权的私权属性和意思自治的角度出发，将在先商标权人签署共存协议视为对其私权的自由处分，除非有充分的证据证明共存协议侵害了消费者的利益，或者会损害公共利益或垄断公有资源。[1]另一种观点则认为，鉴于《商标法》的基本原则是避免相关公众产生混淆误认，而在申请商标与引证商标构成近似商标的情况下，即便双方达成共存协议，亦不会改变相关公众混淆误认这一后果，因此，共存协议不会使系争商标具有可注册性。[2]

虽然商标权是一种私权，但商标却承载了一定的社会公共职能，对消费者而言，借助商标可以大大降低其在市场上的搜寻成本。商标法律制度中的"禁止混淆"原则并非仅仅为了保护在先商标权人的利益，也是为了维护消费者的利益。因此，双方当事人签订了共存协议并不能成为系争商标获准注册的充分条件，但共存协议可以作为"排除混淆可能性的证据"加以考量。是否采信共存协议应考虑以下几个因素：

一是商标的近似程度和商品的类似程度。若两商标构成使用在相同商品上的相同商标，则共存协议也不能排除混淆的可能性，不

---

[1] 参见北京市高级人民法院（2013）高行终字第281号判决。
[2] 参见北京市第一中级人民法院（2012）一中知行初字第1174号判决。

商标权的取得

会使系争商标具有可注册性。

　　二是双方当事人对市场格局是否有明确的划分,并约定了避免混淆的合理必要措施。若共存协议仅仅是表明了在先权利人对他人注册商标的认可,而并无关于通过限定彼此商标使用的商品或者对市场格局进行划分等避免混淆的合理必要措施,则该共存协议并不能成为排除混淆可能性的充分证据。例如,在第8533178号"RAGE及图"商标驳回复审案[①]中,申请人提交了与引证商标"RAGE"所有人之间达成的共存协议,商评委与两审法院均认为虽然共存协议指出申请人与在先权利人面向的消费者不同,但是申请人并未提供证据证明在先权利人并不在计算机游戏软件商品上使用引证商标。在申请商标与引证商标的标志本身以及使用商品等方面近似程度较高的情况下,有理由相信申请商标使用在计算机软件(已录制)等商品上与引证商标使用在计算机游戏软件商品上容易导致相关公众的混淆误认,两商标构成了使用在相同或类似商品上的近似商标。

　　若虽然系争商标与引证商标构成使用在相同或类似商品上的近似商标,但是两商标实际使用的商品并不重合,分别是针对不同的消费者,具有明确的市场格局划分,共存协议对此进行了明确的确认,为避免相关公众产生混淆进行了妥善的安排,则可以采信共存协议,允许商标共存。例如,在第10823556号"GERBE"商标驳回复审案[②]中,申请商标指定使用的商品为"长袜、紧身衣裤、短袜",而引证商标"GERBER"核定使用的商品为婴儿衣服、内衣裤、尿布、

---

　　① 参见商评字〔2012〕第27235号关于第8533178号"RAGE及图"商标驳回复审决定;北京市第一中级人民法院(2013)一中知行初字第1477号判决;北京市高级人民法院(2013)高行终字第1772号判决。

　　② 参见商评字〔2013〕第92769号关于第10823556号"GERBE"商标驳回复审决定。

儿童衣服等。申请人提交的证据可以证明，申请商标仅使用在成人长袜、紧身衣裤和短袜商品上，在成人丝袜产品上具有一定的知名度。引证商标是瑞士雀巢公司旗下使用于婴儿商品的品牌。瑞士雀巢公司出具了同意两商标共存的证明，并在共存协议书中明确作了引证商标所使用的商品仅为儿童用服饰的声明。商评委依据在案证据，认为申请商标是使用在女士丝袜和女士内衣等成人商品上，而引证商标仅在婴儿和儿童相关商品上使用，上述商品在原料、功能、用途、销售场所、消费对象等方面差异较大，在申请商标与引证商标存在一定差异的情况下，共存于市场不会造成相关公众的混淆误认。且引证商标所有人已出具同意书，明确表示同意申请商标在中国的注册和使用。综上，判定申请商标与引证商标未构成使用在相同或类似商品上的近似商标。

三是共存协议不能存在明显损害公共利益的情形。在第7358249号图形（见图十六）商标驳回复审案[1]中，商评委与北京市第一中级人民法院均判定申请商标与引证商标（见图十七）构成使用在相同或类似商品上的近似商标，申请人在二审程序中提交了其与引证商标所有人达成的商标共存协议。北京市高级人民法院虽然在二审判决中表达对商标共存协议的积极态度，但同时考虑到申请商标图形是化学分子结构领域众所周知的结构图形，属于公有资源。尽管双方达成了商标共存协议，但是申请商标将属于公有资源的分子结构图形使用在第5类原料药等商品上，会损害公共利益，不当垄断公有资源。因此，判定申请人关于其已与引证商标权利人达成共存协议，申请商标应予注册的上诉主张不能成立。

---

[1] 参见商评字〔2011〕第30383号关于第7358249号图形商标驳回复审决定；北京市第一中级人民法院（2012）一中知行初字第2753号判决；北京市高级人民法院（2013）高行终字第281号判决。

图十六　　　　　　　　图十七

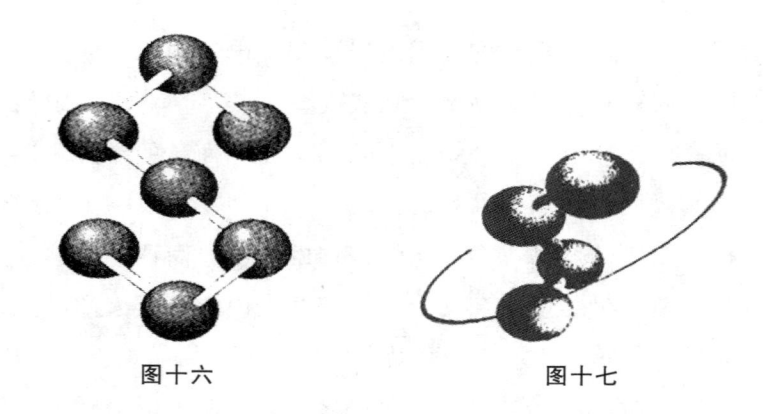

三、商品类似的判定

《最高人民法院关于审理商标民事纠纷案件适用法律若干问题的解释》（以下称《解释》）第十一条规定，2001年《商标法》"第五十二条第（一）项规定的类似商品，是指在功能、用途、生产部门、销售渠道、消费对象等方面相同，或者相关公众一般认为其存在特定联系、容易造成混淆的商品。类似服务，是指在服务的目的、内容、方式、对象等方面相同，或者相关公众一般认为存在特定联系、容易造成混淆的服务。商品与服务类似，是指商品和服务之间存在特定联系，容易使相关公众混淆。"

最高人民法院从审理商标民事纠纷案件，即商标侵权案件的角度出发，在《解释》中对2001年《商标法》第五十二条第（一）项所指的类似商品、类似服务、商品与服务类似进行了界定。虽然2001年《商标法》第二十八条与第五十二条第（一）项具体规定不同，适用的案件类型也不同，但是类似商品/服务作为《商标法》中明确的法律术语，其含义应该是统一的。因此，《解释》第十一条对类似商品、类似服务、商品与服务类似的界定也应该可以适用于2001年《商标法》第二十八条（2013年《商标法》第三十条）。

关于商品或服务类似的判定，《解释》第十二条规定："人民法院依据商标法第五十二条第（一）项的规定，认定商品或者服务是否类似，应当以相关公众对商品或者服务的一般认识综合判断；《商标注册用商品和服务国际分类表》、《类似商品和服务区分表》可以作为判断类似商品或者服务的参考。"

关于商品类似[①]的判定，有以下两个问题需要厘清：

（一）《类似商品和服务区分表》在判定商品类似问题上的作用

《类似商品和服务区分表》（以下称区分表）是中国商标主管机关以世界知识产权组织（World Intellectual Property Organization,WIPO）提供的《商标注册用商品和服务国际分类》（尼斯分类）为基础，在长期商标审查实践中考虑了中国市场上商品的功能、用途、生产部门、销售渠道、消费对象等方面和服务的目的、内容、方式、对象等方面的因素总结而成，具有公开性、一致性和稳定性的特点。

在商标注册审查程序和商标异议程序、商标无效宣告程序、商标侵权纠纷程序等不同程序中，区分表在商品类似判定上的作用应有所区别。在商标注册审查程序中，应以行政效率优先、兼顾公平为原则，在指定商品申报、商品分类和商品类似的判定上，以区分表为基本依据。2013年，商标局共受理商标注册申请188.15万件，审查商标注册申请142.46万件，区分表对于方便和规范商标注册申请、提高商标注册审查效率、保证行政决定的一致性具有重要意义。

与商标注册审查程序不同，商标异议程序、商标无效宣告程序和商标侵权纠纷程序是为解决处理已经实际发生的争议，此时公平与效率的天平则应倾斜于公平，以追求法律适用效果的公平为价值取向，对商品类似的判定根据个案的具体情况综合判定。而且，区

[①] 除特别进行区别外，下文中"商品类似"包括商品类似和服务类似。

分表是以尼斯分类为基础制定的,从尼斯分类的名称《商标注册用商品和服务国际分类》可知,该分类适用于商标注册程序,旨在建立一个共同的商标注册用商品国际分类体系。因此,在商标异议程序、商标无效宣告程序和商标侵权纠纷程序中,区分表对于商品类似的判定,不再是"基本依据",而是"重要参考"。

综上,应客观认识区分表在商品类似判定中的作用。在商标注册审查程序中,应以效率优先为原则,严格按照区分表中的商品分类进行指定商品的申报、商标类别划分与商标注册审查。在商标异议程序、商标无效宣告程序和商标侵权纠纷程序中,则应优先考虑公平原则,以避免误导公众引起混淆、制止恶意抢注和恶意攀附他人商标商誉、打击商标侵权为目的,根据商品的客观属性和个案具体情况对商品类似与否进行综合判定,区分表可以作为参考依据,但不能僵化适用。

(二)商品类似判定的考量要素

如前所述,从《商标法》第三十条的立法目的出发,对商品类似的判定应以相同或近似商标同时使用在对比的商品上,是否会使相关公众对商品来源产生混淆为标准。对于何种情况下相关公众会认为不同的商品之间存在特定联系,或容易造成混淆,首先,离不开对商品本身客观属性以及服务行业特点的分析与对比,对于商品而言,包括主要原料、生产部门、生产工艺、功能、用途、销售场所、消费对象等方面的比对;对于服务而言,包括服务的目的、服务的内容、服务方式与服务场所、服务的对象范围、服务的提供者等方面的比对。这应该是判定商品是否类似的基础,对此,区分表可以作为重要的参考依据。其次,还应该根据个案的情况,综合考虑引证商标的独创性与知名度,两商标的近似程度,引证商标所有人的多元化经营程度和系争商标申请人的主观意图等多种因素。一般情况下，若相同或近似的商标使用在不同的商品上，会使相关公众认为上述商品是由同一主体提供，或者提供的主体之间存在特定联系，就可以判定上述商品构成类似商品。

例如，在第3493244号"富安娜"商标争议案[①]中，争议商标核定使用的商品为第27类地毯、垫席、浴室防滑垫、非纺织品壁挂等商品，引证商标"富安娜"核定使用的商品为第24类被子、被罩、装饰织品、毛毯等商品。商评委和两审法院均综合考虑了争议商标核定使用的商品与引证商标核定使用的商品在功能、用途、消费对象、使用方式与场所等方面基本相同或具有关联性，且引证商标作为臆造词独创性较强，其通过使用已经具有较高的知名度，同时争议商标与引证商标属于基本相同的商标等因素，认定相同商标使用在上述商品上易使相关公众产生混淆误认，突破区分表判定上述商品构成类似商品，依据2001年《商标法》第二十八条的规定，争议商标予以撤销。

需要强调的是，在根据个案具体情况，突破区分表判定商品类似时，需注意厘清与驰名商标保护制度之间的界限。《商标法》在制度设计上，给予了普通商标和为相关公众所熟知的驰名商标不同的保护程度。对于普通商标，其禁用权范围为相同或类似商品，而对于具有较高知名度的驰名商标，则可以从避免驰名商标显著性和声誉受损的角度出发，获得在非类似商品上的保护。因此，一方面，根据商标法明确表达的驰名商标"按需认定"的精神，对于关联性较强的，相关公众可能会认为不同商品是由同一主体提供，或者提供的主体之间存在特定联系的，就可以突破区分表判定构成类似商

[①] 参见商评字〔2012〕第41084号关于第3493244号"富安娜"商标争议裁定；北京市第一中级人民法院（2013）一中知行初字第1084号判决；北京市高级人民法院（2013）高行终字第1768号判决。

品，从而适用《商标法》第三十条予以规制。另一方面，也应防止过于灵活判定商品类似而导致驰名商标保护条款虚化。对于客观属性差别较大，相关公众不会产生混淆，但是在不同商品上的使用可能会使驰名商标所有人长期建立起来的该商标与指定商品之间的强烈联系被弱化或者丑化，或者不当利用驰名商标声誉的情况，还是应通过驰名商标条款给予保护。

（撰稿人：徐琳）

6. 申请商标造成驰名商标混淆与淡化的认定

——香奈儿公司请求对佛山市华兴利建材有限公司"香奈尔CHANEL及图"商标不予注册异议复审行政纠纷案

案件索引：北京市第一中级人民法院（2011）一中知行初字第2546号，2012年1月10日判决；北京市高级人民法院（2012）高行终字第567号，2012年6月18日判决。

基本案情

本案为商标异议复审案件。被异议商标为第3221732号"香奈尔CHANEL及图"商标（见图一），指定使用商品为第19类瓷砖、玻璃马赛克等。商标申请人为本案原告佛山市华兴利建材有限公司（简称华兴利公司）。

在被异议商标初审公告后的法定期限内，香奈儿公司向国家工商行政管理总局商标局（简称商标局）提出商标异议申请。商标局经审理作出裁定，对被异议商标予以核准注册。

香奈儿公司不服，于法定期限内向国家工商行政管理总局商标评审委员会提出复审申请，其复审的主要理由为：被异议商标文字部分"CHANEL"和"香奈尔"分别与香奈儿公司的引证商标"CHANEL"、"香奈儿"商标完全相同（见图二），被异议商标是对香奈儿公司上述驰名商标的抄袭与复制,不仅可能造成对香奈儿公司商标显著性的削弱和淡化,而且会导致消费者混淆误认,据此,被异议商标的注册违反了商标法第十三条第二款的规定。香奈儿公司请求对被异议商标不予核准注册。

图一 被异议商标　　　　图二 引证商标

商标评审委员会经审查作出商标异议复审裁定,认定被异议商标的注册已违反商标法第十三条第二款的规定,据此,对被异议商标不予核准注册。[①]

华兴利公司不服,于法定期限内向北京市第一中级人民法院提起诉讼,其主要起诉理由为,引证商标虽然已构成驰名商标,但被异议商标的注册并不会误导公众,因此并未违反商标法第十三条第二款的规定,故应被核准注册,据此,请求法院撤销被诉裁定。

判决与理由

北京市第一中级人民法院经审理认为:因香奈儿公司的引

[①] 参见商评字〔2011〕第10557号关于第3221732号"香奈尔CHANEL及图"商标异议复审裁定书。

证商标已构成驰名商标，故如果被异议商标的使用会产生对上述引证商标的"跨类混淆"或"淡化"，则可以认定被异议商标的注册违反了商标法第十三条第二款的规定，否则将无法得出这一结论。

对于是否存在跨类混淆的情形，法院认为，鉴于香奈儿公司既未举证证明服装类或化妆品类商品（即引证商标核定使用的商品）的生产者通常亦具有生产瓷砖类商品（即被异议商标指定使用的商品）的惯例，亦未证明存在其他事实足以使相关公众将在瓷砖商品上使用的被异议商标误认为与原告有关，且原告香奈儿公司并未在瓷砖类或类似商品上使用与引证商标相同的标识，据此，现有证据无法证明被异议商标的使用易使相关公众产生与引证商标的跨类混淆。

对于是否存在淡化的情形，法院认为，通常只有在符合下列条件的情况下，驰名商标所有人才可以获得反淡化保护，即：如果在后商标指定使用商品或服务的相关公众在看到"在后商标"时通常虽会想到"在先的驰名商标"，但却能认识到该商品或服务并非由驰名商标所有人提供或与其有特定关联，则应认定该驰名商标可以获得反淡化的保护。本案中，因相关公众在看到被异议商标时通常会想到上述引证商标，但相关公众不会认为被异议商标与香奈儿公司有关联，故被异议商标的注册符合上述驰名商标淡化保护的要件，构成对引证商标的淡化。

综上，被异议商标的注册违反了商标法第十三条第二款的规定，不应被核准注册。法院依据《中华人民共和国行政诉讼法》第五十四条第（一）项之规定，判决维持被诉裁定。

华兴利公司不服一审判决，向北京市高级人民法院提起上诉。北京市高级人民法院经审理作出二审判决：驳回上诉，维持原判。

商标权的取得

评　析

本案涉及商标法第十三条第二款的适用问题，其中涉及该条款适用中的多个典型问题，本案判决中对于以下问题进行了详细论述。

一、判断主体的确定

虽然在商标法框架下均应以"相关公众"作为判断主体，但鉴于商标法第十三条第二款的规定显然会涉及到"不同"类别商品或服务，而不同商品或服务类别的相关公众的范围有所不同，且"不同"范围的相关公众对于"同一"事实可能有着不同的认知能力，因此，在商标法第十三条的适用中，如何确定"相关公众"的范围是首先应予考虑的问题。也就是说，应以哪类商品或服务的相关公众作为判断主体来判断引证商标是否构成驰名，以及应以哪类商品或服务的相关公众作为判断主体来判断诉争商标的注册是否可能会误导公众。

本案判决对这一问题进行了明确。判决中指出，因驰名商标系指在该商标"核定使用的商品或服务"上具有很高知名度的商标，故对于是否构成"驰名商标"的认定应以该引证商标核定使用的商品或服务的相关公众为判断主体。但对于是否具有"误导公众"这一后果的判断主体则有所不同。因为被误导的公众仅可能是诉争商标指定使用商品或服务的相关公众，而非在先驰名商标核定使用商品或服务的相关公众，故"误导公众"的认定只能以诉争商标（而非驰名商标）所使用的商品或服务的相关公众作为判断主体。

基于上述分析可知，本案中，对于引证商标是否构成驰名商标的判断，应以引证商标核定使用商品的相关公众（即服装类或化妆品类商品的相关公众）为判断主体，而对于是否存在"误导公众"

的后果，则应以被异议商标指定使用商品的相关公众（即瓷砖类商品的相关公众）为判断主体。

本案中，因引证商标与被异议商标核定使用的商品的相关公众范围并无实质差别，故似乎对于两类判断主体的区分并无实质意义，但实际并非如此。在很多情况下，该原则的适用具有至关重要的意义。

如在"德力西"商标案中，被异议商标指定使用商品为第18类香肠肠衣，在先驰名商标核定使用商品为第9类交流接触器等，法院之所以认定被异议商标的注册未违反商标法第十三条第二款的规定，其实质理由即在于"被异议商标相关公众的范围与引证商标相关公众的范围基本上并无交叉，或交叉范围很小。在此情况下，即便引证商标在第9类交流接触器、热继电器、空气断路器、照明配电箱等商品上构成驰名商标，鉴于被异议商标的相关公众基本上并不知晓其知名度，因此，被异议商标的相关公众在整体上并不会误认为被异议商标的注册人与引证商标的注册人之间具有联系"，据此，不会产生误导公众的后果。[①]

此外，在"通威及图"商标案中，法院亦基于同样理由，认为即便引证商标"通威及图"在饲料商品上构成驰名，被异议商标"通威及图"在电焊设备上的注册亦不会误导公众。[②]

二、"误导公众"的理解

商标法第十三条第二款规定，就不相同或者不相类似商品申请注册的商标是复制、摹仿或者翻译他人已经在中国注册的驰名商标，误导公众，致使该驰名商标注册人的利益可能受到损害的，不予注册并禁止使用。

---

① 参见北京市第一中级人民法院（2009）一中行初字第2029号行政判决书。
② 参见北京市第一中级人民法院（2012）一中知行初字第2440号行政判决书。

虽然从字面含义看，该条款中的"误导公众"应被理解为"跨类混淆"的情形，即相关公众认为诉争商标的所有人与在先驰名商标所有人系同一主体（即直接混淆），或二者具有特定关联关系（即间接混淆），但在《最高人民法院关于审理涉及驰名商标保护的民事纠纷案件应用法律若干问题的解释》（简称《驰名商标司法解释》）施行后，"误导公众"的适用范围则有所变化。

该司法解释第九条规定，足以使相关公众认为诉争商标与驰名商标具有相当程度的联系，而减弱驰名商标的显著性、贬损驰名商标的市场声誉，或者不正当利用驰名商标的市场声誉的，属于商标法第十三条第二款规定的"误导公众，致使该驰名商标注册人的利益可能受到损害"。由该规定可知，减弱驰名商标显著性的行为（即淡化行为）及贬损驰名商标的市场声誉的行为（即丑化行为）均属于"误导公众"的情形。虽然上述司法解释针对的是民事案件，但鉴于商标行政案件中所采用的原则与民事案件中采用的原则并无不同，故上述规定亦应适用于商标行政案件，这也就意味着在商标行政案件中，商标法第十三条第二款中的"误导公众，致使该驰名商标注册人的利益可能受到损害"，已不仅仅限于"跨类混淆"的情形，同时亦包括"淡化"及"丑化"的情形。

由此可知，本案中，在法院已认定引证商标构成驰名商标的情况下，判断被异议商标的注册是否违反了商标法第十三条第二款的规定，不仅应考虑被异议商标的使用行为是否会产生"跨类混淆"的后果，亦应考虑是否存在"淡化"的情形（本案中显然不存在丑化情形，因此无须考虑）。

三、跨类混淆的认定

驰名商标跨类混淆的认定原则与普通商标在相同或类似商品或服务上的混淆认定原则并无不同。通常情况下，如果诉争商标的使用使得相关公众误认为其系由在先驰名商标所有人提供或与其有关联,则应认定具有混淆的可能性。

但应指出的是,虽然二者认定原则基本相同,但其在具体认定过程中并非毫无区别,主要差别体现在举证责任的分配及举证内容上。具体而言,对于相同或类似商品或服务上混淆的认定,在先商标权利人通常仅需证明存在商品或服务类似这一事实即可,而不需另行举证证明在后诉争商标的使用具有混淆的可能性。但在跨类混淆认定中,驰名商标所有人则应举证证明存在"特定的事实"使得即便在非类似商品或服务上使用相同或近似的商标亦会使相关公众产生混淆。

之所以要求驰名商标所有人承担特定内容的举证责任,是因为相同或类似的商品或服务通常具有较为相同或近似的功能、用途、销售渠道等,这一特点导致同一经营者同时提供几种相类似的商品或服务的情况实践中常有发生。基于对这一客观事实的认知,相关公众如果在类似商品或服务上看到相同或近似的商标,其通常会认为提供者系同一主体或具有特定关系,从而产生混淆。也就是说,这种混淆的产生主要是基于相关公众对于具体商品或服务以及行业特点的认知,而非其他事实。因此,对于类似商品或服务上的混淆认定,通常仅需证明到商品或服务构成类似这一环节即可。但对于跨类混淆则情况有所不同。实践中,经营者跨类提供商品或服务的情形虽确实存在,但并不多见。基于对这一事实的认知,相关公众即便在非类似的商品或服务上看到相同或近似的商标,其通常亦较难认定其系由同一个主体提供,因此,如果在先驰名商标所有人欲证明即使在非类似商品或服务上亦可能产生混淆,其应另行举证予以证明(如在先驰名商标所有人在非类似商品或服务上亦有使用行为等等)。

商标权的取得

基于前文中已分析的原因，本案中，只有在香奈儿公司已举证证明存在特定事实使得相关公众误认为在非类似商品上使用的被异议商标系由香奈儿公司提供或与香奈儿公司具有特定关联的情况下，才可能认定存在跨类混淆的情形。但本案中，香奈儿公司既未举证证明服装类或化妆品类商品（引证商标核定使用的商品）的生产者同时亦有生产瓷砖类商品（被异议商标指定使用的商品）的惯例，或香奈儿公司亦已在瓷砖类商品上使用与引证商标相同的标识从而使得相关公众对其产生相应认知，同时其亦未举证证明存在其他事实足以使被异议商标的注册可能产生与引证商标的跨类混淆，据此，依据现有证据本院无法认定被异议商标的注册使用易使相关公众产生与香奈儿公司引证商标的跨类混淆。

四、淡化的认定

虽然实践中已有一些案件中对于驰名商标提供了反淡化保护，但对于何种情况下可以认定诉争商标的使用会构成对在先驰名商标的淡化，现有案件中却鲜有涉及。本案中，法院在充分考虑这一制度目的的情况下，对于淡化保护的具体规则进行了细化，并设定了三个层次的认知要求。当然，判决中所提出的这一规则是否科学、合理，是否能够精准地体现反淡化保护的立法目的，仍然需要更多的案件予以验证。

（一）反淡化保护的制度目的

判决中指出，驰名商标淡化保护的目的在于保护驰名商标与商标权人之间的唯一对应关系（即驰名商标的识别能力）不受破坏，或者说，保护这一唯一对应关系为商标权人所带来的利益不受损害。

商标法之所以要保护这一唯一对应关系（或商标的识别能力），主要原因在于商标虽以具体的标识作为外在表现形式，但其本质却是该标识所承载的独特性、唯一性以及其在相关公众心目中的印象，商标权人的利益亦来源于此。商标的这种独特性及唯一性会因为被使用在其他商品或服务上而受到损害。"如果未经许可使用著名商标会使公众心目中代表唯一、独特的商标形象降低,淡化就发生了。"[①]

作为驰名商标保护中两个并行的制度,"反淡化保护"与"混淆保护"虽均落脚于商标的唯一对应关系(或识别能力),但二者采用的角度并不相同。混淆保护禁止的是对商标所具有的唯一对应关系的"不正当利用行为",而非"破坏行为",其落脚点在于禁止商标权人外的他人利用商标的识别能力不正当获利,避免商标权人基于该识别能力而可能获得的预期市场利益受到损害,并进而保护相关公众的利益。但值得注意的是,在混淆的情况下,因相关公众仍会认为诉争商标系由驰名商标所有人提供,或与之有关联关系,故此时在相关公众的心目中驰名商标所有人与该驰名商标之间的唯一对应关系并未被破坏。但反淡化保护则不然,如果相关公众明确地认识到诉争商标与驰名商标所有人无关,此时,虽然未构成混淆,但如果此类行为泛滥,长此以往必然会使相关公众在看到这一商标时无法认识到其系指向哪个提供者,此时这一行为损害的即为驰名商标的唯一对应关系。因此,反淡化保护是直接落脚于识别能力"本身",即禁止他人"破坏"这一识别能力。

基于对驰名商标反淡化保护制度的理解,判决中进一步得出如下结论:如果诉争商标的相关公众在看到诉争商标时,虽可以当然地想到在先的驰名商标,但却知晓该诉争商标与驰名商标所有人无关,则此时可以认定诉争商标的使用行为构成了对驰名商标的"淡化"。此即为反淡化保护的认定原则。而如果相关公众认为诉争商标

[①] House Report On the Federal Trademark Dilution Act Of 1995,H.R. 104-374,p.3. 转引自黄晖著:《驰名商标和著名商标的法律保护》,法律出版社 2001年版,第 145 页。

与驰名商标所有人存在一定关系,则此时将构成"混淆"。

(二)反淡化保护的具体规则——三个层次的认知

将上述原则适用于具体案件中,显然还需要一个更为精细而具体的规则。在本案判决中设定了三个层次的认知,如果相关公众具有下列三个层次的认知,将可以认定该驰名商标可以受到反淡化的保护:

1. 第一层次的认知:诉争商标所使用的商品或服务的相关公众对于"驰名商标"与其"所有人"在"特定"商品或服务上的"唯一对应关系"有所认知。

之所以设定这一层次的认知,是因为只有诉争商标的相关公众对于驰名商标所承载的这一"唯一对应关系"(或商标的识别能力)具有认知的情况下,这一唯一对应关系才有可能会受到损害,否则这一损害后果将无从谈起。

至于相关公众在何种情况下具有这一层次的认知,判决中指出,通常而言,如果诉争商标的相关公众在"仅仅"看到驰名商标的"标识"时即会想起核定使用在特定商品或服务上的该驰名商标,则可以认定诉争商标的相关公众对这一唯一对应关系有所认知。举例而言,如果美国苹果公司主张他人的使用行为构成对其在 iPhone 手机上的"苹果图形"商标的淡化,则其首先应证明诉争商标的多数相关公众在"仅仅"看到该商标标识时,即当然会想到是使用在"手机"上的该商标。要强调的是,在这一认知过程中,应剥离商品或服务因素,而仅考虑商标标识本身。之所以有此要求,原因在于"诉争商标"的相关公众在整个过程中接触到的仅仅是与在先驰名商标相同或近似的诉争商标,其并不会接触到在先驰名商标所使用的商品或服务,因此,商品或服务因素在该认知过程中通常不具有意义,当然无需考虑。

判断诉争商标的相关公众是否具有这一层次的认知，取决于多种因素，其中最为重要的三个因素是：诉争商标与在先驰名商标指定使用商品或服务的相关公众在范围上的重合程度；在先驰名商标的固有显著性；在先驰名商标的知名度。

通常而言，只有"诉争商标"指定使用商品或服务的相关公众全部或大部分被"驰名商标"相关公众的范围所涵盖时，才可以认定"诉争商标的相关公众"对这一唯一对应关系具有认知的可能性。之所以要考虑相关公众在范围上的重合程度，是因为前文中已提到，对于淡化的判断应以"诉争商标"的相关公众作为判断主体，而非"在先驰名商标"的相关公众，而"诉争商标"的相关公众只有同时是在先驰名商标的相关公众的情况下其才可能对"在先驰名商标"有所认知。在此情况下，考虑到此处的相关公众所指向的是作为"整体"而言的相关公众，而非其中特定个体，故只有诉争商标的相关公众"全部"或"大部分"被驰名商标的相关公众所涵盖的情况下，从整体而言，诉争商标的相关公众才可能对在先驰名商标的知名度有所认知。据此，相关公众的重合范围是第一层次认知产生的前提条件。

就本案而言，引证商标指定使用的商品为化妆品及服装类商品，此类商品属于日常消费品，其相关公众的范围非常广泛。被异议商标指定使用的是瓷砖类商品，该商品属于装修用产品，很显然，该产品的消费对象基本上被涵盖在服装类及化妆品类商品的相关公众范围内。因此，本案情形符合这一前提。

但前文所述的"德力西"商标案即有所不同。该案中，被异议商标指定使用的商品的相关公众远远大于在先引证商标的相关公众的范围，从被异议商标的相关公众"整体上"对引证商标的知名度不具有认知，因此，该案中很难认定其存在这一层次的认知。

除相关公众的范围这一因素外，在先驰名商标的固有显著性与

商标权的取得

知名度这两个因素则通常会相互结合发生作用，影响第一层次的认知。如果驰名商标具有"较低"的固有显著性（如其属于描述性词汇或现有词汇），则通常需达到"更高"的知名度水平才可能使得诉争商标的相关公众对其具有的唯一对应关系有所认知。但如果在先驰名商标的固有显著性"较高"（如属于臆造词汇），则对其知名度的要求会相对"较低"。

上述两因素之所以结合发生作用，原因在于如果驰名商标属于描述性词汇或现有词汇等固有显著性较低的标识，则其一方面具有该词汇所固有的含义（如"长城"、"泰山"等），另一方面亦很可能因其属于现有词汇而已被他人在诉争商标使用的商品或服务上进行了注册（如"长城"在服装、酒等、"泰山"在石膏、电梯安装等很多不同类别上均有注册），诉争商标的相关公众在看到这一商标标识时，第一反应通常可能是这一标识所固有的含义，或者是他人已注册并使用的商标。此种情况下，该驰名商标只有具有更高的知名度才可能使得在相关公众的认知中，其所具有的指向驰名商标所有人这一功能强于其固有含义或强于其他商标的识别作用，从而在诉争商标相关公众的心目中建立起该驰名商标与其所有人的唯一对应关系。但反之，如果该驰名商标是臆造词汇等固有显著性较高的情形（如"可口可乐"等），则因其本无固有含义，且除非基于巧合，通常不太可能会出现他人在诉争商标的商品或服务上进行注册的情形，故诉争商标的相关公众对其并不具有固有认知。较之于固有显著性较低的商标（如"长城"、"泰山"等），此类商标通常达到相对较低的知名度水平，即可能会使得相关公众产生唯一对应关系的认知。

本案中，被异议商标为"香奈尔CHANEL及图"商标，即

138

引证商标为"**CHANEL**"和"香奈儿"。虽引证商标**CHANEL**属于现有外国人姓名,但因中国的相关公众通常对其不具有认知。而引证商标"香奈儿"系臆造词汇,并不具有固有含义。因此,被异议商标的相关公众客观上对两引证商标的固有含义较难具有认知。同时,引证商标"香奈儿"并非现有词汇这一事实亦使得除非巧合,客观上较难出现与其相同或极为近似的商标,且现有证据亦无法看出在被异议商标指定使用商品上已有与之相同或基本相同的商标在先使用,并已使相关公众对其产生一定程度的认知,因此,相关公众通常既不会将其认知为现有事物,亦并不会将引证商标认知为他人商标。在此情况下,在被异议商标的相关公众整体上被引证商标的相关公众所涵盖的情况下,依据现有的知名度证据可以认定被异议商标的相关公众对两引证商标已具有第一层次的认知。

2. 第二层次的认知:诉争商标的相关公众在看到诉争商标时能够联想到在先驰名商标。

通常而言,如果诉争商标与在先驰名商标相同或具有很高的近似程度,较易产生第二层次的认知。判决中之所以作此认定,是因为联想是淡化产生的前提,如果相关公众在看到诉争商标时并不会联想到在先驰名商标,则该驰名商标具有的唯一对应关系显然不会被破坏。而之所以要求两商标相同或具有很高的近似程度时,相关公众才会联想到在先驰名商标,是因为对于诉争商标的相关公众而言,即便其对在先驰名商标有所认知,该认知亦是以"商标标识"及其"使用的商品或服务"两个因素为认知基础。但当其在非类似商品或服务上看到相关商标时,此时的认知已脱离了驰名商标的商品或服务这一因素,就相关公众的通常认知规律而言,在脱离了"商品或服务"这一因素而仅仅对"单独的商标标识"进行认知时,其

商标权的取得

对商标近似性程度的要求显然要高于结合商品或服务进行考虑时的近似性要求。因此，只有两商标相同或具有很高的近似程度时，相关公众才可能在看到诉争商标的情况下仍能联想到在先的驰名商标。因此，淡化保护中联想的产生应以诉争商标与在先驰名商标相同或具有很高的近似程度为前提。

本案中，因被异议商标的中、英文部分"香奈尔"、"CHANEL"分别与已构成驰名的引证商标"CHANEL"和"香奈儿"基本相同，虽然其增加了相应的图形部分，但考虑到商标的呼叫在相关公众心目中的重要作用，二者相同的文字部分显然属于被异议商标中的显著部分，因此，在英文完全相同，中文文字近似且呼叫相同的情况下，相关公众在看到被异议商标时通常会想到引证商标，而非其他，因此，本案中存在第二个层次的认知。

与之相对比，"苹果"案的情形则有所不同。该案中，虽然引证商标已为知名商标，但因为被异议商标"苹果"与引证商标均表示的是现有事物，而两商标在外部形式上并不具有很高的近似程度（被异议商标为文字商标，引证商标为图形商标），因此，被异议商标"苹果"的相关公众在看到"被异议商标"时并不会当然地联想到使用在第25类服装上的引证商标，因此，该案中并不存在第二层次的认知。[①]

3. 第三层次的认知：诉争商标的相关公众能够认识到诉争商标与在先驰名商标并无关系。

通常而言，如果相关公众将诉争商标与在先驰名商标相"混淆"，或认为二者有"关联"，则意味着在相关公众的心目中仍认为该驰名

[①] 参见北京市第一中级人民法院（2010）一中知行初字第2291号行政判决书。

商标与其所有人具有唯一对应关系，此种情况下，该驰名商标的识别能力并未被破坏。而只有相关公众能认识到诉争商标与该驰名商标并无关系的情况下，从长远来看，诉争商标的注册使用才可能会导致相关公众在看到这一商标时并不会当然地想到该驰名商标，从而使在先驰名商标所具有的唯一对应关系遭到破坏，产生淡化的可能性。

  这一层次认知的产生亦会受多种因素影响，包括在先驰名商标的商品或服务的价格、档次、经营特点，该驰名商标所有人是否存在跨行业经营的情形等等。例如，如果在先驰名商标属于高端或奢侈品牌，如"LV"、"爱玛仕"等，诉争商标使用的商品与在先驰名商标在商品档次上具有很大差异，则即便二商标为相同商标，相关公众通常亦不会认为二者具有关联，从而可能产生第三层次的认知。另如，即便在先驰名商标并非奢侈品，其与诉争商标使用的商品具有基本相同的商品档次，但如果在先驰名商标从未在被诉商品或服务上有过使用，则相关公众亦很难认定二者来源于同一提供者。如"长虹"商标虽在电视商品上具有很高知名度，但如果其从未在服装商品上进行过使用，则如果他人在服装上使用"长虹"商标，亦很难会使服装上的相关公众认定二者系来源于同一提供者，此时，亦可以认定其可能存在第三层次的认知。

  具体到本案，引证商标"香奈儿"及"CHANEL"属于化妆品类商品上较为高端的商标，其商品价格相对比较昂贵，在现有证据无法证明被异议商标亦使用在高端的瓷砖类商品的情况下，仅仅凭借价格这一因素即可能使相关公众认为被异议商标与在先引证的驰名商标并无联系。除此之外应注意的另一个事实为，即便被异议商标确使用在高端的瓷砖类商品上，但鉴于现有证据并无法看出该驰名商标所有人已在瓷砖类商品上使用与引证商标相同或基本相同的

商标权的取得

标识，故相关公众在看到被异议商标时，仍然不会认为在瓷砖类商品上存在的被异议商标与在先驰名商标有关。由此可以看出，该案中可以认定存在第三层次的认知。

鉴于本案中同时存在上述三个层次的认知，因此，被异议商标的注册会构成对引证商标的淡化，已违反商标法第十三条第二款的规定。

（撰稿人：芮松艳）

7. 申请商标损害他人在先权利的判定

——力宝克国际有限公司请求对林则栋"IVERSON及图"商标不予注册异议复审行政纠纷案

案件索引：北京市第一中级人民法院（2012）一中知行初字第1384号，2012年8月17日判决。

基本案情

本案为异议复审案件，被异议商标为"IVERSON及图"，指定使用商品为第18类的仿皮革；牛皮；伞；兽皮（动物皮）等。申请人为林则栋，即本案第三人。

针对被异议商标，力宝克国际有限公司（简称力宝克公司）经Allen Iverson（NBA著名篮球明星）授权，向国家工商行政管理总局商标局（简称商标局）提出异议申请。商标局经审查作出异议裁定，对力宝克公司的异议申请予以驳回。

力宝克公司不服，于法定期限内向商标评审委员会提出复审申请，其主要理由为被异议商标的注册损害了Allen Iverson的姓名权，违反了《商标法》第三十一条有关"申请商标注册不得损害他人现有的在先权利"的规定。此外，其同时认为被异议商标的申请亦违反了《商标法》第十条第一款第（八）项、第十三条、第四十一条第一款的规定，故不应被核准注册。

力宝克公司提交了相关证据用以证明 Allen Iverson 作为 NBA 著名篮球明星在中国具有较高知名度。此外，现有证据亦可以看出，除被异议商标外，商标申请人林则栋亦申请注册了另外三十余件与 Allen Iverson 有关的商标，其中不仅有与 Iverson 相关的文字，同时亦有其打篮球的图形。

商标评审委员会经审理认为，"Iverson"本身为普通美国姓氏，其并非 Allen Iverson 的姓名全称，因而力宝克公司称被异议商标的申请注册损害了其姓名权的主张并不成立。此外，其所提出的其他理由亦均不成立，故被异议商标应被核准注册。

力宝克公司不服，向北京市第一中级人民法院提起诉讼，仍坚持其在异议复审阶段的理由。

判决与理由

北京市第一中级人民法院经审理认为：因 Allen Iverson 为自然人，故其对 Allen Iverson 这一姓名享有姓名权，该姓名权受到我国法律保护，有权依法禁止他人基于不正当目的使用该姓名。由现有证据可以看出，在百度及 GOOGLE 网站上以"Iverson"为搜索关键词所得的大量搜索结果指向 NBA 篮球明星 Allen Iverson，被异议商标申请日之前的四份杂志中亦均有对 NBA 篮球明星 Allen Iverson 的专门介绍，上述证据可以说明 NBA 篮球明星 Allen Iverson 在中国具有较高的知名度，且通常被公众称之为 Iverson。而力宝克公司在诉讼中提交的 400 余份被异议商标申请日之前的新闻报道，亦可以佐证这一事实。据此，法院认定 NBA 篮球明星 Allen Iverson 在中国的相关公众中具有较高知名度且通常被称之为 Iverson。在此基础上，因为林则栋还注册了三十余件与 Iverson 有关的商标，其中有的商标中不仅包含文字，亦包含有运动员打篮球的图形，故林则栋对 Iverson 与篮球之间的关系应有所认知。此外，与林则栋有关的企业实际生产篮球鞋产品，且其企业网站中所作的宣传均在相当程度上指向 NBA 篮球明星 Allen Iverson 等事实亦可以佐证这一点。鉴于此，法院认为，虽然 Iverson 为外国姓氏，但林则栋应当知晓 Allen Iverson 为 NBA 篮球明星，其注册被异议商标具有不正当利用 NBA 篮球明星 Allen Iverson 声誉的目的，构成对 Allen Iverson 姓名权的损害。

虽然力宝克公司与 NBA 篮球明星 Allen Iverson 并非同一主体，但鉴于本案为异议复审案件，对复审申请人的主体资格并无特殊限制，且力宝克公司已获得 Allen Iverson 书面的维权授权，据此，对于力宝克公司认为被异议商标损害了 NBA 篮球明星 Allen Iverson 的姓名权的主张，法院予以支持。被异议商标的注册违反了《商标法》第三十一条"申请商标注册不得损害他人现有的在先权利"的规定。

综上，被诉裁定认为被异议商标的注册未违反上述规定的认定有误，法院依法予以撤销。依据《中华人民共和国行政诉讼法》第五十四条第（二）项之规定，法院判决如下：撤销被诉裁定；商标评审委员会就力宝克公司提出的异议复审申请重新作出裁定。[①]

一审判决作出后，各方当事人均未提起上诉。

---

① 参见北京市第一中级人民法院（2012）一中知行初字第 1384 号行政判决书。

商标权的取得

评　析

《商标法》第三十一条规定，"申请商标注册不得损害他人现有的在先权利"。虽然现有案件中涉及在先姓名权案件的绝对数量不多，但因为此类案件通常涉及名人，故颇受社会关注。

一、《商标法》第三十一条中损害他人现有在先权利的判定规则

《商标法》第三十一条虽规定"申请商标注册不得损害他人现有的在先权利"，《最高人民法院关于审理商标授权确权行政案件若干问题的意见》第17条规定，人民法院审查判断诉争商标是否损害他人现有的在先权利时，对于商标法已有特别规定的在先权利，按照商标法的特别规定予以保护；商标法虽无特别规定，但根据民法通则和其他法律的规定属于应予保护的合法权益的，应当根据该概括性规定给予保护。人民法院审查判断诉争商标是否损害他人现有的在先权利，一般以诉争商标申请日为准。如果在先权利在诉争商标核准注册时已不存在的，则不影响诉争商标的注册。本条中的在先权益包括姓名权、名称权、外观设计专利权、著作权等法定民事权利和反不正当竞争法规定的知名商品的特有名称、包装、装潢，域名以及其他在先权利等。

对于何种情况下商标的注册会构成对他人在先权利的"损害"，《商标法》并无规定。实践中较为一致的观点是上述条款设立的目的在于避免权利冲突，避免商标注册后的使用行为构成对他人在先权利的侵犯或不正当竞争。基于对这一设立目的的考虑，在判断诉争商标的注册是否构成对他人在先权利的"损害"时，则应采用该在

先权利的民事侵权或不正当竞争的认定原则。也就是说，如果诉争商标的实际使用行为会造成对在先权利的侵犯或不正当竞争，则应认定该商标的注册损害了该在先权利。

这一做法在其他案件中已有所体现。如在涉及在先外观设计专利的"金泰轮"案中，针对诉争商标的注册是否构成对在先外观设计专利权的损害，判决中明确指出应以对外观设计专利权的侵权判定原则作为损害判断的原则。[①]而在涉及在先著作权的"老人城 LAORENCHENG 及图"案中，法院亦指出，判断争议商标的注册是否构成对在先著作权的损害，应采用著作权侵权的判断标准。

二、损害姓名权行为判定的不同做法

就现有案件而言，目前尚未达成一致的处理规则，主要分歧体现在姓名权保护的前提条件和损害姓名权的认定要件两个方面。

（一）姓名权保护的前提条件

对于民事主体的姓名在何种情况下可以获得姓名权保护，现有案件存在两种做法。

1. 只要是自然人的姓名即可获得姓名权的保护

本案即采取的是此种做法。本案判决中指出，"因 Allen Iverson 为自然人，故其对 Allen Iverson 这一姓名享有姓名权，该姓名权受到我国法律保护"，可见，本案中对于姓名权保护的前提要件是该主体是否为自然人。也就是说，如果是自然人则当然对其姓名享有姓名权，无需附任何条件。除本案外，亦有其他案件采用的是此种做法。如在"TOM FORD"案中，法院采用了与本案完全相同的表述。[②]

[①] 参见北京市第一中级人民法院（2008）一中知行初字第519号行政判决书。
[②] 参见北京市第一中级人民法院（2013）一中知行初字第2409号行政判决书。

2. 只有符合一定条件的自然人姓名才能够获得姓名权的保护

在另一些案件中，法院或商标评审委员会则认为，自然人的姓名并非可以当然获得保护，其应符合一定的前提条件。具体到不同案件，各自所设定的保护条件亦可能存在以下差别：

（1）只有在中国具有"一定知名度"的自然人才可获得姓名权保护。如在"KATE MOSS"案中，商标评审委员会认为，"申请人提交在案的证据能够证明'KATE MOSS'确系该模特的姓名，并在时装业内享有一定的知名度。争议商标使用于指定商品上则可能导致对他人的姓名权造成损害。"[①]而在"ELLE MACPHERSON"案中，法院则基于同一理由对于原告主张的姓名权未予认定，该判决中指出，原告现有证据"不足以证明在被异议商标申请注册日之前其姓名艾尔·麦克弗森（ELLE MACPHERSON）在中国相关公众中已经具有较高知名度，不足以证明被异议商标的注册将会引起中国相关公众的混淆误认进而损害其姓名权益"。[②]

（2）只有在中国具有"一定知名度"，且相关公众已形成"唯一对应关系"的自然人，才可以获得姓名权保护。如在"乔丹"案中，商标评审委员会虽未否认其在中国所具有的知名度，但认为"乔丹"为英美普通姓氏，在除篮球运动之外的其他领域里并不与运动员迈克尔·乔丹具有唯一对应关系。在"布兰妮"案中法院亦采用同样做法。该判决中认定，原告作为美国流行歌手已在相关公众中具有较高知名度，但是"'布兰妮'仅为常见的欧美女子名，指向性并不明确，亦无证据表明该文字与布兰妮·斯比尔斯之间已形成固定对应关系，因此尚不能认定被异议商标的注册申请会对布兰妮·斯比尔斯的

---

① 参见商评字〔2009〕第27162号《关于第3271558号"KATE MOSS 凯特·莫薛"商标争议裁定书》。

② 见北京市第一中级人民法院（2013）一中知行初字第2435号行政判决书。

姓名权造成损害"。①

(二) 损害姓名权的认定要件

除对姓名权保护设定不同的前提条件外,现有案件中对于何种情况下诉争商标的注册会损害他人姓名权,做法亦不统一。

1. 采用主观标准,考虑诉争商标注册人是否具有不正当目的

本案采取的即是此种做法。本案判决中指出,"侵犯他人姓名权的行为原则上应以不正当目的为要件,而非只要使用他人的姓名即当然构成侵权。所谓不正当目的,包括牟利、营私、加害于他人及规避法律等。"

此外,在"TOM FORD"案中,法院指出,原告对"TOM FORD"这一姓名享有姓名权,有权依法禁止他人基于不正当目的使用该姓名。被异议商标申请人"应当知晓'TOM FORD'为时尚领域的知名设计师,其注册被异议商标具有不正当利用原告声誉的目的,构成对原告姓名权的损害"。②

2. 采用客观标准,考虑诉争商标的注册是否客观上会使相关公众认定诉争商标与该自然人有关联

在"易建联"案中,法院指出,"通常情况下,当相关公众在看到某一商标时会自然联想到某人的姓名,并认为该商标或该商标所使用商品的提供者与该人有关联时,才有可能给该人的姓名权造成损害",原告"未经许可在运动鞋等商品上注册与易建联姓名完全相同的争议商标,使相关公众在争议商标与易建联之间建立起了对应关系,容易使相关公众认为上述商品来源于易建联或者与易建联具有一定的联系,从而损害了易建联基于其知名度可能产生的相关利益"。③

---

① 参见北京市第一中级人民法院(2013)一中知行初字第2208号行政判决书。
② 参见北京市第一中级人民法院(2013)一中知行初字第2409号行政判决书。
③ 参见北京市第一中级人民法院(2010)一中知行初字第707号行政判决书。

在前文提到的"布兰妮"案中，法院亦采用了与易建联案相同的标准，但认定结论有所不同。判决中指出，"原告提交的证据可以证明其在音乐、娱乐等领域具有一定知名度，而被异议商标指定使用的商品包括寿衣、无纺布等，这些商品与原告享有一定知名度的领域存在较大差别，这些商品的相关公众与音乐、娱乐领域的相关公众亦存在较大差别，难以将'布兰妮'与原告建立起唯一对应关系"，据此，未损害布兰妮的姓名权。[①]

三、损害在先姓名权的判定规则

由前文分析可知，对于损害在先姓名权的判断，显然应以侵犯姓名权行为的认定要件为依据。也就是说，如果诉争商标的注册使用会构成对他人姓名权的侵犯，则应认定构成对在先姓名权的损害。

现有法律中有关姓名权保护的规定主要体现在《民法通则》以及《最高人民法院关于贯彻执行〈中华人民共和国民法通则〉若干问题的意见（试行）》（简称《民法通则意见》）。《民法通则》第九十九条规定，"自然人享有姓名权，有权决定、使用和依照规定改变自己的姓名。禁止他人干涉、盗用、假冒。"《民法通则意见》第141条规定，"盗用、假冒他人姓名、名称造成损害的，应当认定为侵犯姓名权、名称权的行为。"

依据上述规定可看出，姓名权既是积极性权利（姓名权人有权决定、使用和依照规定改变自己的姓名），亦是防御性权利（姓名权人有权禁止他人干涉、盗用、假冒）。《商标法》第三十一条损害在先权利的规定则主要实现的是其防御性权利的功能，亦即，姓名权人有权禁止他人将其姓名作为商标进行注册。结合分析上述规定，在《商标法》第三十一条语境下对于损害在先姓名权的认定条件可

---

① 参见北京市第一中级人民法院（2013）一中知行初字第2208号行政判决书。

得出如下结论：

1.自然人均享有姓名权，无需附任何条件

现有法律中对于姓名权的保护仅设定"自然人"这一要件，再无其他，因此，主张姓名权的民事主体仅需证明其是自然人即可，再无其他举证要求。因此，无论民事主体是否具有知名度，是否在相关公众心目中已有对应关系，均可以获得姓名权的保护。也就是说，不仅姚明、易建联等名人可以主张姓名权，普通公众亦当然可以主张姓名权。当然，这并非意味着，知名度等因素不会影响到对姓名权保护的认定结论，而只是表明，知名度等因素并非姓名权保护的前提条件。

本案中，法院即是基于上述理解，认定 Allen Iverson 对其姓名享有姓名权，该权利受到我国法律保护。

2.未经许可基于不正当目的将他人姓名申请注册为商标的行为属于损害在先姓名权的行为

民事权利的侵权认定通常应考虑主观及客观要件。客观要件即行为要件，是指权利人可以禁止他人实施何种行为。主观要件是对行为人主观状态的要求。也就是说，行为人对于其所实施的行为主观是否具有过意或过失。

就客观要件而言，侵犯姓名权的行为虽可能包括多种，但"盗用、假冒他人姓名"的行为显然是其中重要的侵权行为类型，此种行为可以被理解为未经许可使用他人姓名的行为。因将他人姓名注册为商标的行为显然属于使用他人姓名的行为，因此，在商标行政案件中，除非商标申请人可以举证证明其已获得姓名权人的许可，否则其申请注册商标的行为均符合侵犯姓名权的客观要件。本案中，因商标申请人并未举证证明其已获得 Allen Iverson 的许可，因此，其申请注册商标的行为符合客观要件。

对于主观要件，虽然法律规定中并未明确限定，但通常要求行

商标权的取得

为人主观具有过错,具有不正当目的。这一主观要件不仅可以从现有规定中的用语"盗用、假冒他人姓名"中得出,在学术界亦颇受认同。"假如利用重名及姓名之平行而故意混同,亦为侵害姓名权。"[①] 本案中,法院即指出,"侵犯他人姓名权的行为原则上应以不正当目的为要件,而非只要使用他人的姓名即当然构成侵权。所谓不正当目的,包括牟利、营私、加害于他人及规避法律等。"

在商标行政案件中,对于主观要件的判断,则主要考虑商标申请人在申请注册商标时对他人姓名是否知晓。如果知晓,且无注册的合理理由,则通常可推定其具有不正当目的。商标申请人这一不正当目的可能体现在多个方面,其或者是想利用该自然人的知名度,使相关公众误认为其所提供的商品或服务与该名人有关,或者是希望借助其知名度吸引消费者的注意(即便相关公众不会认为其与该名人有关),或者是希望仅仅通过注册行为本身获利(如阻碍该自然人将自己姓名注册为商标,从而通过商标买卖获利)。

具体到不同案件中,对于商标申请人主观知晓及不正当目的的认定,则要考虑到案件的具体案情,最为常见的影响因素包括:该自然人的知名度,该姓名的显著性,商标申请人与该自然人是否有往来,以及是否从事同一行业等。知名度虽然并非姓名权保护的前提条件,但该自然人是否具有知名度却会直接影响到商标申请人主观状态的认定。本案判决中即指出姓名权"权利人是否具有知名度则通常是判断使用人是否具有不正当目的的因素之一"。

当然,在考虑知名度的情况下,亦应结合考虑该姓名所具有的显著性,如果该姓名是现有词汇,则即便其确为名人姓名,亦不能

---

① 王利明:《中国民法案例与学理研究 总则篇》,法制出版社2003年版,第52页。

当然认定商标申请人主观具有不正当目的，仍应结合案件其他因素予以考虑。如在"黎明"商标案中，该商标指定使用服务为第36类不动产出租等，香港歌星黎明针对该商标提出异议申请，商标局认为："'黎明'商标是现代汉语中常用词，不属独创性词汇，冠以'黎明'商标的商品在流通中，没有使消费者误以为与某人有关。因此异议人所提的异议不成立，被异议商标准予注册。"[①] 该案中，在黎明确为现有词汇的情况下，很难仅仅基于歌星黎明所具有的知名度而当然认定商标申请人具有不正当目的。

但多数案件中，商标申请人将他人姓名申请为商标注册均有不正当目的，而很难认定是基于巧合，当然，不同案件中的考虑因素可能会有差别。本案中，法院的考虑因素主要是 Allen Iverson 知名度、诉争商标申请人其他商标的申请情形以及具体使用情形。

本案中，Allen Iverson 作为 NBA 篮球明星在中国的相关公众中具有较高知名度且通常被称之为 Iverson。虽然 Iverson 确为美国常见姓氏，但不可忽视的事实是，诉争商标申请人不仅注册了三十余件与 Iverson 有关的商标，其中有的商标中不仅包含文字，亦包含有运动员打篮球的图形，甚至 Iverson 的文身，由此可知，其对 Iverson 本人以及其与篮球之间的关系必然有所认知。此外，与诉争商标申请人有关的企业实际生产篮球鞋产品，且其企业网站中所作的宣传均在相当程度上指向 NBA 篮球明星 Allen Iverson。结合上述因素可以看出，诉争商标申请人显然知晓 Allen Iverson 为 NBA 篮球明星，且其注册诉争商标的目的即在于利用 NBA 篮球明星 Allen Iverson 声誉，可见其具有不正当目的，该申请注册的行为构成对 Allen Iverson 姓名权的损害。

---

① 参见国家工商行政管理局商标局（1996）商标异服字第008《关于对黎明商标异议的裁定》。

需要指出的是，知名度仅是认定诉争商标申请人不正当目的的因素之一，而非唯一因素。一些案件中，即便该自然人在中国并无知名度，但在考虑案件其他因素的情况下，亦可认定诉争商标申请人的不正当目的，其中最为重要的考虑因素是该姓名的显著性。如在"ZANG TOI"案中，虽然无法看出 ZANG TOI（冼书瀛）在中国具有知名度，但很显然该名称并非现有词汇，且亦非中国公众可能接触到的外文姓名，基于此，诉争商标基于巧合而与该姓名相同的概率极低，除非诉争商标申请人能够进行合理的解释，否则应可推定其是在知晓该名称的情况下申请注册的该商标。本案中，在诉争商标申请人未提交相关证据的情况下，依据这一因素即可认定知晓该名称。当然，本案中法院还考虑了其他一些因素，包括 ZANG TOI 在国外的知名度，以及诉争商标申请人曾与"ZANG TOI"及其公司就该品牌进入中国市场进行了商务联系等。①

在"KATE MOSS"案中亦然，虽然该姓名中两个组成部分均是英文中的现有词汇，但并无证据证明这一组合方式为常见姓名，在此情况下，诉争商标申请人将其注册为商标且无合理解释，亦可推定其主观具有不正当目的。②

四、损害姓名权判定中的常见误区

（一）相关公众的误认与损害姓名权的关系

实践中，有观点认为，对于姓名权的保护应考虑相关公众是否会具有误认的可能性，即是否可能认为诉争商标与该姓名权人有关联。将这一观点适用于案件中，通常会出现的一种结果是，如果诉争商标指定使用的商品与该姓名权人所实际从事行业不具有关联，

---

① 参见北京市第一中级人民法院（2012）一中知行字初第 1954 号行政判决书。
② 参见北京市第一中级人民法院（2010）一中知行初字第 534 号行政判决书。

或关联程度较低，则通常不会被认定构成对他人姓名权的侵犯。

在《北京市高级人民法院商标授权确权行政案件审理指南（征求意见稿）》曾采用过这一观点，其第十九条规定，"由于相关公众是否将某一姓名与特定自然人建立对应关系，会因具体的商品和服务领域而有所不同，因此对姓名权的具体保护范围也应当结合相关商品和服务的具体情况加以确定。"但在正式颁布时，该条款被删除。

这一做法的误区在于，将商标法的判定规则引入损害姓名权行为的认定中。混淆误认这一因素仅是《商标法》中侵犯商标权的认定要件之一，显然并非姓名权的侵权认定要件。对于损害他人在先姓名权的认定关键在于该商标的申请是否是基于不正当目的，而非是否会产生混淆误认。相关公众的混淆误认虽在相当程度上可用以证明诉争商标申请人的不正当目的，但并非不存在混淆误认情形，即不存在不正当目的。前文中已指出，诉争商标申请人的不正当目的，既可能是希望相关公众混淆误认，亦可能仅仅是希望吸引相关公众的注意，或仅仅是希望通过注册该商标营利等等，因此，如果虽不存在相关公众的误认，但却足以认定存在其他目的，亦可以认定损害他人姓名权行为的存在。

本案中，Allen Iverson作为篮球运动员，其所从事的行业虽然与诉争商标指定使用的"仿皮革；牛皮；伞；兽皮（动物皮）"等商品关联程度很低，但鉴于诉争商标申请人申请该商标的目的显然在于吸引相关公众的注意以获得不当利益，故法院仍认定该行为具有不正当目的，构成对该姓名权的损害。

（二）姓名权是否具有财产内容

《民法通则》中将姓名权规定为人格权，而商标权则属于财产权，因此，实践中有观点认为作为人格权的姓名权，无权禁止他人将姓

商标权的取得

名进行财产性使用,因此,不能禁止他人将其注册为商标。

对于人格权的财产内容,现有法律规定中已有所规定。《民法通则》第一百二十条规定,"公民的姓名权、肖像权、名誉权、荣誉权受到侵害的,有权要求停止侵害,恢复名誉,消除影响,赔礼道歉,并可以要求赔偿损失。"由该条款中有关赔偿损失这一责任方式的规定可知,《民法通则》中对于人格权的财产内容持肯定态度。此外,我国学者也认为,某些具体人格权(姓名权、肖像权、名称权)具有财产权的内容。[①]据此,姓名权人有权禁止他人未经许可使用其姓名获利,包括将其作为商标注册使用。

(撰稿人:芮松艳)

---

① 王利明:《人格权法》,中国人民大学出版社2009年版,第3页。

商标权的维持

8. 商标权转让及其善意取得

——深圳市梧桐山水饮料有限公司诉商标局及第三人深圳市东江之源实业发展有限公司"梧桐山 MT.WUTONG"商标转让行政纠纷案

案件索引：北京市第一中级人民法院（2010）一中知行初字第1842号，2010年9月19日判决；北京市高级人民法院（2011）高行终字第7号，2011年2月14日判决。

基本案情

1998年10月6日，深圳市东江之源实业发展有限公司（简称东江之源公司）向商标局提出指定使用在第32类的矿泉水等商品上的第1359214号"梧桐山 MT.WUTONG"商标（简称第1359214号商标）注册申请。1999年10月28日，商标局在《商标公告》上对该商标予以初审公告。2000年1月18日，深圳市康利矿泉浴疗中心对第1359214号商标向商标局提出异议申请。2001年8月2日，商标局作出〔2001〕商标异字第1447号《"梧桐山 MT.WUTONG"商标异议裁定书》（简称第1447号裁定），裁定第1359214号商标不予核准注册。第1447号裁定作出后，东江之源公司未在法定期限内向商标评审委员会申请复审。商标局于2002年11月28日在总第857期《商标公告》第1149页上刊登了异议裁定公告，该裁定已发生法律效力。

2008年11月7日，深圳市梧桐山水饮料有限公司（简称梧桐山公司）向商标局提交转让申请书，申请将第1359214号商标由东江之源公司转让给梧桐山公司，并于同日向商标局申请补发上述商标的商标注册证。梧桐山公司向商标局提交了其与东江之源公司于2008年11月4日签订的《商标转让协议》。2008年12月4日，商标局受理了梧桐山公司的转让申请。2009年8月6日，商标局核准了第1359214号商标的转让申请，并在《商标转让公告》上予以公告。2009年9月25日，商标局核准补发了注册人名义为梧桐山公司的第1359214号商标注册证。

2010年1月，商标局收到深圳市康利矿泉浴疗中心《关于第1359214号商标的情况说明》的来函，反映第1359214号商标已经商标局异议裁定不予核准注册，商标局不应向梧桐山公司补发商标注册证。

2010年1月29日，商标局作出商标变字〔2010〕第33号《关于撤销核准第1359214号"梧桐山MT.WUTONG"商标转让和补发注册证决定的通知》（简称第33号决定），决定：撤销核准第1359214号"梧桐山MT.WUTONG"商标转让的决定，同时撤销核准补发的注册人名义为梧桐山公司的第1359214号商标注册证；商标局已核发的相关转让证明、商标注册证和刊登在《商标公告》上的相关转让公告、遗失声明公告一并作废。

梧桐山公司不服第33号决定，向北京市第一中级人民法院提起诉讼，请求撤销第33号决定并判令商标局重新作出决定。

判决与理由

北京市第一中级人民法院经审理认为，申请转让的商标必须是经商标局核准注册的商标，且必须是在商标专用权有效期内的商标。梧桐山公司于2008年11月7日向商标局申请转让涉案商标时，该商标早于2001年8月2日已被商标局作出的第1447号裁定不予核准注册，且该裁定已于2002年在总第857期《商标公告》上刊登。上述事实足以证明第1359214号商标并未获得商标局的核准注册，因此不具备商标转让的法定条件，故梧桐山公司请求法院撤销第33号决定并判令商标局重新作出决定的诉讼请求不能成立。梧桐山公司关于其取得使用权后，为了开发市场，投入了大量资金扩充了原有的生产设备、并进行了广告宣传、大量购买桶装饮用水桶等，先后投入了300万元人民币等事由，不属于本案审理范围。据此，判决维持商标局作出的第33号决定。

梧桐山公司不服原审判决，向北京市高级人民法院提起上诉，请求撤销原审判决，确认其对第1359214号商标的使用权，恢复因商标局作出撤销第1359214号商标转让及补发注册证决定而终止的续展申请，并由商标局向梧桐山公司书面致歉。其主要理由为：梧桐山公司系通过正常渠道经商标局核准合法取得了第1359214号商标的使用权，并同时取得了商标局补发的商标注册证和核准商标转让证明。梧桐山公司取得使用权后，为了开发市场，投入了大量资金扩充原有生产设备并进行广告宣传。商标局通知撤销核准商标之后，梧桐山公司将遭受重大经济损失。

北京市高级人民法院二审认为，第1447号裁定已裁定第

商标权的维持

1359214号商标不予核准注册。第1359214号商标的申请注册人东江之源公司未在法定期限内提出复审申请，第1447号裁定已发生法律效力，故第1359214号商标未被核准注册，不是有效的注册商标。梧桐山公司虽不是第1447号裁定涉及的当事人，但第1447号裁定已由商标局经法定程序公告，应视为梧桐山公司已知晓了第1359214号商标未被核准注册的事实。梧桐山公司关于其经过正常渠道合法取得了第1359214号商标的注册商标专用权、其相关损失系由商标局的过错造成的上诉主张，缺乏事实和法律依据。《商标法》中关于注册商标续展和转让的相关规定，是以有效的注册商标的存在为前提的。而本案中，第1359214号商标未被核准注册，不是有效的注册商标，因此不具备《商标法》有关注册商标转让和续展的条件，商标局依照有关法律规定作出第33号决定，及时纠正其在商标注册和管理工作中的疏漏，符合依法行政的原则。梧桐山公司相关上诉请求缺乏事实和法律依据。综上，二审法院判决驳回上诉，维持原判。

评 析

本案中，一审法院认为"申请转让的商标必须是经商标局核准注册的商标，且必须是在商标专用权有效期内的商标"，但在实践中，能够转让的并不限于注册商标专用权，包括商标申请权在内的与商标有关的相关权利或者权益也都被允许转让，因此，二审法院在判决中并未接受一审法院的上述观点，而是针对上诉人的上诉理由给出了具体回应。就实体的商标权益而言，能够被转让的包括两大类，即商标专用权和商标申请权。

一、注册商标专用权

根据《商标法》的规定[①]，已经获准注册的商标可以转让，此时转让的客体即为注册商标专用权。就此种情形而言，的确应以注册商标专用权的存在即商标已经获准注册为前提，否则转让的标的不存在，转让行为也自然无法完成。而且，由于"注册商标的有效期为十年，自核准注册之日起计算"[②]。因此,转让时该注册商标应当在专用权期限内。尚未获准注册的商标，由于专用权尚不存在，当然没有注册商标专用权转让的可能；超出专用权期限而未续展的注册商标，由于专用权消灭，自然也不能再行转让。所以，就注册商标专用权的转让而言，一审法院的观点是正确的。但是，在注册商标专用权的转让过程中，还是有一些问题需要注意。

（一）转让协议

转让协议是注册商标转让的基础，是转让人和受让人就注册商标专用权转让达成合意所形成的合同。2013年《商标法》第四十二条第一款规定："转让注册商标的，转让人和受让人应当签订转让协议，并共同向商标局提出申请。受让人应当保证使用该注册商标的商品质量。"但是，由于《合同法》尊重当事人的意思自治，允许当事人以书面形式、口头形式和其他形式订立合同[③]，而且当事人甚至可以在实际履行合同义务后补签书面合同[④]，因此，商标转让协议并非注册商标专用权转让时必须提交的文件。只有在为核实商标转让申请文件中的相关签字或者盖章的真实性而确有必要时，商标注册

[①] 2001年《商标法》第三十九条、2013年《商标法》第四十二条。
[②] 2013年《商标法》第三十九条。
[③] 《合同法》第十条第一款规定："当事人订立合同，有书面形式、口头形式和其他形式。"
[④] 《合同法》第三十七条规定："采用合同书形式订立合同，在签字或者盖章之前，当事人一方已经履行主要义务，对方接受的，该合同成立。"

主管机关才会要求当事人提交商标转让协议。2014年修订施行的《商标法实施条例》第三十一条第一款也仅规定"转让注册商标的,转让人和受让人应当向商标局提交转让注册商标申请书。转让注册商标申请手续应当由转让人和受让人共同办理。"

在司法实践中,法院在第1406730号"铃木"注册商标转让行政纠纷案中曾明确指出:"虽然《商标法》第三十九条[①]规定转让注册商标的,转让人与受让人应当签订转让协议,但由于相应法律法规并未规定当事人向被告(商标局)申请转让注册商标时必须一并提交转让协议,故被告未要求当事人提供涉案商标转让协议并对其进行审查未违反法律规定。"[②]该观点认为,有关转让协议的相关规定是针对转让人转让注册商标所作的规定,而不是针对商标局核准注册商标转让所作的规定,因此,商标局在核准注册商标转让时,只要转让人和受让人共同向商标局提出转让申请即可,没有必要也不能要求转让人和受让人提交转让协议,更不能将此作为商标局核准商标转让的条件。[③]

(二)一并转让规则

由于商标权的转让关系到商品的来源和出处,涉及企业的信誉和声誉,不同国家和地区对商标权的转让有不同的做法:一是连同转让,即商标必须与原商品生产经营企业的营业一并转移,不能只转让商标而不转让该营业;二是自由转让,即商标权人可以将商标和营业一起转让,也可以不连同转让,而只转让商标。[④]2013年《商

---

① 该案适用的是2001年《商标法》,对应的即为2013年《商标法》第四十二条的相关内容。
② 北京市第一中级人民法院(2006)一中行初字第787号行政判决书。
③ 张靓卿:"法院对注册商标核准转让行为的深度审查与裁判方式",载《人民司法·案例》2008年第4期,第110页。
④ 全国人民代表大会常务委员会法制工作委员会编:《中华人民共和国商标法释义》,法律出版社2013年版,第82页。

标法》修改时，虽未要求商标与营业一并转让，但为避免商标转让可能引起相关公众对使用相关商标标志的商品来源产生混淆误认，《商标法》还是增加了关于相同或类似商品上的相同或近似商标一并转让的要求。《商标法》第四十二条第二款规定："转让注册商标的，商标注册人对其在同一种商品上注册的近似的商标，或者在类似商品上注册的相同或者近似的商标，应当一并转让。"而且，为了更好地保护第三人及公众利益，2013年《商标法》进一步确立了商标转让不予核准制度，其第四十二条第三款规定："对容易导致混淆或者有其他不良影响的转让，商标局不予核准，书面通知申请人并说明理由。"

（三）转让的生效

转让协议是转让人与受让人之间订立的关于注册商标专用权移转的合同，该协议对作为合同当事人的转让人和受让人当然具有约束力，因此，《北京市高级人民法院关于审理商标民事纠纷案件若干问题的解答》（京高法发〔2006〕68号）第33条明确规定："注册商标转让合同没有特别约定的，合同在双方当事人签字或者盖章之日起成立并生效。"但是，注册商标专用权的变动不同于注册商标转让协议的成立及生效问题，注册商标专用权的变动属于转让协议的履行内容，且注册商标专用权具有排他效力，所以，受让人最终取得注册商标专用权，除需获得商标注册主管机关的核准外，仍需要借助一定的公示公信方式加以保障。2013年《商标法》第四十二条第四款规定："转让注册商标经核准后，予以公告。受让人自公告之日起享有商标专用权。"总之，注册商标专用权的转让，不仅需要转让人与受让人签订转让协议且相应的转让申请获得商标注册主管机关的核准，而且，还需要核准转让注册商标的事项经商标注册主管机关依法公告，才能最终发生法律效力。在转让事项正式公告前，注册商标专用权仍归转让人享有。

二、商标申请权

商标申请权，或称商标注册申请权，是指基于商标注册申请人的商标注册申请行为而产生并因该注册申请行为最终获得商标注册主管机关核准而受到保护的一种民事权利。[1]

（一）商标申请权的性质

虽然《商标法》及《商标法实施条例》中并没有直接对商标申请权作出规定，但是，无论是从理论层面，还是从规范层面，都能够得出对商标申请权予以确认和保护的结论。

就性质而言，商标申请权应属民法上的期待权。所谓期待权，是一种"'附条件之权利'，乃为保护将来可能取得的权利之期待，而被承认之现在的权利，此应与'附条件之将来的权利'（因条件成就而能取得之权利），相为区别。但通说将该二者混为一谈。"[2]就商标申请权而言，属于前述附条件之权利，即"为保护将来可能取得的权利之期待，而被承认之现在的权利"。从本质上说，商标申请权是现在的权利而非将来的权利。因为，在申请人提出商标注册申请时，其商标是否获准注册有待于商标注册主管机关之审查判断，商标注册申请能否获得准许仍不可知，但此时相关法律法规，如2001年《商标法》第二十九条、2013年《商标法》第三十一条、2002年及2014年《商标法实施条例》第十七条第二款和2005年及2014年《商标评审规则》第八条等，已对其给予保护，形成了现实存在的合法权益。此处，与商标申请权相对应的"将来可能取得的权利"，即

---

[1] 周波："商标申请权作为合法权益应当予以保护"，载《人民司法·案例》2012年第16期，第100页。

[2] 刘德宽：《民法总则》（增订四版），中国政法大学出版社2006年版，第260页。

为商标专用权;此处所称之"条件"[①],即附条件之权利中之条件,是指商标注册申请获得商标主管机关之核准、商标获得注册并予公告,即商标注册申请人最终获得注册商标专用权这一不确定之事实。只有条件成就,即商标注册申请人最终获得注册商标专用权,商标申请权才得以存在,若条件不成就,商标申请权即不复存在。换言之,注册商标专用权的取得,使商标注册申请人溯及既往地获得了商标申请权的保护;反之,商标注册申请人则不能享用商标申请权。

(二)商标申请权转让的效力

就实体性权利而言,商标申请权的转让意味着与该商标相关的实体权利均由受让人取得,这其中包括该商标一旦获准注册后,受让人将当然地取得注册商标专用权。

就程序性权利而言,商标申请权的转让意味着受让人享有了与该商标申请注册有关的商标评审和行政诉讼的全部程序性权利,受让人可以以自己的名义参加到商标评审程序和后续的行政诉讼程序中去。在这方面,法院的诸多案例都给予了明确性的肯定。与之对应的是,转让人则丧失了参与商标评审和后续行政诉讼的主体资格。比如,在上海市食品进出口公司诉商标评审委员会第1165053号"珍宝JUMBO及图"商标异议复审行政纠纷案中,一、二审法院均认为,由于上海市食品进出口公司在异议复审期间已将被异议商标转让给案外人上海贸基进出口有限公司,上海市食品公司无权针对商标评审委员会的复审裁定提起诉讼,因此,裁定驳回了上海市食品公司的起诉。[②]

[①] "条件者,使法律行为效力之发生或消灭,决定将来客观上不确定事实之成否之法律行为的附款也。亦可将该事实本身称为条件。"刘德宽:《民法总则》(增订四版),中国政法大学出版社2006年版,第247页。

[②] 参见北京市第一中级人民法院(2007)一中行初字第841号行政裁定书、北京市高级人民法院(2008)高行终字第18号行政裁定书。

三、注册商标专用权的善意取得

本案中，梧桐山公司主张其系通过正常渠道经商标局核准合法取得了第1359214号商标的使用权，虽然该主张因第1359214号商标最终未被核准注册而丧失了成立的基础，但该上诉主张却引出了另外一个十分重要的问题，即假设该商标最终获准注册，那么，注册商标专用权能否因"善意"而取得，或者说，民法理论上的"善意取得"制度能否适用于商标领域。

此前，司法实践对于注册商标专用权能否适用善意取得制度、受让人能否因其善意而取得注册商标专用权存在不同的认识。肯定意见认为不应否定商标权被善意取得的可能性，因为一旦人们失去对登记公示制度预期的信赖，交易的安全性和正常秩序就将遭到破坏[1]；而否定意见则认为，"擅自转让商标权人注册商标专用权的行为是侵权行为，受让人不能因此取得商标权。受让人通过正常商业交易再将注册商标转让给第三人并经核准公告的，第三人亦不能因此取得该商标权。"[2]随着2007年《物权法》的颁布实施，善意取得制度的适用范围突破动产物权的限制而扩展至不动产物权领域，司法实践中已经有越来越多的观点认为，注册商标专用权的取得应当适

---

[1] 如上海市第一中级人民法院和上海市高级人民法院在"上海舒婷时装有限公司、上海费雷服饰有限公司与黄岩北城羊毛衫厂商标权属纠纷案"中均持此观点，参见（2005）沪一中民五（知）初字第45号民事判决书、上海市高级人民法院（2006）沪高民三（知）终字第75号民事判决书。转引自周永健、徐春成："略论知识产权侵权的法律责任——以'非法转让他人注册商标'为例"，载《上海青年管理干部学院学报》2011年第3期，第63页。

[2] 《北京市高级人民法院关于审理商标民事纠纷案件若干问题的解答》（京高法发[2006]68号）第40条。

用善意取得制度。[1]

商标转让是否适用善意取得制度，实际上是对商标权人利益和社会公众利益的平衡，主要是立法价值选择的内容，即法律应着重保护财产动态交易秩序的安全，还是着重保护财产静态权利归属的安全。[2] 既然立法者对动态交易安全的重视在《物权法》中已经得到充分体现，而包括商标权在内的知识产权的财产权属性日益突出，权利证券化的迅速发展使有形财产与无形财产的区分日益模糊，那么，将善意取得制度适用于商标权领域就是水到渠成的事情了。当然，善意取得制度有严格的适用条件，如善意取得要求取得人在受让财产时必须出于善意，且已支付相当对价。[3] 具体到注册商标专用权这一特定客体而言，还应当已经获得商标注册主管机关的核准转让公告。

参照《物权法》第一百零六条[4]的规定，注册商标专用权的善意

---

[1] 参见刘晓军："注册商标转让行为纠纷案件审理中若干问题研究"，载《法律适用》2006年第8期，第50—54页；陈勇："非法转让注册商标纠纷的若干思考"，载《人民司法·案例》2008年第2期，第60—63页；刘期家："商标权善意取得制度研究——以注册商标专用权的转让为考察视角"，载《政治与法律》2009年第11期，第133—141页；袁博："注册商标善意取得的法律依据"，载《人民司法·案例》2011年第22期，第44—45页。

[2] 刘晓军："注册商标转让行为纠纷案件审理中若干问题研究"，载《法律适用》2006年第8期，第54页。

[3] 佟柔主编：《中国民法》，法律出版社1990年版，第244—245页。

[4] 《物权法》第一百零六条规定："无处分权人将不动产或者动产转让给受让人的，所有权人有权追回；除法律另有规定外，符合下列情形的，受让人取得该不动产或者动产的所有权：
（一）受让人受让该不动产或者动产时是善意的；
（二）以合理的价格转让；
（三）转让的不动产或者动产依照法律规定应当登记的已经登记，不需要登记的已经交付给受让人。
受让人依照前款规定取得不动产或者动产的所有权的，原所有权人有权向无处分权人请求赔偿损失。
当事人善意取得其他物权的，参照前两款规定。"

取得应当考虑以下几个方面：1. 商标转让人具有令人合理信赖的理由；2. 对商标的转让系无权处分；3. 第三人受让商标出于善意；4. 第三人以合理价格有偿取得商标权；5. 商标转让行为本身有效，如果交易行为因欺诈、胁迫等因素而发生，或行为人缺乏相应的行为能力，则受让人仍有返还标的物之义务，善意取得不能适用；6. 第三人受让取得注册商标专用权已经商标注册主管行政机关核准并公告。[①]

此外，考虑到商标转让效果的实现需要通过商标注册主管行政机关的核准转让具体行政行为加以实现，该行政行为有可能由于存在这样或者那样的违法不当之处，而在行政相对人提起的行政诉讼中被法院予以撤销，因而在该具体行政行为起诉期限内，其效力并非是确定无疑而不可改变的，因此，对于注册商标专用权适用善意取得制度，还应当以商标核准转让具体行政行为诉讼时效期间届满[②]、商标核准转让事实已经不可逆转地实现为其必不可少的条件之一。

善意取得制度，旨在使善意受让人在特定条件下取得他人的注册商标专用权，但善意取得制度并不能创设原本不存在的注册商标专用权。2013年《商标法》第三十九条规定："注册商标的有效期为十年，自核准注册之日起计算。"[③]而在商标核准注册前，即使被提出异议，商标注册申请人亦可以转让其商标申请权，[④]因此，注册商标专用权虽然适用善意取得制度，但其适用的前提必须是转让的客体，即注册商标专用权客观存在。如果商标在申请过程中或者评审

---

① 参见袁博："注册商标善意取得的法律依据"，载《人民司法·案例》2011年第22期，第44—45页。

② 有关商标核准转让具体行政行为的起诉期限问题，详见本书后续内容。

③ 即2001年《商标法》第三十七条。

④ 2014年《商标法实施条例》第十七条第二款规定："申请人转让其商标注册申请的，应当向商标局办理转让手续。"

过程中发生转让，而该商标申请最终并未获准注册，则在后的受让人也不能因其具备善意取得的相关要件而取得原本即不存在的注册商标专用权。本案中，虽然梧桐山公司主张其系通过正常渠道合法取得了第1359214号商标的专用权，但是，由于该商标在转让行为发生之前，就已被商标局裁定不予核准注册，相关裁定已发生法律效力并予公告，在此情形下，梧桐山公司再主张善意取得显然是不能成立的。

（撰稿人：周波）

9. 注册商标核准转让行为的性质及起诉期限的确定

——李国宗诉商标局及第三人杨翠仙"国宗"商标转让行政纠纷案

案件索引：北京市第一中级人民法院（2014）一中行初字第374号，2014年3月19日裁定；北京市高级人民法院（2014）高行终字第1515号，2014年7月3日裁定。

基本案情

2011年4月20日，商标局核准"国宗"商标转让给杨翠仙的事项刊登在总第1260期《商标公告》上。2013年11月11日，"国宗"商标的原注册人李国宗不服商标局该具体行政行为，向法院提起行政诉讼。

裁判与理由

北京市第一中级人民法院经审理认为：根据《最高人民法院关于执行〈中华人民共和国行政诉讼法〉若干问题的解释》（简称《行

政诉讼法若干问题的解释》）第四十一条第一款的规定，行政机关作出具体行政行为时，未告知公民、法人或者其他组织诉权或者起诉期限的，起诉期限从公民、法人或者其他组织知道或者应当知道诉权或者起诉期限之日起计算，但从知道或者应当知道具体行政行为内容之日起最长不得超过2年。商标公告是法定的一种送达方式，且该送达具有对世效力。商标转让核准行为自商标公告之日起即应认定已经送达给包括转让人在内的不特定社会公众，转让人自该日起即应当知道商标转让核准行为。本案中，被诉商标核准转让行为于2011年4月20日刊登在总第1260期《商标公告》上，李国宗自该日起即应当知道诉争商标已经核准转让的事实。李国宗于2013年11月11日向一审法院提起的行政诉讼，超过了2年法定起诉期限。据此，裁定驳回李国宗的起诉。

李国宗不服一审裁定提起上诉，称其一直到2013年11月1日接到当地工商部门的询问通知时才知道涉案商标被核准转让一事，因此，本案起诉期限应当从2013年11月1日起算，其起诉没有超期。

北京市高级人民法院经审理认为，《商标公告》属于国家依法向社会公告核准转让行为的法定载体，故自2011年4月20日起即应视为李国宗知道该核准转让行为内容，其于2013年11月11日提起的本案诉讼超过了《行政诉讼法若干问题的解释》规定的2年期限。据此，终审裁定驳回上诉，维持一审裁定。

评　析

本案的焦点问题在于，在商标核准转让行政诉讼案件中，诉讼时效期间及其起算点如何确定。而这一问题，实际上与对注册商标核准转让具体行政行为的认识密不可分。

一、具体行政行为及其成立要件

《行政诉讼法》第五条规定:"人民法院审理行政案件,对具体行政行为合法性进行审查。"因此在行政诉讼案件中,人民法院的司法审查范围限于具体行政行为。具体行政行为,是相对于抽象行政行为而言的,是指行政主体针对特定行政相对人所作的行政行为。[1]具体行政行为的成立要件,即构成一个具体行政行为所必须具备的条件,包括以下四个方面:行政权能的存在、行政权的实际运用、法律效果的存在和意思表示行为的存在。[2]由于商标转让的核准,是由《商标法》直接赋予商标局的法定权限,因此,商标局针对当事人的商标转让申请作出的相应行为,只要具备相应的法律效果,就应当被认定为是具体的行政行为。法律效果或者法律意义,是指主体通过意志所设定、变更或消灭的某种权利义务关系及所期望取得的法律保护,而这里的法律效果必须是针对特定相对人的法律效果。[3]根据2014年《商标法实施条例》第三十一条第一款[4]的规定,商标局核准转让注册商标申请的,发给受让人相应证明。因此,商标局的商标核准转让行为属于具体行政行为,当然也属于司法审查的范畴。

二、商标核准转让行为与商标核准转让公告

虽然商标核准转让的行为属于具体行政行为确定无疑,但是,该具体行政行为的具体内容、其完成是否是以发布核准转让公告为

---

[1] 姜明安主编:《行政法与行政诉讼法》,北京大学出版社、高等教育出版社2005年版,第178页。

[2] 姜明安主编:《行政法与行政诉讼法》,北京大学出版社、高等教育出版社2005年版,第223页。

[3] 姜明安主编:《行政法与行政诉讼法》,北京大学出版社、高等教育出版社2005年版,第226—227页。

[4] 即2002年《商标法实施条例》第二十五条第一款。

标志,却容易被误解。

2013年《商标法》第四十二条第四款规定:"转让注册商标经核准后,予以公告。受让人自公告之日起享有商标专用权。"①由于"公告"在"核准"之后,所以,容易让人理解为核准转让公告是独立于核准商标转让具体行政行为之外的。但如果结合《商标法》以及《商标法实施条例》的相关规定加以理解,这个问题也许就比较清楚了。

首先,2014年《商标法实施条例》第三十一条第一款规定:"转让注册商标的,转让人和受让人应当向商标局提交转让注册商标申请书。转让注册商标申请手续应当由转让人和受让人共同办理。商标局核准转让注册商标申请的,发给受让人相应证明,并予以公告。"②按照前述具体行政行为成立要件的标准,商标核准转让这一具体行政行为,其意思表示是通过"发给受让人相应证明"和"予以公告"两个行为完成的。

其次,虽然2001年和2013年《商标法》中都没有对商标公告作出规定,对商标公告这一行为的性质认定缺乏法律依据,但是,2014年《商标法实施条例》在2002年《商标法实施条例》第五十七条第二款③的基础上,对商标公告的效力作出了较为明确规定,其第九十六条规定:"商标局发布《商标公告》,刊发商标注册及其他有关事项。《商标公告》采用纸质或者电子形式发布。除送达公告外,公告内容自发布之日起视为社会公众已经知道或者应当知道。"即商标公告是一种公示方法,除送达公告外,商标公告一经发布即

---

① 即2001年《商标法》第三十九条第二款。
② 2002年《商标法实施条例》第二十五条第一款规定:"转让注册商标的,转让人和受让人应当向商标局提交转让注册商标申请书。转让注册商标申请手续由受让人办理。商标局核准转让注册商标申请的,发给受让人相应证明,并予以公告。"
③ 2002年《商标法实施条例》第五十七条第二款规定:"商标局编印发行《商标公告》,刊登商标注册及其他有关事项。"

商标权的维持

视为社会公众均知悉公告中的相关内容。进一步而言，商标公告是向不特定的社会公众发布的，商标局发布商标公告的目的在于使社会公众知悉相关事项，而非使当事人的权利义务关系发生变动，因此，商标公告不是一个独立的具体行政行为。

再次，所谓商标注册，就是将相关商标记载在商标注册簿中[①]，商标注册证及相关证明仅是权利人享有注册商标专用权的凭证[②]。而《商标法》中已明确规定，受让人自公告之日起享有商标专用权，因此，在核准转让公告发布前，受让人是不享有商标专用权的，既然此时尚不能发生注册商标专用权转让的法律效果，则该具体行政行为当然也不可能完成。相应地，在核准转让公告发布前，"相关证明"等权利凭证也缺乏存在的基础。

又次，从行政法基本理论的角度来看，商标核准转让行政行为属于行政确认。所谓行政确认，是指行政主体对行政相对人的法律地位、法律关系或者有关法律事实进行甄别，给予确认、认可、证明（或者否定）并予以宣告的具体行政行为。[③]商标核准转让具体行政行为，属于对基于商标转让协议这一民事法律关系而发生的注册商标专用权在转让人与受让人之间发生移转这一事实的确认，商标公告只是该行政行为中的宣告环节。[④]

综上，商标核准转让这一具体行政行为，是由"核准"和"公告"

[①] 2014年《商标法实施条例》第九十四条规定："商标局设置《商标注册簿》，记载注册商标及有关注册事项。"

[②] 2014年《商标法实施条例》第九十五条规定："《商标注册证》及相关证明是权利人享有注册商标专用权的凭证。《商标注册证》记载的注册事项，应当与《商标注册簿》一致；记载不一致的，除有证据证明《商标注册簿》确有错误外，以《商标注册簿》为准。"

[③] 姜明安主编：《行政法与行政诉讼法》，北京大学出版社、高等教育出版社2005年版，第282页。

[④] 参见罗豪才主编：《行政法学》，中国政法大学出版社1996年版，第232页。

两个具体环节构成的,"核准"是商标注册主管行政机关确认商标专用权自转让人移转至受让人这一事实的实质,而"公告"则是前述行政确认予以宣告的具体表现形式。

三、商标核准转让行为起诉期限的确定

核准商标转让具体行政行为起诉期限的确定,是直接影响当事人的相关权利能否得到司法救济的重大问题,因此有必要对此加以厘清。

（一）相关规定

目前,有关商标核准转让具体行政行为起诉期限的法律、司法解释规定主要有以下三个条款:

《行政诉讼法》第三十九条规定:"公民、法人或者其他组织直接向人民法院提起诉讼的,应当在知道作出具体行政行为之日起三个月内提出。法律另有规定的除外。"

《行政诉讼法若干问题的解释》第四十一条第一款:"行政机关作出具体行政行为时,未告知公民、法人或者其他组织诉权或者起诉期限的,起诉期限从公民、法人或者其他组织知道或者应当知道诉权或者起诉期限之日起计算,但从知道或者应当知道具体行政行为内容之日起最长不得超过2年。"

《行政诉讼法若干问题的解释》第四十二条规定:"公民、法人或者其他组织不知道行政机关作出的具体行政行为内容的,其起诉期限从知道或者应当知道该具体行政行为内容之日起计算。对涉及不动产的具体行政行为从作出之日起超过20年、其他具体行政行为从作出之日起超过5年提起诉讼的,人民法院不予受理。"

（二）上述规定的理解适用

《行政诉讼法》第三十九条规定的三个月的起诉期限,是行政诉讼中没有特殊规定情形下的一般规定,但是,在包括司法解释在

内的相关法律作出特殊规定的情形下，应当优先适用特殊规则以确定具体的起诉期限。《行政诉讼法若干问题的解释》第四十一条第一款是相对于《行政诉讼法》第三十九条而作出的特殊规定，其特殊之处有二：其一，规定了起诉期限的起算时点，即在行政机关未告知公民、法人或者其他组织诉权或者起诉期限的，起诉期限从公民、法人或者其他组织知道或者应当知道诉权或者起诉期限之日起计算；其二，规定了起诉期限的最长时限，即公民、法人或者其他组织提起行政诉讼的时限，从其知道或者应当知道具体行政行为内容之日起最长不得超过2年。

《行政诉讼法若干问题的解释》第四十二条是在第四十一条第一款规定的特殊情形下，对公民、法人或者其他组织提起行政诉讼的最长时限作出的进一步限定。因为第四十一条第一款规定的2年最长期限是以公民、法人或者其他组织知道或者应当知道具体行政行为内容之日为起算点的，而并非以该具体行政行为作出之日为起算点的，这种时间起算点的差异，就存在由于公民、法人或者其他组织不知道行政机关作出的具体行政行为内容而导致其在具体行政行为作出后很长一段时间内仍然可以提起诉讼的可能，这显然不利于相关法律关系的稳定。因此，《行政诉讼法若干问题的解释》第四十二条在第四十一条第一款规定的2年起诉期限的基础上，作出进一步限定：一是限定了公民、法人或者其他组织不知道行政机关作出的具体行政行为内容的，起诉期限从知道或者应当知道该具体行政行为内容之日起计算；二是规定了公民、法人或者其他组织提起行政诉讼的最长时限，即具体行政行为涉及不动产的提起诉讼的最长时限为20年、其他具体行政行为提起诉讼的最长时限为5年，均从该具体行政行为作出之日起计算。

虽然根据《行政诉讼法若干问题的解释》第四十一条第一款的

规定，公民、法人或者其他组织提起行政诉讼的最长期限为其知道或者应当知道具体行政行为内容之日起的 2 年，但对涉及不动产以外的具体行政行为的起诉的最长时限是该具体行政行为作出之日起的 5 年。据此，如果行政相对人是在具体行政行为作出 3 年之后知道或者应当知道该具体行政行为，其提起行政诉讼的实际期限就不足 2 年，换言之，少于公民、法人或者其他组织知道或者应当知道该具体行政行为内容的 2 年。

就性质而言，《行政诉讼法若干问题的解释》第四十二条所规定的并非是与第四十一条第一款规定的 2 年最长起诉期限并行的一种独立的起诉期限计算方法，而是在 2 年最长起诉期限的基础上，对公民、法人或者其他组织不知道行政机关作出的具体行政行为内容的情形，作出的一种能够客观确定的提起行政诉讼最长时限的补充式的计算方法，以便使某一具体行政行为的效力能够最终得以确定，其计算方式类似于除斥期间的确定。

举例而言，某一具体行政行为作出的时间为 2000 年 1 月 1 日，行政相对人知道该具体行政行为的时间为 2001 年 1 月 1 日，则根据《行政诉讼法若干问题的解释》第四十一条第一款的规定，其起诉期限就应当从 2001 年 1 月 1 日起算的 2 年，其提起诉讼的最迟期限为 2003 年 1 月 1 日。如果行政相对人知道该具体行政行为的时间为 2002 年 1 月 1 日，则其提起诉讼的最迟期限为 2004 年 1 月 1 日。但是，假如从行政相对人知道该具体行政行为之日起算的 2 年时限，超出了该具体行政行为作出之日的 5 年时限，则起诉期限不应再从行政相对人知道该具体行政行为之日起按照 2 年期限加以计算，而是应当从其知道该具体行政行为之日开始、至该具体行政行为作出之日起 5 年时限届满之日止的一段时间作为起诉期限。比如，行政相对人知道前述具体行政行为的时间为 2003 年 8 月 12 日，虽然其起诉期限应当从 2003 年 8 月 12 日起算，但其提起诉讼的最迟期限则为 2005 年 1 月 1 日，此时行政相对人的起诉期限是少于 2 年的。在此种情形下，如果仍从 2003 年 8 月 12 日起按照 2 年计算至 2005 年 8 月 12 日，则该时间将超出该具体行政行为作出的 5 年时限。同理，即使行政相对人知道该具体行政行为的时间为 2004 年 12 月 30 日，其提起诉讼的最迟期限仍为 2005 年 1 月 1 日。

因此，在确定商标核准转让具体行政行为起诉期限的问题上，仍然应当以《行政诉讼法若干问题的解释》第四十一条第一款规定的 2 年期限为原则。公民、法人或者其他组织提起诉讼时间虽然在前述规定的 2 年期限内，但超出《行政诉讼法若干问题的解释》第四十二条规定的被诉具体行政行为作出日 5 年的，则应适用该规定，以该被诉具体行政行为作出后 5 年为起诉期限。

四、《商标公告》的法律拟制效力

此前曾有文章认为，《商标公告》中的不同公告应当根据其内容区分为"公示性公告"和"送达性公告"两大不同的类型，相应地，其效力也各不相同。"公示性公告"是商标局公布在《商标公告》上有关注册商标专用权效力创设、延续、变化和消灭的信息，其公告对象为不特定的公众，其公告之日视为不特定公众知晓公告所载明之具体行政行为内容之日。"送达性公告"则是诉讼法上的概念，本身只是向特定相对人"送达"的一种手段，该公告并非相关行政行为的必须环节，只是将行政行为的内容和结果"通知"行政相对人的一种兜底补救手段，本身并不构成一个独立的行政行为。[①]

但是，从严格意义上讲，向特定相对人送达相关法律文书并非

---

① 姜庶伟："商标行政审查中的'公示性公告'与'送达性公告'辨析"，载《中国专利与商标》2011 年第 3 期，第 76 页。

《商标公告》的法定事项,在《商标公告》上刊登此类信息,只是商标注册主管行政机关为便利其工作,根据《商标法实施条例》的相关规定而以公告方式送达法律文书的一种途径,此类公告完全可以在《商标公告》之外的其他载体上发布。发布《商标公告》的目的在于使与商标注册有关的事项得以公示,使不特定的社会公众能够知悉与商标注册有关的事项。从性质上讲,《商标公告》属于一种公示公信方法,具有视为社会公众均知晓其公告内容的法律拟制的效力。而且,《商标公告》的这种法律拟制效力,不同于诉讼法上的推定,是不能够通过反证加以推翻的。虽然《商标法》和2002年的《商标法实施条例》并未对《商标公告》的效力作出规定,但2014年修改的《商标法实施条例》第九十六条第三款对此已经作出了明确规定。

因此,一审法院将《商标公告》作为一种送达方式加以对待并不准确,该观点也没有得到二审法院的确认。但是,《商标公告》的法律拟制效力是确定的,除商标注册主管机关为其自身便利而发布的送达公告外,自《商标公告》发布之日起,即视为社会公众已经知道或者应当知道其内容。具体到商标核准转让具体行政行为,也应当将商标核准转让的《商标公告》发布之日视为包括转让人在内的社会公众知道该具体行政行为之日。

(撰稿人:周波)

10. 因转让以外的其他事由而发生的商标权移转

——苏麒安诉商标评审委员会及第三人南京宝庆首饰总公司"寶慶及图"商标异议复审行政纠纷案

案件索引：北京市第一中级人民法院（2013）一中知行初字第578号，2013年5月31日判决；北京市高级人民法院（2013）高行终字第1579号，2013年9月23日判决。

基本案情

2005年9月26日，孔玲俐向商标局提出第4916579号"寶慶及图"商标（简称被异议商标）的注册申请，指定使用在第35类"室外广告、商业信息代理、进出口代理"等服务上。

1985年12月19日，南京金属工艺厂向商标局提出第265875号"寶慶及图"商标（简称引证商标）的注册申请，并于1986年10月20日获准注册，核定使用在第14类"贵重金属工艺品、首饰"商品上。后经核准，引证商标转让给南京宝庆首饰总公司（简称南京宝庆公司）。经续展，引证商标的专用权期限至2016年10月19日。

在法定异议期内，南京宝庆公司针对被异议商标的注册申请向商标局提出异议。商标局经审理裁定：被异议商标不予核准注册。

孔玲俐不服该裁定，向商标评审委员会提出复审申请。2012年11月12日，商标评审委员会作出商评字〔2012〕第45554号《关于第4916579号"寶慶及图"商标异议复审裁定书》（简称第45554号裁定），认为孔玲俐的复审理由不能成立，裁定：被异议商标不予核准注册。

在法定期限内，苏麒安针对第45554号裁定提起行政诉讼。

经查，孔玲俐于2011年10月25日变更姓名为孔怡如，其与苏麒安系夫妻关系。2012年5月16日，孔怡如和苏麒安订立《夫妻财产约定》，其中第二项明确约定：以甲方（苏麒安）名义持有或实际控制的公司所涉及的股权（包括但不限于股权、商标权等财产性权利）及财产系甲方（苏麒安）的个人财产，乙方（孔怡如）同意并确认甲方对该财产享有完全所有权。孔怡如于2012年5月20日病故。

在诉讼过程中，苏麟安提交了江苏省南京市钟山公证处2012年5月16日出具的（2012）宁钟证民内字第599号公证书（简称第599号公证书）。该公证书载明，苏麒安和孔怡如经协商一致订立了前面的《夫妻财产约定》。双方在订立协议时均具有法律规定的民事权利能力和民事行为能力。双方当事人签订了《夫妻财产约定》意思表示真实，协议内容具体、明确。双方当事人的签约行为符合《民法通则》第五十五条的规定，协议内容符合相关法律的规定，协议上双方当事人的签名均属实。

2013年3月25日，江苏省南京市钟山公证处出具《关于夫妻财产约定中个别文字出现笔误的情况说明》，说明上述《夫妻财产约定》存在笔误，其正确表述应为："以孔怡如名义持有或控制的公司所涉及的股权及财产系苏麒安的个人财产，孔怡如同意并确认苏麒安对该财产享有完全所有权。"

商标权的维持

判决与理由

北京市第一中级人民法院经审理认为：苏麒安在孔玲俐病故后，以《夫妻财产约定》为依据，有权对第45554号裁定提起行政诉讼。本案中，被异议商标与引证商标并未构成使用在相同或类似服务和商品上的相同商标，商标评审委员会关于被异议商标的申请注册违反《商标法》第二十八条规定的认定缺乏证据支持。同时，由于被异议商标和引证商标指定使用的商品和服务未构成相同或者类似商品和服务，故亦不存在适用《商标法》第十五条的前提条件。据此，判决：一、撤销第45554号裁定；二、商标评审委员会重新作出裁定。

商标评审委员会和南京宝庆公司均不服原审判决，分别提起上诉。

北京市高级人民法院经审理认为，第599号公证书公证的内容仅为苏麒安与孔怡如经协商一致订立了《夫妻财产约定》，江苏省南京市钟山公证处并未参与《夫妻财产约定》具体条款内容的拟定，《夫妻财产约定》中的条款内容并非第599号公证书公证证明的内容，该公证处对《夫妻财产约定》中的条款内容作出说明和修改，缺乏事实和法律依据，故对该公证处出具的《关于夫妻财产约定中个别文字出现笔误的情况说明》，依法不应予以采纳。而且，即使《夫妻财产约定》中确有笔误，孔怡如确曾作出"以孔怡如名义持有或控制的公司所涉及的股权及财产系苏麒安的个人财产，孔怡如同意并确认苏麒安对该财产享有完全所有权"的意思表示，商标专用权以及与申请注册商标有关的权利的主体，也应当以商标注册主管机关依法设置的《商标注册簿》的记载为准，即使孔怡如有将被异议商标转让给苏麒安或者确认与被异议商标有关的财产性权利系苏麒安个人财产的意思表示，该行为也因不符合《商标法实施条例》第十七条第二款的规定而不具有法律效力。因此，苏麒安并不因其与孔怡如的《夫妻财产约定》、第599号公证书以及江苏省南京市钟山公证处出具的《关于夫妻财产约定中个别文字出现笔误的情况说明》等证据，而成为被异议商标的注册申请人，当然也就不具有针对第45554号裁定单独提起行政诉讼的主体资格。但是，《行政诉讼法》第二十四条第二款规定："有权提起诉讼的公民死亡，其近亲属可以提起诉讼。"本案中，第45554号裁定列明的复审申请人为"孔玲俐"，孔玲俐变更姓名为孔怡如并已病故，作为与孔怡如有夫妻关系的苏麒安提起本案行政诉讼并未违反法律的规定。

本案中，虽然在孔怡如的继承人未及时以书面形式声明参加评审程序的情况下，商标评审委员会客观上无法知悉复审申请人已经死亡的事实，商标评审委员会的相关评审工作并无不当，但在复审申请人因死亡而丧失主体资格的情况下，商标评审委员会在第45554号裁定中仍将"孔玲俐"作为异议复审的申请人，显属不当，依法应予纠正。

商标评审程序设立的目的在于为当事人提供必要的法律救济，包括商标申请权在内的商标权作为一种财产性权利，应当依法予以保护。虽然相关法律法规并未明确要求商标评审委员会在复审申请人死亡的情况下，主动确定复审申请人的继承人并征询其是否参与后续评审程序，但是，《商标评审规则》第三十二条第一款第（一）项已明确规定，在申请人死亡或者终止后没有继承人或者继承人放弃评审权利的情形下，应当终止评审。商标评审委员会虽无法定的主动确定复审申请人的继承人并征询其是否参与后续评审程序的义务，但在因行政诉讼或者其他原因客观上已经知悉复审申请人已经死亡并有继承人存在的特定情况下，商标评审委员会应当以事实为根据、以法律为准绳，通过适当方式征询复审申请人的全体继承人的意见，并根据全体继承人承受或放弃评审权利的意思表示，确定继续评审程序或者终止评审程序。因此，本案中，商标评审委员会应当根据复审申请人孔怡如已经死亡的事实，通过适当方式征询孔怡如的全体继承人的意见，作出相应的处理。而孔怡如的各继承人亦应当根据《商标评审规则》的规定，及时向商标评审委员会声明是否参加被异议商标的评审程序。

综上，原审判决的相关认定虽有不当，但其裁判结论正确，二审法院在纠正其错误的基础上，对其裁判结论予以维持。在商标评审委员会未根据孔怡如的全体继承人的相关意思表示作出相关处理前，二审法院不宜直接对本案实体法律关系的处理作出认定，以免损害各方当事人的审级利益。据此，北京市高级人民法院判决：驳回上诉，维持原判。

评　析

注册商标专用权的取得有原始取得和继受取得两种。所谓继受取得，是指已经依法注册的商标的所有权人发生变动。此种变动又分为两种情况：一种是注册商标专用权的主动转让，一种是注册商标专用权因转让以外的其他事由发生的移转。[1]实践中，商标移转的主要情形包括：1.因商标权人死亡继承商标的；2.商标权人因分立、合并或改制等原因消亡后，分立、合并或改制后的企业需办理商标过户的；3.企业破产后由清算小组将破产企业的商标移转他人的；

---

[1] 黄晖：《商标法》，法律出版社 2004 年版，第 191 页。

4.依据生效的法律文书对注册商标强制执行办理移转的；5.其他情形。[①]因此，商标专用权的移转属于上位概念，商标转让仅是商标移转的一种情形。

一、商标权移转的共同之处

无论是因商标转让发生的商标权移转，还是因继承等其他事由而发生的商标权移转，虽然在商标权移转的原因上存在差异，但其共同之处还是十分明显的。

（一）均发生商标权变动的法律后果

显而易见，无论何种原因导致的商标权移转，均发生商标权移转的法律效果，即商标权的权利主体发生变化，原商标权人丧失了权利主体地位，而受让人或者接受人相应地替代其成为商标权的权利主体。

（二）均需提出申请并经商标局核准

根据2014年《商标法实施条例》的规定，"转让注册商标的，转让人和受让人应当向商标局提交转让注册商标申请书。……商标局核准转让注册商标申请的，发给受让人相应证明，并予以公告。"而因继承等其他事由发生商标权移转的，"接受该注册商标专用权的当事人应当凭有关证明文件或者法律文书到商标局办理注册商标专用权移转手续。……商标移转申请经核准的，予以公告。"因此，商标权的移转均需提出申请，经商标局核准后予以公告。

（三）均自核准公告发布之日起生效

对于商标转让，《商标法》规定："受让人自公告之日起享有商标专用权。"但对商标转让以外因继承等其他事由而发生的商标权移转，《商标法》和2002年的《商标法实施条例》并未明确移转的生

[①] 张诚："商标'一号两证'咋回事"，载《中华商标》2008年第8期。

效规则。因此，就有观点认为，受移转人自引发移转的法律事实生效之日起即取得商标权。[1]但是，2014年的《商标法实施条例》对此已经做出明确规定，其第三十二条第三款规定："商标移转申请经核准的，予以公告。接受该注册商标专用权的当事人自公告之日起享有商标专用权。"

（四）均适用关联商标一并移转规则

根据《商标法》和《商标法实施条例》的规定，无论何种情形引发的商标权移转，都要求在同一种或者类似商品上注册的相同或者近似的商标，一并移转。未一并移转的，由商标局通知限期改正；期满未改正的，视为放弃该移转注册商标的申请，商标局应当书面通知申请人。

二、因转让以外的其他事由而发生的商标权移转的特点

虽然存在上述相同之处，但因继承等原因而发生的商标权移转的情形，与因商标转让而发生的商标权移转还是存在许多不同之处的。

（一）主体方面存在差异

在因商标转让而发生商标权移转的情形，转让人和受让人均处于依法存续的状态。而在因继承、遗赠、破产清算、企业合并等事由引发的商标权移转的情形，原商标注册人已经消亡，不再具有法律上的主体资格。当然。因企业分立或者因执行法院生效裁判等事由而发生的商标权移转，原商标注册人仍为有效的法律主体。

（二）办理的相关手续无须原注册人配合

除转让人和受让人应当向商标局提交转让注册商标申请书外，2014年《商标法实施条例》还要求转让人与受让人共同向商标局办

---

[1] 许懿："注册商标移转与转让的法律区分"，载《人民司法·案例》2011年第10期，第99页。

理转让注册商标的申请手续。而因继承等其他事由移转商标权的，都无须原商标注册人配合就可以实现移转登记，多数情形下商标原注册人实际上已经消亡，因此，《商标法实施条例》仅规定由接受该注册商标专用权移转的当事人到商标局办理相关手续。

三、本案中涉及的商标权移转的具体情形

就孔怡如和苏麒安订立《夫妻财产约定》的实质内容看，双方约定"以孔怡如名义持有或控制的公司所涉及的股权及财产系苏麒安的个人财产，孔怡如同意并确认苏麒安对该财产享有完全所有权"。因此，就商标权而言，这实际可以看作是孔怡如与苏麒安之间的商标转让协议。但是，由于双方未在孔怡如生前向商标局申请办理转让商标注册申请的手续，所以，苏麒安并未因此而取得商标申请权，成为本案被异议商标的注册申请人。

而在孔怡如去世后，作为其继承人的苏麒安，有权与其他继承人一起因继承而取得原由孔怡如享有的商标申请权。但是，由于包括苏麒安在内的孔怡如的继承人，尚未依法向商标局申请办理商标权的移转，因此，本案被异议商标的商标申请权还不能发生现实的移转。苏麒安只能作为本案的利害关系人提起行政诉讼。二审法院考虑到本案的实际情况，要求商标评审委员会在客观上已经知悉了被异议商标原注册申请人已经死亡的情形下，通过适当方式征询孔怡如的全体继承人的意见，作出相应的处理，同时要求孔怡如的各继承人根据《商标评审规则》的规定，及时向商标评审委员会声明是否参加被异议商标的评审程序。这种做法既考虑了案件的特殊情况，又符合法律的相关规定，不失为一个两全其美的处理方法。

（撰稿人：周波）

商标权的撤销

11. 因注册人死亡或者终止而申请注销商标的条件

——崔方明诉商标局及第三人顺德市大良镇东盈制衣厂因注册人死亡或者终止注销"雪飞龙CHEVIGNON"商标申请不予核准行政纠纷案

案件索引：北京市第一中级人民法院（2012）一中行初字第392号，2012年6月20日判决；北京市高级人民法院（2012）高行终字第1888号，2013年3月28日判决。

基本案情

2001年1月15日，顺德市大良镇东盈制衣厂向商标局提出第1932719号"雪飞龙CHEVIGNON"商标注册申请。2009年11月16日，商标评审委员会作出商评字〔2009〕第30882号《关于第1932719号"雪飞龙CHEVIGNON"商标异议复审裁定书》，裁定该商标在部分复审商品上予以核准注册。2011年6月20日，北京市第一中级人民法院作出（2010）一中知行初字第2588号行政判决，维持上述裁定。该判决已发生法律效力。

2010年9月29日，崔方明针对第1932719号"雪飞龙CHEVIGNON"商标向商标局提交《注册人死亡/终止注销商标申请书》，理由为："注册商标所有人已于 2003 年 12 月 25 日注销，注册人终止。"2010 年 12 月 15 日，商标局作出 2010 销 00243BZ1《注册人死亡/终止注销商标申请补正通知书》，该通知书认为"申请人提供的证明文件不充分"，并要求崔方明"继续提供商标注册人已在有关工商行政管理机关办理企业注销登记的相关档案材料以及企业注销公告"。2011 年 2 月 28 日，崔方明向商标局提交了补正材料，即《私营企业歇（停）业申请登记表》原件，该申请表加盖有"佛山市顺德镇市场安全监管局档案资料查询专用章（13）"字样印章，显示的企业名称为"顺德市大良镇东盈制衣厂"、企业种类为"私营企业"、开业日期为 2001 年 6 月 20 日、经营范围主营"服装"、营业地址为"大良红岗路 68 号"，并载有"该企业已于 2003 年 12 月 25 日经我局核准注销登记"字样。同年 5 月 18 日，商标局作出编号为 2010 销 00243 号《注册人死亡/终止注销商标申请不予核准通知书》。崔方明不服，向国家工商行政管理总局提起行政复议。同年 11 月 4 日，国家工商行政管理总局作出工商复字〔2011〕206 号《行政复议决定书》，决定维持被诉通知。崔方明不服该复议决定，向法院提起行政诉讼。

判决与理由

北京市第一中级人民法院经审理认为，提出注销申请的申请人应当提供证据用以证明商标注册人死亡或者终止的事实，并且证据应当达到一定的证明标准，否则应承担举证不能的法律后果。就本案申请而言，崔方明应当提供证据证明其申请材料显示的主体与涉案商标注册人为同一主体，并且应当提供涉案商标注册人办理注销登记时由当时的工商登记管理机关制作或形成的注销登记资料。崔方明并未提交上述材料，故其提交的申请材料不足以证明涉案商标注册人已经终止的事实，商标局经审查后作出不予核准通知结论正确。综上，崔方明的诉讼理由缺乏事实及法律依据，对其要求撤销被诉通知并判令商标局重新作出通知的诉讼请求不予支持。依照《最高人民法院关于执行〈中华人民共和国行政诉讼法〉若干问题的解释》第五十六条第（四）项之规定，判决驳回崔方明的诉讼请求。

崔方明不服一审判决提起上诉。北京市高级人民法院经审理认为，一审判决认定事实清楚，适用法律正确，审理程序合法，因此终审判决：驳回上诉，维持原判。

评　析

2002年《商标法实施条例》第四十七条规定："商标注册人死亡或者终止，自死亡或者终止之日起1年期满，该注册商标没有办理移转手续的，任何人可以向商标局申请注销该注册商标。提出注销申请的，应当提交有关该商标注册人死亡或者终止的证据。注册商标因商标注册人死亡或者终止而被注销的，该注册商标专用权自商标注册人死亡或者终止之日起终止。"因此，在符合上述规定的情况下，任何人均可以向商标局提出注销该注册商标的申请。但是，对于该条款的适用，需要把握以下几个方面的问题。

一、此类案件中举证责任分配及证明标准的把握

在行政诉讼中，行政机关对其作出具体行政行为的合法性负有举证责任。《行政诉讼法》第三十二条规定："被告对作出的具体行政行为具有举证责任，应当提供作出该具体行政行为的证据和所依

据的规范性文件。"虽然因商标注册人死亡或者终止等主体消亡原因而注销注册商标行为的发生，是商标局基于申请人的申请而作出的，但是，由于该注销行为仍然属于具体行政行为，商标局在作出该具体行政行为时仍然要对相关事实加以审查，以保证有足够证据能够证明其所作出的商标注销行为符合《商标法实施条例》第四十七条第一款规定的情形，因此，商标局在接受申请人的申请而决定是否注销该注册商标时，就会十分慎重，对申请人提交的相关证据加以严格审查，以免在后续的行政诉讼程序中，因为缺乏相应的事实依据而被法院判决撤销该具体行政行为。

从商标局是否注销商标的结果来看，此类具体行政行为可以分为两类，即核准注销注册商标、该注册商标专用权终止的情形和不予核准注销申请、该注册商标继续有效的情形。就第一种情形而言，由于商标注册人已经消亡，自然不存在提起行政诉讼的可能性；而对于申请人而言，由于其主张得到了商标局的支持，当然也不会提起行政诉讼；其他主体由于与该具体行政行为缺乏利害关系，不具备起诉资格，当然也不能就注销注册商标的行为提起行政诉讼[①]。在此情形下唯一有可能被提起诉讼的，就是被商标局认定为已经消亡但实际上仍然存在的商标注册人。为避免这种被动局面，商标局当然会对证据的审查从严掌握，其证明标准必然会超出要求较低的高度盖然性标准，而趋向于要求较高的排除合理怀疑标准。就第二种情形而言，由于商标局未支持申请人的商标注销申请，注册商标专用权仍然有效，商标注册人当然不会就此提起行政诉讼，只有申请人有动机提起行政诉讼。由于注册商标的注销意味着商标注册人将

---

① 《最高人民法院关于执行〈中华人民共和国行政诉讼法〉若干问题的解释》第十二条规定："与具体行政行为有法律上利害关系的公民、法人或者其他组织对该行为不服的，可以依法提起行政诉讼。"

丧失其本已获得的注册商标专用权，因此法院在处理此类涉及当事人民事权利存废与否的重大问题时，也会从严把握证据的证明标准，高度盖然性的证明标准往往会被排除合理怀疑的证明标准所代替。[①]如果申请人在行政诉讼中仍然不能提交能够排除合理怀疑的证明商标注册人已经消亡的证据，则其仍然会面临败诉的风险；而其如果能够提供此类证据，则其在提起行政诉讼之前便已经能够得到商标局的支持了。

因此，在因主体消亡而申请注销的行政诉讼案件中，表面上看举证责任由作出具体行政行为的商标局负担，但实际上的举证责任都已经转移给提出注销申请的申请人负担了。而且，就证明标准而言，为保证商标注册人的注册商标专用权不被错误地注销，无论是商标局还是法院，都倾向于采用排除合理怀疑的证明标准。

虽然这一制度设计的出发点在于作为商标注册人已经消亡的情况下，清理闲置不用的商标，最大限度地利用商标资源，但是，该制度却并未给与该注册商标专用权具有最密切关系的商标注册人预留一个可以参与到该程序中来的渠道，因而就有存在商标注册人并未消亡而被他人利用该制度设计而注销注册商标的可能。[②]而且，提出注销申请的申请人并非最有条件掌握商标注册人是否已经消亡的

[①] "设定证明标准应当考虑行政案件的性质及对当事人权益影响的大小程度。证明标准应当与案件的性质和影响的程度成正比例关系，案件越是重大复杂，对证明标准的要求就越高。"姜明安主编：《行政法与行政诉讼法》，北京大学出版社、高等教育出版社2005年版，第535页。

[②] 实践中，曾经出现过这样一个案例：作为某商标注册人的某公司被工商行政管理机关作出的《企业注销核准通知书》核准注销，该注销事项也在公开发行的报纸上予以公告，但工商行政管理机关事后又出具了《撤销企业注销核准通知书》，并表示该已被注销的公司可以持《企业法人营业执照》行使相关商标异议的权利义务。参见北京市高级人民法院（2012）高行终字第1209号判决书、（2013）高行终字第1698号行政判决书。

证据的人，按照排除合理怀疑的证明标准要求申请人提供商标注册人消亡的证据，有时过于严苛也难以实现。

实际上，《商标法实施条例》的该条规定在实际操作中还面临以下难题：1.国内众多经营不善的企业面临的是被吊销营业执照的情形，而吊销营业执照不属于主体终止的情形，因此实际核准注销商标的数量极少，达不到立法设想的消除闲置商标的目的；2.对于国外主体何种情况属于主体终止，适用何种证据、法律，在实际操作中均属于比较难以解决的问题；3.对于所谓闲置的商标，《商标法》已经规定了针对商标连续三年停止使用的相关法律制度，因注册人主体消亡而注销的法律制度完全具有可替代性；4.该条规定的核心在于主体终止或者死亡一年以上而未办理移转手续的即可注销其商标权，对于当事人而言，由于未及时办理移转手续导致商标权被剥夺，其过失与处罚明显不对等[1]。因此，在2014年修改的《商标法实施条例》中，2002年《商标法实施条例》第四十七条的规定被完全删除。

二、主体被吊销营业执照的不适用该条款的规定

实践中比较常见的是作为商标注册人的企业被吊销营业执照的情况。吊销企业营业执照是行政处罚的一种[2]，这种处罚结果并不导致企业法人主体资格的消灭，只是该企业也从此不能再从事经营活动。因此，2002年《商标法实施条例》第四十七条的规定并不能适用于商标注册人被吊销营业执照的情形。

---

[1] 对于商标注册人死亡或者终止前已经同他人签订商标转让协议，但商标受让人在商标注册人死亡或者终止后1年内未办理商标转让手续的，根据2002年《商标法实施条例》第四十七条的规定，也属于可以被申请注销的情形。这种因受让人懈怠而未及时办理商标转让手续的，直接注销该注册商标，似乎过于严苛。

[2] 《行政处罚法》第八条规定："行政处罚的种类：（一）警告；（二）罚款；（三）没收违法所得、没收非法财物；（四）责令停产停业；（五）暂扣或者吊销许可证、暂扣或者吊销执照；（六）行政拘留；（七）法律、行政法规规定的其他行政处罚。"

企业被吊销营业执照给商标注册带来的问题可以分为两种类型：一种是商标已经获准注册的情形下，商标注册人被吊销营业执照的；另一种是商标尚未获准注册的情形下，商标注册申请人被吊销营业执照的。

对于前一种情形，由于权利主体以及商标专用权尚存，相关的商标权只是存在如何处分的问题。当然，如果相关注册商标连续三年停止使用，还存在被依法撤销注册的可能。

对于第二种情形，虽然权利主体尚存，但相关的商标注册申请是否能够被商标注册主管机关核准，即商标专用权能否成立尚未可知，由此带来的主要问题是，在此种情形下，商标注册主管机关以及进行后续司法审查的司法机关，是否还有必要继续相关的审查和司法程序，是否应当核准此种情形下的商标注册申请。

从目前司法实践看，法院在这一问题上的态度有一个逐渐发展的过程。最初，法院认为不能仅以商标申请注册人被吊销营业执照、未参加相关商标评审程序和诉讼程序为由，对诉争商标不予核准注册。比如在第1254967号图形商标异议复审行政案中，二审法院即认为，"在企业被吊销营业执照后未注销登记的，该企业虽丧失经营资格但其主体资格仍然存续，故商标评审委员会对被异议商标是否应予核准进行审查并作出裁定并无不当。"[①]但是，从民事权利能力和民事行为能力的区别上看，吊销企业营业执照虽并未导致民事权利能力的丧失，但使得该企业不再具有从事正常商业经营的民事行为能力，而《商标法》第四条要求商标申请注册人是要为了经营的需要才申请商标的，故此时尚未被核准注册的商标已经不符合《商标法》第四条的要求了，因此，法院逐渐开始尝试基于商标注册申请人已

---

① 北京市高级人民法院（2009）高行终字第484号行政判决书。

被吊销营业执照的理由而对被提出异议的商标不予核准注册。比如在第3551640号"亞伯樂ABERLOUR"商标异议复审案中，法院认为，商标的基本功能在于指示商品或者服务来源，申请注册商标是为了在市场上将注册人提供的商品或者服务与其他主体提供的商品或者服务相区别。已被吊销营业执照的有限责任公司的经营资格受到一定的限制，已不具备向市场提供商品或者服务的条件，被异议商标注册申请人被吊销营业执照已长达四年之久，其既未在合理的期限内履行法定义务及时办理公司清算及注销手续，也未在合理的期限内向其他具有经营资格的主体转让被异议商标，可推定其已无使用被异议商标的主观意图，在此基础上，结合被异议商标尚处于注册审核阶段、尚未成为一项法定的权利，以及节约社会资源等因素综合考虑，被异议商标不应予以核准注册。[1]随着实践的不断积累，一审法院的上述观点也逐渐得到了二审法院的支持。在第3848227号"REGITAR"商标异议复审行政案中，二审法院延续了一审法院在"亞伯樂ABERLOUR"商标中的做法，综合考虑被异议商标申请注册人被吊销营业执照四年之久而未恢复其合法经营资质，亦未参加相关评审及诉讼程序等因素，认定被异议商标不应予以核准注册。[2]

此后，《北京市高级人民法院关于商标授权确权行政案件的审理指南》（京高法发[2014]37号）在总结相关司法实践的基础上，对此问题作出了进一步的规定，该指南第24条规定："申请注册被异议商标的企业被吊销营业执照但未办理注销手续，同时符合以下条件的，可以根据商标法第四条的规定，对被异议商标不予核准注册：（1）行政裁决作出时申请注册被异议商标企业的营业执照已经被吊销超

---

[1] 参见北京市第一中级人民法院（2011）一中知行初字第1897号行政判决书。
[2] 参见北京市高级人民法院（2013）高行终字第111号行政判决书。

过三年的；（2）无证据显示被异议商标已被转让或被许可给他人使用的；（3）申请注册被异议商标的企业未参加商标评审程序和后续诉讼程序，也未对其企业状况及被异议商标情况作出说明或提出相关主张的；（4）被异议商标系对引证商标的复制、摹仿且两者指定使用的商品存在一定关联的。"至此，对于商标注册申请人被吊销营业执照的案件，如何把握诉争商标是否应予核准注册便有了一个较为统一的、便于操作的做法。

（撰稿人：周波）

12. 注册商标因退化为通用名称的撤销

——北京华旗资讯数码科技有限公司请求撤销深圳市朗科科技有限公司"优盘"商标行政纠纷案

案件索引：北京市第一中级人民法院（2004）一中行初字第1014号，2006年2月20日判决；北京市高级人民法院（2007）高行终字第358号，2007年8月23日裁定；北京市第一中级人民法院（2010）一中知行初字第2631号，2011年7月31日裁定。

基本案情

1999年8月23日，深圳市朗科科技有限公司（简称朗科公司）向商标局申请在国际分类第9类的"计算磁盘、计算机存储器、计算机"等商品上注册第1509704号"优盘"商标（简称争议商标）。2001年1月21日，争议商标获准注册。

2002年10月23日，北京华旗资讯数码科技有限公司（简称华旗公司）向商标评审委员会提出撤销争议商标注册的申请，理由为：从商标的构成要素来看，争议商标是由优秀的"优"和盘片的"盘"两个汉字构成。就目前计算机用语习惯来看，"盘"字已经直接代表了一种存储设备。其次，USB是Universal Serial Bus的简称，是一项新一代接口标准。因"盘"字是一种数据存储设备，所以当一种基于 USB 接口的移动存储设备出现时，不论是产品的推广者还是公众都自然而然接受并使用了 U 盘这一名称。而"U"与"优"发音完全相同，所以争议商标在使用时无法与 U 盘区分，直接描述了该类产品的用途和使用方法。该商标已经成为闪存类商品的通用名称。且争议商标并不具备区分商品生产者或销售者的第二含义。故请求撤销争议商标。

朗科公司答辩认为，争议商标是其独立研制开发的专利技术系列产品的特定名称，与该类产品的通用名称无关；该商标亦没有直接表示商品的功能、用途和其他特点，具有《商标法》规定的显著性特征。

针对上述答辩，华旗公司提交补充意见，认为争议商标是在注册后违反了《商标法》第十一条的规定，与其在注册时是否由特定名称申请注册无关。争议商标由于其自身的特点是对商品的质量、功能、用途的描述，因而直接违反了《商标法》第十一条的第二款；同时由于商标权人在使用该商标时刻意淡化其区别功能，积极将其作为通用名称来使用，进而导致公众在认知传播该商标时，也将其作为通用名称来使用，最后形成了该商标被当作商品名称使用的这样一个客观事实。基于上述原因，该商标丧失显著性，在注册后严重违反了《商标法》第十一条的规定，应当予以撤销。

2004 年 10 月 13 日，商标评审委员会作出商评字〔2004〕第 5569 号《关于第 1509704 号"优盘"商标争议裁定书》（简称第 5569 号裁定）。该裁定认为，争议商标已经成为其指定使用商品的通用名称，依法不得作为商标注册；同时，争议商标作为一种计算机外设移动存储设备的通用名称，指定使用在计算机、计算机周边设备等商品上，不具备商标应有的显著特征。根据《商标法》第十一条第一款第（一）项和第（三）项、第四十一条第一款、第

商标权的撤销

四十三条的规定，裁定撤销争议商标的注册。

朗科公司不服第5569号裁定，提起行政诉讼。

裁判与理由

北京市第一中级人民法院经审理认为，商标争议制度是为保护商标权人的合法权益，制止商标领域的不正当竞争行为而设置。商评委在处理商标争议案件时，应当遵照《商标法》、《商标法实施条例》以及《商标评审规则》的程序规定，本着公平、公正的原则进行，以充分保障争议各方当事人的合法权益。本案中，华旗公司申请撤销争议商标所依据的具体理由在撤销申请书及补充意见中并不相同。撤销申请书的理由是争议商标本身在注册时没有显著性。而补充意见的理由则是由于使用不当，争议商标在注册后丧失显著性。虽然两个理由均涉及争议商标缺乏显著性的问题，但是仍然存在较大差异。主要表现在，商标权人为有效对抗撤销争议商标的理由所选择的举证角度不同，商标权人能够有效对抗撤销申请书中理由的证据，并不能必然地对抗补充意见中的理由。因此，为保障商标权人的程序性权利，商标评审委员会给予商标权人针对补充意见的举证期限，不应等同于在申请人的理由没有变化的情形下所给予商标权人的举证期限。《商标法》、《商标法实施条例》以及《商标评审规则》对于申请人改变具体理由后，商标权人的举证期限均未作出规定。鉴于前述理由，为保障商标权人的程序性权利，本着公平的原则，对于申请人改变具体理由的情形，应当比照针对评审申请进行答辩和举证的情形，参照《商标法实施条例》第三十二条关于"当事人需要在提出评审申请或答辩后补充有关证据材料的，应当在申请书或答辩书中声明，并自提交申请书或答辩书之日起3个月内提交"的规定，给予朗科公司更为充分的举证时间。本案中，商标评审委员会仅仅指定朗科公司在30日内一次性提交相反证据，违背了公平的原则，所作的第5569号裁定应予撤销。对于第5569号裁定涉及的争议商标法律性质等其他问题，在本案中不予审理。鉴于第5569号裁定是商标评审委员会依华旗公司的申请作出的具体行政行为，该行为被撤销后，自然恢复到商标争议审查程序阶段。商标评审委员会应对华旗公司的请求依法作出相应的审查决定。故本院不再判决责令商标评审委员会重新作出具体行政行为。据此，依照《行政诉讼法》第五十四条第（二）项第3目，判决撤销商标评审委员会第5569号裁定。

华旗公司不服一审判决，向北京市高级人民法院提起上诉。在二审过程中，华旗公司申请撤回上诉。2007年8月23日，北京市高级人民法院裁定：准予华旗公司撤回上诉。此后，华旗公司更名为爱国者数码科技有限公司（简称爱国者公司）。

2010年3月15日，商标评审委员会作出商评字〔2004〕第5569号重审第270号《关于第1509704号"优盘"商标争议裁定书》（简称重审第270号裁定），裁定争议商标予以撤销。朗科公司不服重审第270号裁定，提起诉讼。

在诉讼过程中，爱国者公司于2011年7月11日向商标评审委员会申请撤回对朗科公司争议商标的撤销申请。商标评审委员会据此作出商评字〔2011〕第16796号《关于第1509704号"优盘"商标评审案件结案通知书》，通知书认为鉴于爱国者公司撤回对争议商标的撤销申请，因此作出重审第270号裁定作废的决定，同时本案终止审理，予以结案。2011年7月13日，朗科公司向法院提出书面撤诉申请。2011年7月31日，北京市第一中级人民法院裁定准予朗科公司撤回起诉。

评 析

根据《商标法》第九条的规定，申请注册的商标应当具有显著特征。但是，在具有显著特征的商标获得注册后，出于商标所有人的广告宣传不当，其对商标管理不善、保护不力，或者出于其他竞争者或社会公众方面的原因，有可能导致该注册商标逐渐失去显著特征，成为该类商品的通用名称。而一旦注册商标成为其核定使用商品的通用名称，即丧失了显著特征，不再具备区分商品来源的功能，对于此类注册商标，任何单位或者个人均可以向商标局申请撤销。[1]因此，2013年《商标法》修改时，在第四十九条第二款中增加了一种注册商标撤销的情形，即：注册商标成为其核定使用的商品的通用名称的，任何单位或者个人可以向商标局申请撤销该注册商标。此种情形可以称之为商标权因退化为通用名称的撤销，或者是"商标的通用化"。

由于之前的《商标法》或者《商标法实施条例》及相关司法解释中均没有商标权因退化为通用名称而予以撤销的规定，因此，司法实践中并未出现因此种原因而撤销商标注册的案例，即使在本案中，尽管撤销申请人提出了争议商标在注册后丧失显著特征的撤销理由，法院也只是审理了其中的程序问题，对争议商标是否退化为通用名称而应予撤销并未表态。所以，如何把握注册商标因退化为

---

[1] 全国人民代表大会常务委员会法制工作委员会编：《中华人民共和国商标法释义》，法律出版社2013年版，第97页。

通用名称而予以撤销的标准，还有待于今后司法实践的探索。

一、价值选择：对客观形成的市场秩序的尊重

从立法部门对《商标法》第四十九条第二款的相关解释[①]看，增加商标因退化为商品通用名称而撤销注册的规定，主要是从商标应当具备显著特征这一商标法的基本要求出发的。商标的基本功能在于区分商品或者服务的来源，而商品通用名称则是社会公众指代某一类商品或者服务的共用符号，是公知公用的公共资源，不可能起到区分商品或者服务来源的识别作用，因而就特定的符号而言，其不可能既是商标又是该商标核定使用商品的通用名称。所以，当某一已经注册的商标因各种原因而成为其核定使用商品的通用名称时，在商标注册人业已取得的、形式上合法有效的商标专用权，与社会公众能够方便、准确地指代特定商品或者服务从而确保社会信息交流顺畅的社会公共利益，这样两种利益进行权衡取舍时，优先保障社会公共利益的实现自然是最容易被接受的选择。但这种对公共利益的优先保护只是一种结果，其根本原因在于《商标法》以及商标注册制度对客观上已经形成的市场秩序的尊重与维护。正是由于市场的客观选择使注册商标退化为其所核定使用的商品的通用名称，才形成了该标志之上以通用名称方式体现出来的社会公共利益。

实际上，对客观形成的市场秩序的尊重始终是商标法领域，尤其是在显著性问题上，各种价值判断与利益衡量的重要内容。就显著特征的取得而言，"某一自身不具有显著特征的标志，是否能够通过使用获得显著特征从而作为商标加以注册，完全是市场客观选择的结果。"[②]同样，对于因退化为商品通用名称而丧失显著特征的商标

[①] 全国人民代表大会常务委员会法制工作委员会编：《中华人民共和国商标法释义》，法律出版社2013年版，第97页。

[②] 北京市高级人民法院（2012）高行终字第1750号行政判决书。

而言，其丧失商标专用权也完全是市场客观选择的结果。《商标法》增加具体条款，对退化为其所核定使用的商品的通用名称的注册商标予以撤销，也正是体现出对客观形成的市场秩序的尊重。

二、适用范围：与显著特征的退化程度相适应

在适用《商标法》第四十九条第二款时需要注意的一个问题是，对于退化为商品通用名称的商标，撤销注册的范围仅限于以其作为通用名称的商品范围。如果某一商标核定使用在多种商品上，而该商标仅是退化为其中一种商品的通用名称，则撤销注册的范围也应仅限于该商品，对于那些该商标未成为其通用名称的商品而言，由于该商标并未成为其通用名称，因而仍然具有显著特征，自然也不应对在这些商品上的商标注册予以撤销。简而言之，对退化为商品通用名称的商标注册予以撤销，也应当与该商标的显著特征的退化程度相适应，并以该商标丧失显著特征的范围最终确定撤销商标注册的范围。如果仅因某商品退化为其所核定使用的某一商品的通用名称，而撤销其在其他商品上的注册，则将背离该制度设立的初衷。举例而言，"苹果"在水果商品上是缺乏显著特征的，但其在便携式通信设备等商品上仍然是具有显著特征的，不能因其在前一类商品上不具有显著特征，而否认其在后一类商品上具有显著特征的事实。当然，如果某一商标核定使用的所有商品均为类似商品或者关联商品，则在商标发生退化的情形下，考虑各商品之间的关联关系和类似程度，而对其在全部商品上的注册均予以撤销，也是符合逻辑的。

三、逆转可能：可因重获显著特征而免于撤销

虽然某一特定的商标可能因为各种原因而退化为商品的通用名称并因此而被撤销注册，但是，这一结果并非确定不变、不可逆转的。如前所述，《商标法》的该项规定，旨在尊重客观形成的市场秩序，为丧失显著特征的商标专用权得以及时终止设立法律上的专门制度，

但这一制度本身不应以撤销注册商标为最终追求，相反，既然该制度以尊重客观形成的市场秩序为目标，则这种对市场秩序的尊重也应当是动态的、发展变化的。如果市场秩序在商标注册被最终撤销前发生了客观上的变化，比如通过注册商标专用权人的市场宣传扭转了商标退化的局面，或者在新的通用名称出现的情况下，相关公众已经以新的通用名称而非以该商标标志指代此类商品，则应当保留该商标的注册。因为此时，商标丧失显著特征的事实已经发生了变化，作为商标注册人通过合法途径取得的商标专用权，仍然是一种合法的财产性权利，在利益权衡过程中不存在更为优先的值得保护的利益存在的情况下，自然有对其予以尊重和维护的必要。虽然这种假设在实践中能否存在尚不可知，但是出于对合法权利尊重与维护的必然要求，商标退化为通用名称后的逆转可能性还是应当予以肯定的。

正如美国学者所言："商品商标或服务商标是一个形容词，它应该和一个恰当的商品或者服务的通称连在一起使用。如果一种商品或者服务确实是首次出现，那么就不会有这种被公众普遍接受的通称的存在。在这种情况下，或是在现有的通称不便于使用的情形下——如乙酰水杨酸（阿司匹林）读起来不够朗朗上口——那么公众就会把这一标识当作其通称使用，而这将会导致商标所有者丧失其商标专用权。为了防止商标专用权丧失这一情况的发生，可以在商标之外再创造出一个通称出来，并且要引导和鼓励公众使用这一通称。"[1]

（撰稿人：周波）

---

[1] 保罗·J.勒纳、亚历山大·I.波尔托拉克：《知识产权法精要》，于东智译，中国人民大学出版社2004年版，转引自吴新华："商标与商品通用名称辨析——第1509704号'优盘'商标争议办案札记"，载《中华商标》2007年第10期。

13. 注册商标因连续三年未使用的撤销

——艺术家组合公司请求撤销索娜缇国际有限公司"MANGO"商标行政纠纷案

案件索引：北京市第一中级人民法院（2011）一中知行初字第10号，2011年12月20日判决；北京市高级人民法院（2012）高行终字第1820号，2012年12月19日判决。

基本案情

1992年4月15日，大邑国际有限公司（简称大邑公司）申请在第25类服装、内衣裤、帽子商品上注册第634764号"MANGO"商标（简称复审商标）。1993年3月20日经商标局核准注册，经续展专用权期限至2013年3月19日。

2003年4月8日，商标局受理了艺术家组合公司以连续三年停止使用为由提出的撤销复审商标的申请。

2004年3月1日，商标局作出撤2003002525号《关于复审商标连续三年停止使用撤销申请决定》，认为大邑公司在法定期限内未提交复审商标的使用证据，复审商标予以撤销。2004年3月19日，大邑公司不服商标局上述决定，向商标评审委员会申请复审，其主要理由为：2000年4月8日至2003年4月7日期间，大邑公司

"MANGO"商标的商标许可人和再许可人一直在中国大陆生产冠以复审商标的商品并将该商品销售至巴拿马。大邑公司为此向商标评审委员会提交的主要证据包括：

1. 大邑公司与索娜缇公司于1993年3月19日订立的《商标许可使用合同》原件及其对应中文译本，其中约定大邑公司允许索娜缇公司非独占性地在除台湾、香港和澳门以外的中国地区内将复审商标使用于服装、内衣裤、鞋等商品上，并且允许索娜缇公司将复审商标再许可给被许可人的零售商使用，合同有效期限自1993年3月19日起至2013年3月19日止，合同原文每页右上角标注"Tels：441-6796/6866/6286 Fax：（507）441-6340 E-MAIL：sonneti@sinfo.net"；2. 经认证的2002年5月20日索娜缇公司（买方）与绍兴凯利雅国贸物资有限公司（卖方）签署的有关合同原件，其中可见复审商标以及冠以复审商标的商品型号为M-6602和M-6603，装船港：中国上海，目的地港：巴拿马；3. 经认证的2001年11月26日就索娜缇公司购买绍兴凯利雅国贸物资有限公司所生产的冠以复审商标的商品所开具的形式发票；4. 2003年3月3日就索娜缇公司购买绍兴凯利雅国贸物资有限公司所生产的冠以复审商标的商品所开具的形式发票（装船口岸：中国上海/宁波，目的地：巴拿马，涉及的商品型号中包括M-6603）和冠以复审商标商品的照片。

2004年8月24日，经商标局核准，复审商标转让于索娜缇公司。2009年12月29日，索娜缇公司向商标评审委员会提交申请，声明承受转让人地位，参加后续的评审程序并承担相应的评审后果。商标评审委员会将本案申请人变更为索娜缇公司。

艺术家组合公司向商标评审委员会提交了答辩和质证意见，其中针对上述证据1的真实性提出质疑，认为证据1《商标许可使用合同》上所载明的邮件地址：sonneti@sinfo.net 在合同签订的1993年尚不存在，sinfo.net 在 1995 年才注册成立，并向商标评审委员会提交了关于域名 sinfo.net 的信息打印页作为反证。

2010 年 5 月 4 日，商标评审委员会作出商评字〔2010〕第 09112 号关于第 634764 号"MANGO"商标撤销复审决定（简称第 9112 号决定）。该决定认为：在案证据可以证明在 2000 年 4 月 8 日至 2003 年 4 月 7 日期间索娜缇公司在服装上使用了复审商标。依据《商标法》第四十四条第一款第（四）项、第四十九条和《商标法实施条例》第四十一条的规定，决定：复审商标在服装、内衣裤上的注册予以维持，在帽子上的注册予以撤销。

艺术家组合公司不服第 9112 号决定，提起诉讼并向法院提交了下列证据：

1.（2010）京东方内民证字第 5966 号公证书，用以证明巴拿马共和国的电话号码于 1995 年由 6 位数字升为 7 位数字；2.（2011）京东方内民证字第 1169 号公证书，用以证明巴拿马共和国的电话号码于 1995 年由 6 位数字升为 7 位数字以及 sinfo.net 域名于 1995 年 8 月 24 日注册；3. 复审商标原注册人大邑公司在香港公司注册处登记记录之证明书，用以证明大邑公司在商标评审阶段向商标评审委员会提交的证据 1 中记载的大邑公司地址与当时的情况不符。

判决与理由

北京市第一中级人民法院经审理认为，证据 1 不能直接作为商标评审委员会作出第 9112 号决定的事实根据，而且复审商标系于 2004 年 8 月 24 日才转让于索娜缇公司。因此，现有证据尚不足以证明在 2000 年 4 月 8 日至 2003 年 4 月 7 日期间索娜缇公司已经被许可使用复审商标。即使证据2、3、4能够证明索娜缇公司曾于上述期间委托绍兴凯利雅国贸物资有限公司委托加工使用复审商标的男裤等商品，但如上所述，现有证据不足以证明索娜缇公司对于复审商标的这种使用有合法有效的授权来源，未经商标权人的许可对于注册商标的使用不属于商标权人控制下的使用，其行为不能用于证明注册商标使用义务的履行。非核定使用商品上的使用不是复审商标的使用，而是未注册商标的使用或者其他注册商标的使用，即使与核定使用商品构成类似，该种使用也不会使消费者将核定使用商品与复审商标联系，不能发挥商标的功能和作用，因此不能推定是注册商标的使用。商标评审委员会在第9112号决定中，以男裤等商品与内衣裤等属于类似商品作为维持复审商标在内衣裤等商品上注册的理由，没有事实根据和法律依据，显属不当。北京市第一中级人民法院据此判决：一、撤销第9112号决定；二、商标评审委员会重新作出裁定。

商标评审委员会和索娜缇公司不服一审判决，均提起上诉。

北京市高级人民法院经审理认为，复审商标在2000年4月8日至2003年4月7日期间的注册人为大邑公司，虽然大邑公司在商标评审阶段提交了其与索娜缇公司之间签订的商标许可使用合同，但艺术家组合公司已提出相应的证据，对大邑公司与索娜缇公司之间商标许可使用合同的真实性提出质疑，在索娜缇公司未能提交充分证据加以反驳的情况下，该商标许可使用合同的真实性无法得到确认。即使大邑公司与索娜缇公司之间商标许可使用合同真实存在，在案也并无证据证明索娜缇公司与绍兴凯利雅国贸物资有限公司之间存在复审商标的许可使用合同。即使索娜缇公司获得大邑公司的许可后，有再许可他人使用复审商标的权利，绍兴凯利雅国贸物资有限公司使用复审商标标志的行为能够推定获得了索娜缇公司的许可，但这种商标许可使用人与被许可使用人之间标注商标标志的商品买卖关系，也不能被认定构成商标法意义上的商标使用行为。根据在案证据既不能认定绍兴凯利雅国贸物资有限公司使用复审商标标志的行为，构成商标法意义上的商标使用行为；也不能认定绍兴凯利雅国贸物资有限公司使用复审商标标志的行为获得了复审商标注册人的合法授权、体现了复审商标注册人的意志，是复审商标注册人的商标使用行为。综上，北京市高级人民法院判决：驳回上诉，维持原判。

评 析

2001年《商标法》第四十四条第（四）项和2002年《商标法实施条例》第三十九条第二款规定，连续三年停止使用注册商标的，任何人可以向商标局申请撤销该注册商标，并说明有关情况。商标局应当通知商标注册人，限其自收到通知之日起两个月内提交该商标在撤销申请提出前使用的证据材料或者说明不使用的正当理由；期满不提供使用的证据材料或者证据材料无效并没有正当理由的，由商标局撤销其注册商标。2013年《商标法》第四十九条第二款继承了上述有关注册商标连续三年停止使用予以撤销的规定，而且从两个方面进行了完善：一是将该类商标由"商标局责令限期改正或者撤销"，改为商标局依任何单位或者个人的申请予以撤销，商标局不再主动撤销该类商标；二是明确了申请撤销的商标限于"没有正当理由"而不使用的商标，即对于有正当理由而连续三年不使用的注册商标，不予撤销。如使用于药品的注册商标，因该药品上市审批等原因导致其连续三年不使用的，即应属于本条规定的"正当理由"。[1]

在连续三年停止使用而撤销商标注册的案件中,最为核心的问题就是如何认定商标使用的问题。较为普遍的观点认为,能够被法院接受的商标使用行为必须是"公开、真实、合法"的商标使用行为[2],但在实际操作中,对上述标准还应当结合具体案件事实加以把握。从目前的司法实践看,相关案例确立了以下规则:

一、商标使用应当起到商品来源的识别作用

注册商标的使用,既包括商标注册人自己的使用,也包括获得商标注册人许可的其他主体的使用,但这种使用必须是在商业流通领域发挥了商标区分商品或服务来源识别作用的使用。只有发挥了商品或服务来源识别作用的标志的使用,才能被认定为是商标法意义上的商标使用行为。如果仅仅是单纯地许可他人使用自己的商标或转让商标权,而许可人和被许可人或者转让人和受让人都没有对商标进行实际的使用,那么,这种行为也不能被认定为商标意义上的使用。对于这个问题,法院已有明确的界定:"这些行为仅是许可人或转让人与被许可人或受让人之间的行为,不具有面向消费者昭示商标的标识功能,因此商标权人对涉案商标的许可他人使用以及其后的转让行为均不属于商标的使用。"[3]也就是说,商标法意义上的商标使用,必须是面向社会公众的、公开的使用行为,必须与具体的商品或服务相结合,起到区分商品或服务的来源的作用。商标,应当是市场经济中商品或服务贸易中的媒介,而绝不应是交易的对

---

[1] 全国人民代表大会常务委员会法制工作委员会编:《中华人民共和国商标法释义》,法律出版社2013年版,第98页。

[2] 最高人民法院(2007)行监字第184-1号驳回再审申请通知书;胡刚:"商标法意义上的使用:'公开、真实、合法'——近期司法判例解读",载《中国专利与商标》2012年第3期,第80—87页。

[3] 北京市高级人民法院(2006)高行终字第78号行政判决书。

象本身，只有这样的商标标志的使用行为，才是商标法意义上的商标使用行为，否则，它只能是财产法领域中的一种财产而已。①

注册商标许可使用人与被许可使用人之间，或者生产标注被许可的注册商标标志的商品的委托人与受托人之间，即使有标注被许可的注册商标标志的商品买卖行为，由于此类买卖行为是在特定的市场主体之间发生的，该买卖行为的发生不是通过商标的识别作用而建立的，故在这种情况下，也难以认定是该被许可使用的商标起到了区分商品来源的作用，因而也就不能认定使用该商标标志的行为构成商标法意义上的商标使用行为。此前，法院曾在第1937137号"T.U.F及图"商标案中表达过这样的观点：注册商标许可使用人与被许可使用人之间，标识有被许可的注册商标标志的商品买卖行为，不能认定是该被许可使用商标起到区分商品来源作用的商业使用行为，因而也不能认定为商标法意义上的商标使用行为。②本案中，法院的裁判再次确认了这一规则。而这一规则的确立，无疑是对商标"公开"使用的最好诠释。

二、商标权人应有真实使用商标的明显意图

通常情况下，商标使用不应是为了维持商标注册而进行的象征性使用。比如在第1240054号"大桥DAQIAO及图"商标撤销复审案中，二审法院即指出："商标使用应当具有真实性和指向性，即商标使用是商标权人控制下的使用，该使用行为能够表达出该商标与特定商品或服务的关联性，能够使相关公众意识到该商标指向了特定的商品或服务。对于仅以或主要以维持注册效力为目的的象征性使用商标的行为，不应视为在商标法意义上使用商标。判定商标使

---

① 周波："商标使用应发挥商品来源识别作用"，载《中华商标》2013年第1期，第72页。

② 参见北京市高级人民法院（2011）高行终字第866号行政判决书。

用行为是否属于仅以或主要以维持注册效力为目的的象征性使用行为，应综合考察行为人使用该商标的主观目的、具体使用方式、是否还存在其他使用商标的行为等因素。"[1]据此，法院在该案中认定，商标注册人在涉案的三年期间内所发布的一次报纸广告和总额人民币 1800 元的销售行为仅为象征性使用，不属于诉争商标的真实使用，因而对该商标的注册予以撤销。而在第 1457817 号"TAMASHI"商标撤销复审案中，二审法院也认为，仅有的一张销售发票不足以认定复审商标在涉案三年期间内存在足以维持其注册效力的使用行为。而且，即使该销售发票及相应的销售行为属实，复审商标的该使用行为也属于以维持注册为目的的象征性使用行为，因而对诉争商标的注册予以撤销。[2]

尽管目前的司法实践通常将在撤销申请提出前较短期限内的使用视为象征性的使用，但判断商标是否"真实"使用的着眼点还是看商标权人有无真实使用诉争商标的明显意图。撤销"连续三年停止使用商标"的注册，目的在于清理长期未投入实际使用的商标，避免商标资源的浪费，因此，如果商标权人有真实使用商标的意图，但只是由于主客观的原因而导致数量较少，则不能因此而剥夺商标注册人继续使用其商标的权利。美国第九巡回法庭曾创立了一个明确的规则：即便一次真实、善意的使用也能够阻却商标被撤销。[3]欧共体法院也认为不能预设一个最低使用数量的门槛，而应当综合考虑各种因素，如果商业上确实能有合理的理由，即使数量不大或只

---

[1] 北京市高级人民法院（2010）高行终字第 294 号行政判决书。
[2] 参见北京市高级人民法院（2011）高行终字第 264 号行政判决书。
[3] J. Thomas McCarthy: *McCarthy on Trademarks and Unfair Competition* (4th Edition). 2012：§17:14.

是一个国家的进口商的使用也可以满足实际使用的要求。[1]因此，判断商标权人是否具有使用意图，对于区分少量的商标使用与商标的象征性使用具有重要意义。此外，如果商标权人在撤销注册申请前已经恢复诉争商标的真实使用并能够持续一定的时间，则"连续三年停止使用"撤销督促商标使用的目的已经达到，在此种情形下对该注册商标仍然予以撤销则不符合立法目的。

三、合法性审查仅以商标法的相关规定为限

法律对商标专用权给予保护，但商标的使用本身也应当是合法的。但对商标使用是否合法的判断标准，实践中却有一个演进的过程。

最高人民法院在第738354号"康王"商标撤销复审案中曾指出："从商标法第四十五条的规定来看，判断商标使用行为合法与否的法律依据，并不限于商标法及其配套法规。对于违反法律法规强制性、禁止性规定的经营活动中的使用商标行为，如果认定其法律效力，则可能鼓励、纵容违反行为，与商标法有关商标使用行为规定的本意不符。"[2]因此，对于当事人在违反化妆品生产许可和卫生许可方面的强制性规定的情况下进行的商标使用行为，不能认定为合法的商标使用行为。

但是，在第1372099号"卡斯特"商标撤销复审案中，最高人民法院修正了上述观点，认为《商标法》第四十四条第（四）款的"立法目的在于激活商标资源，清理闲置商标，撤销只是手段，而不是目的。因此，只要在商业活动中公开、真实的使用了注册商标，且注册商标的使用行为本身没有违反商标法律规定，则注册商标权利人已经尽到法律规定的使用义务，不宜认定注册商标违反该项规定。"

---

[1] 李顺德等：《欧盟知识产权法》，法律出版社2010年版，第484页。
[2] 最高人民法院（2007）行监字第184-1号驳回再审申请通知书。

因此，该案中当事人使用诉争商标有关的其他经营活动是否违反进口、销售方面的法律规定，并非《商标法》第四十四条第（四）项所要规范和调整的问题。①

法律制度虽然需要体系内部的相互配合，但每一个部门法都有其自身的使命和任务。要求每一部具体法律或者每一法律条款都要顾及其他法律的调整对象，显然是不适当的也是不现实的。对于商标是否构成"合法"使用，还是应当从商标法意义上加以判断。最高人民法院在"卡斯特"案中的做法，卸下了商标使用合法性判断过程中的不适当的包袱，还原了商标法本来的面目，是值得充分肯定的。

四、商标使用应体现商标全部显著识别部分

在商标的实际使用过程中，商标标志可能发生变化。对此，《商标法》的态度是明确的，即注册商标在使用过程中应当按照核准注册的商标标志为准，需要改变其标志的，应当重新提出注册申请。同时，《商标法》还规定，商标注册人在使用注册商标的过程中，自行改变注册商标的，工商行政部门将限期改正，期满不改正的，还将撤销商标的注册。但是，由于连续三年未使用而撤销商标注册的制度在于督促商标的实际使用，避免商标资源的闲置，因此在此类案件中，只要实际使用的商标标志并未改变其主要识别部分、仅是商标标志中的某些细微部分发生变化的，还是会认定为是符合条件的商标使用行为的，相关的商标注册还是会得到维持的。相反，如果实际使用的商标标志并未完全体现出注册商标的全部显著识别部分，则这种对商标标志的部分使用是不能够起到维持商标注册的效力的。比如在第1092823号"铁力士TINIT"商标撤销复审案中，

---

① 最高人民法院（2010）知行字第55号行政裁定书。

商标权的撤销

相关证据显示，当事人在广告中使用的商标标志为中文"鐵力士"和英文"LISHIX"的组合。二审法院认为，此种使用方式虽然可以认定其使用了诉争商标中的中文部分，但诉争商标中的英文部分"TINIT"亦为其显著识别部分。而"鐵力士"与其他英文字母组合形成的商标标志与诉争商标标志形成了较大差异，即使广告中标注了诉争商标的注册号，也仍然不能视为是诉争商标的使用。[①]

（撰稿人：周波）

[①] 北京市高级人民法院（2013）高行终字第 303 号行政判决书。

商标权的无效宣告

14. 驰名商标对恶意注册的商标提起无效宣告不受时限限制

——四川绵竹剑南春酒厂有限公司请求宣告深圳市宝松利实业有限公司"锦竹JINZHU及图"商标无效行政纠纷案

案件索引：北京市第一中级人民法院（2012）一中知行初字第3359号，2012年12月18日判决。

基本案情

第212759号"锦竹JINZHU及图"（见图一）商标（以下称争议商标）由四川省璧山县酒厂于1984年2月15日提出注册申请，1984年9月15日核准注册，核定使用在第33类酒商品上。该商标注册人于1995年3月名义变更为重庆市璧山县酒厂，1999年10月该商标转让予四川省绵竹绵窖酒厂，2000年7月转让予重庆传世实业有限公司，2008年9月转让予深圳市宝松利实业有限公司（以下称被申请人）。

第112495号"绵竹及图"（见图二）商标（以下称引证商标）由四川省绵竹县酒厂最先申请注册，1979年10月31日核准注册，指定使用在第33类酒商品上。该商标后经多次变更、转让及续展，

商标权的无效宣告

商标所有人为四川绵竹剑南春酒厂有限公司（以下称申请人）。

图一　　　　　　　　　　图二

　　2010年6月7日，申请人对争议商标提出争议申请，主要理由为："绵竹"酒历史悠久，自1954年申请人就开始在全国独占使用，并于1979年10月31日获准注册，其在争议商标申请日之前就已达到驰名状态。被申请人利用争议商标与引证商标高度近似，在实际使用中仿冒申请人特有的包装装潢，以引起消费者对商品来源的混淆和误认，严重损害了申请人的合法权益，构成2001年《商标法》第十三条第二款所指情形，争议商标应予撤销。

　　被申请人在规定期限内未答辩。

　　商评委经审理认为，争议商标于1984年9月15日获准注册，至2010年6月7日本案申请人提出争议申请时，已超过五年。但依据2001年《商标法》第四十一条第二款的规定，已注册的商标，违反本法第十三条、第十五条、……第三十一条规定的，自商标注册之日起五年内，商标所有人或者利害关系人可以请求商标评审委员会裁定撤销该注册商标。对恶意注册的，驰名商标所有人不受五年的时间限制。

　　根据申请人提交的证据可以证明，绵竹大曲具有悠久的历史，早在1922年就已在四川省销售，先后获得劝业会一等奖等奖项，并被当时的政府所承认。新中国成立后，绵竹大曲一直生产使用，获得了多项荣誉，在1979年申请注册了引证商标后，产品畅销全国并持续使用至今，在相关公众中积累了较高的知名度，因此在争议商标申请注册日之前，申请人的引证商标"绵竹及图"构成了《商标法》第十四条所述的驰名商标。

争议商标原权利人四川省绵竹绵窖酒厂和被申请人对申请人引证商标的知名度应当知晓，且该两主体曾多次摹仿申请人绵竹大曲酒包装装潢的行为被当地工商行政管理机关予以处罚，该处罚决定在绵竹市、德阳市两级法院的生效判决中予以确认，其主观恶意明显，故本案不受《商标法》第四十一条第二款所指的五年期限限制。

争议商标文字"锦竹"与引证商标文字"绵竹"在字形和视觉效果上极为相近，虽然争议商标申请注册时间较早，但在核准注册之后，几经转让，尤其是四川省绵竹绵窖酒厂和被申请人深圳市宝松利实业有限公司利用"锦竹"和"绵竹"文字字形近似，通过模仿包装装潢等不正当竞争行为进一步在市场上造成混淆，已产生了不良市场效果，损害了申请人驰名商标的合法权益。综上，争议商标已构成《商标法》第十三条第二款所指的情形，应予撤销注册。

被申请人不服商评委做出的第29989号裁定，向北京市第一中级人民法院提起行政诉讼。

判决与理由

一审法院经审理认为：本案争议商标于1984年9月15日核准注册，商评委于2012年7月9日做出第29989号被诉裁定，且本案涉及2001年《商标法》第十三条的相关规定。依据《最高人民法院关于审理商标案件有关管辖和法律适用范围问题的解释》第五条和2002年《商标评审规则》第五十九条第一款的有关新旧法适用的规定，本案应适用 2001 年《商标法》的相关规定进行评审。

本案虽然争议商标与引证商标使用在相同商品上，该情形与 2001 年《商标法》第十三条第二款的具体表述并不完全对应，但对涉及驰名商标的评审申请适用较长的评审期限，才能体现《商标法》对驰名商标加以特殊保护的立法本意。因此，本案可以适用 2001 年《商标法》第十三条第二款的规定。

我国虽然自 2001 年修改《商标法》之后，才开始明确规定对驰名商标的跨类保护，但商标驰名是对某时期该商标是否为相关公众广为知晓并享有较高声誉的事实状态的判断。因此，并不意味着对 1984 年时的商标不能进行达到驰名状态的认定。

2001 年《商标法》第四十一条第二款规定，对恶意注册的，驰名商标所有人不受五年的时间限制。在案证据可以证明，在争议商标申请注册日之前，引证商标已经构成《商标法》第十四条所述的驰名商标。本案中，争议商标文字"锦竹"和引证商标文字"绵竹"在字形和视觉效果上极为近似。争议商标原申请人与引证商标权利人同处四川省，对争议商标的知名度应当知晓，其仍将与引证商标相近的争议商标加以注册，已经能够表明其摹仿、攀附引证商标的故意。其次，虽然争议商标注册时间较早，但其核准注册后几经转让，争议商标原权利人四川省绵竹绵窖酒厂和现权利人深圳市宝松利实业有限公司利用"锦竹"和"绵竹"文字字形近似，多次摹仿剑南春公司绵竹大曲酒包装装潢并被当地工商行政管理机关予以处罚，该行为进一步在市场上造成混淆，已产生了不良市场效果。故，从争议商标的转让情况以及不同时期权利人的行为来看，可以证明争议商标申请注册之时即非善意，现在争议商标已经成为宝松利公司及其他具有不良企图的人摹仿驰名商标"绵竹"的工具，且四川省绵竹绵窖酒厂和宝松利公司的不正当竞争行为在实际中加大了相关公众的混淆误认，损害了剑南春公司驰名商标的合法权益。综上，争议商标已构成2001年《商标法》第十三条第二款所指情形，应予撤销注册。第29989号裁定认定事实清楚，适用法律正确，程序合法，判决维持。

一审宣判后，各方当事人均未提起上诉，判决已发生法律效力。

评　析

现行《商标法》对驰名商标的保护体现在第十三条第二款在相同或者类似商品上对未注册的驰名商标的保护、第十三条第三款在不相同或者不相类似的商品对已注册的驰名商标的保护以及第四十五条第一款对提起保护请求时限的规定，本案主要涉及《商标法》第十三条第三款及其适用时限的规定。

《商标法》第十三条第三款规定："就不相同或者不相类似商品申请注册的商标是复制、摹仿或者翻译他人已经在中国注册的驰名商标，误导公众，致使该驰名商标注册人的利益可能受到损害的，不予注册并禁止使用。"该条款的适用需要满足以下三个要件：一是他人商标在系争商标申请日前已经驰名且已经在中国注册；二是系争商标构成对他人驰名商标的复制、摹仿或者翻译；三是系争商标在与他人驰名商标核定使用的商品不相同或者不相类似商品上注册或使用，会误导公众，致使该驰名商标注册人的利益可能受到损害。此外，若他人在提出无效宣告请求时系争商标注册已满五年，还须证明系争商标为恶意注册。因此，本案的争议焦点在于该条款在相同或者类似商品上复制、摹仿或者翻译他人已经在中国注册的驰名商标情形上的适用，以及恶意注册的判定。

一、已注册驰名商标在相同或类似商品上获得保护的法条适用问题

《商标法》第十三条的立法目的是基于驰名商标高知名度、易受他人不当攀附的特点，从保护驰名商标所有人利益和维护公平竞争及消费者权益出发，给予驰名商标较之普通商标更强的保护。鉴于《商标法》第三十条已经对与他人在先注册的商标构成使用在相同或类似商品上的相同或近似商标的情形予以了规制，《商标法》第十三条仅仅规定了在相同或者类似商品上对未注册驰名商标的保护，以及在不相同或者不相类似的商品对已注册驰名商标的保护。因此，从维护《商标法》第十三条和第三十条之间的法律适用平衡以及遵循驰名商标被动保护、按需认定的角度出发，就相同或类似商品上申请注册的商标属于复制、摹仿或者翻译他人已注册驰名商标的情形，原则上不应适用《商标法》第十三条而应适用第三十条的规定予以制止。

但是，在他人提出无效宣告请求时系争商标注册已满五年，且系争商标是恶意注册的情况下，不应僵硬适用法条，仅仅因为该情形与《商标法》第十三条的具体表述并不完全对应，就认定仅可适用第三十条规定，进而适用五年的无效宣告请求期限，剥夺驰名商标注册人请求无效宣告的权利。从《商标法》第十三条的立法本意出发，考虑法律的当然解释方法，在相同或者类似商品上复制、摹仿或者翻译他人已经注册的驰名商标的情形，相对于在不相同或者不类似商品上更有获得驰名商标特殊保护的理由。因此，对于在相同或者类似商品上复制、摹仿或者翻译他人已经在中国注册的驰名商标，在他人提出无效宣告请求时注册已满五年且属恶意注册的，应适用《商标法》第十三条第三款（2001年《商标法》第十三条第二款）予以规制。

二、驰名商标的认定

《商标法》第十四条第一款规定："认定驰名商标应当考虑下列因素：（一）相关公众对该商标的知晓程度；（二）该商标使用的持续时间；（三）该商标的任何宣传工作的持续时间、程度和地理范围；（四）该商标作为驰名商标受保护的记录；（五）该商标驰名的其他因素。"判定商标是否构成驰名商标应综合考虑上述因素，不以商标必须满足全部因素为前提。其中，需要注意的有：

（一）相关公众的界定

"相关公众"是驰名商标判定中的一个重要概念，其具有地域性与相关性两个特点。"地域性"是指应以中国境内的公众对某商标的知晓程度作为驰名与否的判断标准，不得要求该商标在别的国家（地区）也构成驰名，同理在别国和地区的驰名情况不能证明在中国境内驰名。"相关性"是指应以与请求保护的商标使用商品/服务密切相关的公众对该商标的知晓程度作为驰名与否的判断标准，包括但不限于以下情形：1.商标所标识的商品的生产者或者服务的提供者；2.商标所标识的商品/服务的消费者；3.商标所标识的商品/服务在经销渠道中所涉及的经营者和相关人员等。

（二）证据要求

实践中，认定驰名商标的参考因素可由下列证据材料予以证明：（1）该商标所使用的商品/服务的合同、发票、提货单、银行进账单、进出口凭据等；（2）该商标所使用的商品/服务的销售区域范围、销售网点分布及销售渠道、方式的相关资料；（3）涉及该商标的广播、电影、电视、报纸、期刊、网络、户外等媒体广告、媒体评论及其他宣传活动资料；（4）该商标所使用的商品/服务参加展览会、博览会的相关资料；（5）该商标的最早使用时间和持续使用情况的相关资料；（6）该商标在中国、外国及有关地区的注册证明；（7）商标行政主管机关或者司法机关曾认定该商标为驰名商标并给予保护的相关文件，以及该商标被侵权或者假冒的情况；（8）具有公信力的权威机构、行业协会公布或者出具的涉及该商标所使用的商品/服务的销售额、利税额、产值的统计及其排名、广告额统计等；（9）该商标的获奖情况；（10）其他可以证明该商标知名度的资料。这些证据原则上以系争商标申请日之前的证据为限，且需综合考虑，不以必须满足上述所有证据形式为前提。

本案中，四川绵竹剑南春酒厂有限公司提交了大量证据证明引证商标在争议商标申请日前已经在酒类商品上具有较高知名度，包括：1. 商标使用历史。《绵竹县志》记载：1922年绵竹大曲获四川省劝业会一等奖，1928年获四川省国货展览会奖章、奖状；《绵竹工商局志》记载：1954年绵竹酒厂使用的"绵竹牌"商标，是我县在新中国成立后使用注册商标最早的企业，并一直使用至今；绵竹县工商局清理登记上报汇总表（1979年）记载：绵竹酒厂使用"绵竹牌"商标信息；四川省绵阳地区商业局文件（81）字第360号《关于绵竹大曲厂、销价格问题的报告》记载：……绵竹大曲仍然是供不应求；四川省优质产品汇编（1979—1985）中收录了申请人绵竹大曲酒；中国酒杂志（辽宁人民出版社出版）中记载：绵竹牌双沙醒色酒在解放前就负有盛名，1951年恢复生产，1963年被评为四川优质产品，并陆续获得了多项荣誉和奖项。2. 商标使用商品纳税情况。2010年8月24日四川省绵竹市国家税务局出具的情况说明：1984年1月6日税字第2920028号、2920031号"四川省税务系统专用缴款书"中大曲系指绵竹大曲，二曲系指绵竹二曲，该情况说明所涉及的两份专用缴款书填发日期均为1984年1月6日，税款所属时间分别为1983年11月、1983年12月。3. 商标知名度及保护情况。湖南省高级人民法院民事判决书［（2010）湘高法民三终字第11号］

中认定：绵竹大曲酒始酿于清朝康熙初年，解放前已畅销全国，并获得了多项荣誉，至今已取得了较好的市场声誉；引证商标获得了优质白酒精品、食品卫生信得过产品等荣誉称号以及全国第二届名牌消费品信誉度调查（酒类）第三名、全国市场畅销十大主导品牌、四川省名牌产品等诸多荣誉。

综合考虑上述证据，商评委认定在争议商标申请注册日之前，申请人的引证商标"绵竹及图"构成了《商标法》第十四条所指的驰名商标。

三、复制、摹仿或者翻译他人驰名商标的判定

复制是指系争商标与他人驰名商标相同；摹仿是指系争商标沿袭他人驰名商标的显著部分或者显著特征；翻译是指系争商标将他人驰名商标以不同的语言文字予以表达，且该语言文字已与他人驰名商标建立对应关系，并为相关公众广为知晓或者习惯使用。

值得注意的是，虽然"复制、摹仿或者翻译"是带有主观目的性的动词，但不可对此望文生义，认为其包含了他方应具有恶意攀附驰名商标意图的要求。"复制、摹仿或翻译"其实是直接对《巴黎公约》第六条之二相关规定的翻译，《商标法》第四十五条第一款区别"恶意"注册的特殊规定也是源自《巴黎公约》第六条之二的规定。从《商标法》第四十五条第一款的规定可以推出，"对他人驰名商标的复制、摹仿或者翻译"可能存在恶意和纯属巧合两种情况，否则无须一方面规定依据第十三条规定请求无效宣告的，应自商标注册之日起五年内提出，另一方面又特别规定恶意注册的，驰名商标所有人不受五年的时间限制。

本案中，争议商标与引证商标构图元素基本相同，均包括汉字、拼音、注册商标字样及竹子图形，且属于显著识别与呼叫部分的文字"锦竹"与"绵竹"在字形和视觉效果上极为近似，因此，应判

定争议商标构成了对引证商标的摹仿。

四、误导公众，致使该驰名商标注册人的利益可能受到损害的判定

现行《商标法》第十三条第三款为已注册驰名商标提供了"跨类保护"，但需要强调的是，并非在案证据可以证明引证商标构成驰名商标，其即可以在其他四十四类商品或服务上均获得"跨类保护"。驰名商标获得"跨类保护"的前提是系争商标在与他人驰名商标核定使用的商品不相同或者不相类似商品上注册或使用，会误导公众，致使该驰名商标注册人的利益可能受到损害。

依据《最高人民法院关于审理涉及驰名商标保护的民事纠纷案件应用法律若干问题的解释》第九条规定："足以使相关公众认为被诉商标与驰名商标具有相当程度的联系，而减弱驰名商标的显著性、贬损驰名商标的市场声誉，或者不正当利用驰名商标的市场声誉的，属于商标法第十三条第二款规定的'误导公众，致使该驰名商标注册人的利益可能受到损害'。"

实践中，对于知名度高、独创性强、使用在日常消费品或服务上，相关公众为普通大众的驰名商标，在系争商标与之高度近似的情况下，对其保护的范围应相对放宽。例如在若干商标行政诉讼案件中，法院认定"伊利"为在牛奶和牛奶制品上的驰名商标，跨类保护至洗发水、计算机等商品；认定"百度"为互联网搜索引擎服务上的驰名商标，跨类保护至避孕套等商品；认定"佐丹奴"为服装上的驰名商标，跨类保护至卫生巾、哈达、寿衣等商品；认定"七匹狼及图"商标为服装上的驰名商标，跨类保护至水管龙头、暖气片等商品；认定"美孚"为石油化工产品上的驰名商标，跨类保护至化肥等商品；认定"卡西欧"为电子计算器、电子表、电子音乐仪器商品上的驰名商标，跨类保护至地漏等商品；认定"欧珀莱"、

"AUPRES"为化妆品商品上的驰名商标，跨类保护至香肠肠衣、避孕套等商品；认定"中信"为金融服务上的驰名商标，跨类保护至抽水马桶等商品；认定"香奈儿"为化妆品、衣服上的驰名商标，跨类保护至卫生巾等商品。

本案中，虽然争议商标与引证商标核定使用在相同商品上，但鉴于是适用2001年《商标法》第十三条第二款的规定，因此仍然需要对争议的商标的注册是否会误导公众，致使引证商标注册人的利益可能受到损害的判定。在案证据可以证明，争议商标的原权利人四川省绵竹绵窖酒厂和现权利人深圳市宝松利实业有限公司利用"锦竹"和"绵竹"文字字形近似，通过模仿包装装潢等不正当竞争行为意图在市场上进一步造成混淆，并已产生了不良市场效果，已经构成误导公众，损害引证商标注册人的合法权益。

五、恶意注册的判定

依据《商标法》第四十五条第一款的规定，复制、摹仿或者翻译他人驰名商标申请注册的，自该商标注册之日起五年内，驰名商标所有人或者利害关系人可请求商标评审委员会宣告该系争商标无效，但对属于恶意注册的，驰名商标所有人请求宣告系争商标无效不受五年的时间限制。因此，对于他人提出无效宣告请求时系争商标注册已满五年的案件，系争商标为恶意注册是驰名商标所有人或者利害关系人可以获得《商标法》第十三条保护的前提。

判定系争商标申请人是否具有恶意可考虑下列因素：（1）系争商标申请人与驰名商标所有人曾有贸易往来或者合作关系；（2）系争商标申请人与驰名商标所有人共处相同地域或者双方的商品／服务有相同的销售渠道和地域范围；（3）系争商标申请人与驰名商标所有人曾发生其他纠纷，可知晓该驰名商标；（4）系争商标申请人与驰名商标所有人曾有内部人员往来关系；（5）系争商标申请人注册后具有以牟取不当利益为目的，利用驰名商标的声誉和影响力进行误导宣传，胁迫驰名商标所有人与其进行贸易合作，向驰名商标所有人或者他人索要高额转让费、许可使用费或者侵权赔偿金等行为；（6）驰名商标具有较强独创性；（7）其他可以认定为恶意的情形。

本案中，四川绵竹剑南春酒厂有限公司提交了大量证据证明争议商标的原权利人四川省绵竹绵窖酒厂和现权利人深圳市宝松利实业有限公司的侵权事实，包括：（1）四川省绵竹市人民法院民事判决书〔（2000）绵竹经初字第9号〕中认定：申请人"绵竹牌"绵竹大曲属于知名商品，四川省绵竹绵窖酒厂生产的"锦竹"牌锦竹大曲的包装装潢与申请人知名商品的包装装潢相近似，属于不正当竞争的行为。（2）四川省绵竹市工商行政管理局2009第20号行政处罚书认定：四川省绵竹绵窖酒厂委托他人加工生产的锦竹大曲白酒交由深圳市宝松利实业有限公司经销，产品与申请人绵竹大曲酒包装装潢近似。该处罚决定书经绵竹市、德阳市两级法院予以维持。（3）湖南省高级人民法院民事判决书〔（2010）湘高法民三终字第11号〕中认定：深圳市宝松利实业有限公司使用与申请人"绵竹大曲"近似的"锦竹大曲"文字的行为构成对申请人商标的侵权，亦构成对申请人"绵竹大曲"知名商品特有名称权的侵权。（4）深圳市宝松利实业有限公司法定代表人谢月长在香港成立四川省剑南春酒厂（香港）有限公司，香港高等法院判决：剑南春香港公司在所有登记的档案中将"剑南春"、"JIANNANCHUN"字样从名称中移除。

综合在系争商标申请注册日之前引证商标使用时间较长，知名度较高，争议商标与引证商标高度近似，争议商标的注册申请人与引证商标所有人同处四川省，以及其原权利人四川省绵竹绵窖酒厂和现权利人深圳市宝松利实业有限公司的一系列侵权事实等因素，应判定争议商标属于恶意注册，本案应不受五年请求无效宣告期限的限制。

（撰稿人：徐琳）

15. 代理人或者代表人抢注被代理人或者被代表人商标的认定

——重庆正通药业有限公司请求宣告四川华蜀动物药业有限公司"头包西灵Toubaoxiling"商标无效行政纠纷案

案件索引：北京市第一中级人民法院（2005）一中行初字第437号，2005年12月8日判决；北京市高级人民法院（2006）高行终字第93号，2006年4月3日判决；最高人民法院（2007）行提字第2号，2007年8月31日判决。

基本案情

重庆正通药业有限公司（以下称正通公司）在经重庆市农业局审批取得兽药商品名称"头孢西林"后与四川华蜀动物药业有限公司（以下称华蜀公司）签订了《关于专销"头孢西林"产品的协议书》（以下称专销协议）。专销协议约定，正通公司授权华蜀公司在全国区域内专销"头孢西林"粉针产品，正通公司不得销售该产品，华蜀公司不得生产该产品，否则视为违约；华蜀公司负责该产品的包装设计、销售宣传策划和产品定价等。在专销协议有效期内，华蜀公司未经正通公司授权申请注册了与其商品名称相近似的第3304260号争议商标"头包西灵Toubaoxiling",核定使用商品为第5类的"兽医用制剂、兽医用药"等。后双方专销协议终止,并约定正通公司不得生产印有华蜀公司商标"华蜀"的"头孢西林";华蜀公司不得生产印有"正通公司生产"字样及该公司批文标示的"头孢西林"产品。正通公司向国家工商总局商标评审委员会(以下称商评委)提出争议,请求撤销华蜀公司上述注册商标。商评委经审理认为,《商标法》第十五条中的"代理人"包括基于商事业务往来而可以知悉被代理人商标的经销商,正通公司与华蜀公司基于专销协议形成代理关系,华蜀公司未经授权申请注册争议商标违反了本条规定,裁定撤销争议商标。华蜀公司不服商评委裁定提起诉讼。

判决与理由

一审法院经审理判决支持了商评委对《商标法》第十五条的理解与适用,维持了商评委裁定。华蜀公司不服一审判决提起上诉,二审法院经审理认为,《商标法》第十五条的"代理人和代表人"仅指"商标代理人和商标代表人",华蜀公司与正通公司并未构成代理关系,华蜀公司通过履行专销协议的包装、宣传、销售等行为使"头孢西林"商品名称商标化,"头孢西林"应当被视为华蜀公司的未注册商标并判决撤销了一审判决和商评委裁定。

商评委和正通公司均不服二审判决,向最高人民法院申请再审,这是我国实行商标确权司法审查制度以来的首例再审案件。最高人民法院经审理认为,《商标法》第十五条规定的代理人包括总经销(独家经销)、总代理(独家代理)等特殊销售代理关系意义上的代理人、代表人;正通公司与华蜀公司基于专销协议形成的是一种相当于独家销售性质的专销关系,华蜀公司据此获得了独家销售资格,属于《商标法》第十五条规定意义上的销售代理人;"头孢西林"商品名称是正通公司通过行政审批而原始取得的特有药品名称,不因华蜀公司在双方专销协议存续期间的使用行为而改变归属,在双方专销协议终止后仍归属于正通公司。综上,最高人民法院判决撤销二审判决,维持一审判决。

评　析

本案的争议焦点有三:一是商标法上代理人或者代表人的理解;二是商品名称与商标的关系;三是商品名称和商标的权益归属确定。

一、《商标法》第十五条中"代理人和代表人"的含义

《商标法》第十五条规定:"未经授权,代理人或者代表人以自己的名义将被代理人或者被代表人的商标进行注册,被代理人或者被代表人提出异议的,不予注册并禁止使用。"对本条中"代理人和代表人"概念有三种不同的理解:(一)代理人仅指商标代理人,即接受商标注册申请人或者商标注册人的委托,在委托权限范围内,代表其委托人办理商标注册申请、请求查处侵权案件或者办理其他有关商标事宜的人。代表人仅指商标代表人,即代表本企业办理商标注册和其他商标事宜的人。(二)代理人和代表人仅指民法意义上的代理人和代表人,不包括经销商。(三)代理人不仅包括《民法通则》、《合同法》规定的代理人,也包括基于商事业务往来而可以知悉被代理人商标的经销商;代表人是指具有从属于被代表人的特定身份,执行职务行为而可以知悉被代表人商标的个人,

包括法定代表人、董事、监事、经理、合伙事务执行人等人员。本案中，二审判决与商评委、一审判决的分歧主要集中在对《商标法》第十五条中"代理人"的理解上，故有必要从立法渊源、立法宗旨和意图出发，并参照国际条约和国际惯例，确定"代理人和代表人"的含义。

（一）厘清立法渊源，对"代理人和代表人"的理解应与国际条约和国际惯例相一致

根据1993年《商标法实施细则》第二十五条第一款第（三）项规定，"未经授权，代理人以其名义将被代理人的商标进行注册的"属于以不正当手段取得注册的行为，应予制止。2001年修改商标法时将该条上升为现行《商标法》第十五条，并参照《巴黎公约》六条之七增加了禁止代表人抢注被代表人商标的规定。2013年修改商标法保留了原条文，但鉴于实践中出现了因代理合同或者代表合同以外的合同关系、业务往来关系或者其他关系的抢注行为，因此增加了一款规定，即第十五条第二款"就同一种商品或者类似商品申请注册的商标与他人在先使用的未注册商标相同或者近似，申请人与该他人具有前款规定以外的合同、业务往来关系或者其他关系而明知该他人商标存在，该他人提出异议的，不予注册。"

正如最高人民法院再审判决所指出的，"商标法第十五条的规定既是为了履行巴黎公约第六条之七规定的条约义务，又是为了禁止代理人或者代表人恶意注册他人商标的行为。"鉴于《商标法》第十五条的立法渊源，并参照《最高人民法院关于审理国际贸易行政案件若干问题的规定》第九条关于"人民法院审理国际贸易行政案件所适用的法律、行政法规的具体条文存在两种以上的合理理解，其中有一种理解与中华人民共和国缔结或者参加的国际条约的有关规定相一致的，应当选择与国际条约的有关规定相一致的理解，但

中华人民共和国声明保留的条款除外"的规定，对其中"代理人和代表人"的理解应当与国际条约及其国际惯例相一致。

《巴黎公约》六条之七规定："如果本联盟一个国家的商标所有人的代理人或者代表人，未经该所有人授权而以自己名义向本联盟一个或者一个以上的国家申请注册该商标，该所有人有权反对所申请的注册或者要求取消注册，或者，如该国法律允许，该所有人可以要求将该项注册转让给自己，除非该代理人或者代表人能证明其行为是正当的。"《保护工业产权巴黎公约指南》指出，对本条中"代理人和代表人"的法律含义不能作狭义理解，本款也适用于使用商标的商品的销售商以自己名义申请注册该商标的情形。[①]

《巴黎公约》六条之七调整的是联盟中一成员国的商标所有人与其在联盟中他国的代理人或者代表人之间有关后者注册或者使用其商标的关系，旨在制止后者未经授权的抢注行为，其中的"代理人和代表人"主要是指国际贸易中的销售代理人和销售代表人。经销商抢注商标所有人商标完全符合代理人和代表人"明知商标所有人的商标而进行抢注"的基本特征，上述国际条约的解释和国际惯例认为经销商也属于代理人和代表人之列，而未对代理人和代表人的含义作严格区分。上述三种理解均严格区分代理人和代表人进行解释并不妥当。其中，第一种和第二种理解与国际条约和国际惯例不符，第三种关于"代理人"的理解与国际条约相一致。

（二）对"代理人和代表人"的理解应与立法宗旨和立法意图相一致

2001年《商标法》第十五条保护代理关系和代表关系中商标所

[①] 〔奥地利〕博登浩森：《保护工业产权巴黎公约指南》，汤宗舜、段瑞林译，中国人民大学出版社2003年版，第306页。

有人的商标、《商标法》第十三条第一款保护在先驰名的未注册商标、第三十一条保护在先使用并具有一定影响的商标，这些条款共同构建成我国《商标法》适度保护未注册商标、制止抢注行为的基本体系。其中，第十三条第一款要求在先未注册商标已经驰名、第三十一条要求在先使用商标具有一定影响、第十五条要求双方存在代理关系或者代表关系，都是为了证明抢注人知晓他人商标。上述条款所共同遵循的立法宗旨是诚实信用原则，所要实现的立法意图是制止抢注商标的不正当竞争行为。商品销售代理或者销售代表关系中的代理人或者代表人知晓商标所有人的商标，商品的经销商自然也知晓商标所有人的商标，经销商和代理人或者代表人抢注商标所有人商标在本质上都是违反诚信原则的不正当竞争行为。因此，《商标法》第十五条中"代理人和代表人"的立法本意应当包括商标所有人商品的经销商。

上述第一种将"代理人"理解为商标代理人既改变了法律的用语和概念，也不符合《商标法》第十五条的立法本意和立法宗旨。因为，《商标法》第十五条的立法用语是"代理人"，而上述第一种理解却将其限定为"商标代理人"，然后对"商标代理人"作出解释。而且，本条中"代理人"所涵盖的范围明显大于"商标代理人"，第一种理解不符合本条的立法本意，不适当地限制了本条的适用范围。上述第二种将"代理人"理解为民法意义上的代理人遵循了民法为商标法上位法的原则，但将"经销商"排除在"代理人"之外，就无法制止实践中大量发生的经销商抢注他人商标的行为。因此，此种理解也不利于倡导市场主体诚实守信和维护公平竞争，并不完全符合本条的立法宗旨。

综上，对《商标法》第十五条中"代理人和代表人"宜作广义的解释，即不仅包括民法上的代理人和代表人（含商标代理人和商标代表人），还包括销售代理或者销售代表关系中的代理人、代表人（含经销商）。[①]本案中，正通公司与华蜀公司之间的专销协议关于"正通公司将'头孢西林'粉针产品授权华蜀公司在全国区域内专销，正通公司不得销售该产品，华蜀公司不得生产该产品，否则视为违约"的约定表明，双方之间形成的是一种相当于独家销售性质的代理关系，正通公司是生产者，华蜀公司据此获得了独家销售资格，是正通公司"头孢西林"产品的销售者，属于《商标法》第十五条规定意义上的销售代理人，故双方之间存在销售代理关系。

二、商品名称与商标的关系

商品名称的功能在于说明商品的性质、功能、用途、成分或者原料，而商标的功能在于直接表示和区分商品来源。依据《商标法》第十一条第一款第（一）项的规定，商品的通用名称不得作为商标注册。但商品名称和商标的区别是相对的，若商标持有人使用不当，商标也可能失去区分商品来源的作用，退化为通用的商品名称。反之，非通用的商品名称或者经过长期使用，或者本身就可以起到区分商品来源的作用即具有商标意义，前者如《反不正当竞争法》第五条第（二）项所规定的知名商品的特有名称，[②]后者如经主管部门审批

[①] 本案再审判决认为，为制止因特殊经销关系而知悉或使用他人商标的销售代理人或代表人违背诚实信用原则、抢注他人未注册商标的行为，对《商标法》第十五条规定的代理人应当作广义的理解，不只限于接受商标注册申请人或者商标注册人委托、在委托权限范围内代理商标注册等事宜的商标代理人、代表人，而且还包括总经销（独家经销）、总代理（独家代理）等特殊销售代理关系意义上的代理人、代表人。因本案华蜀公司构成独家经销商，对再审判决关于代理人和代表人的解释适用于本案不会存有异议，但对于总经销、总代理以外的（次级）经销商抢注商标所有人商标的法律适用，仍有可能存在分歧。

[②] 根据《最高人民法院关于审理不正当竞争民事案件应用法律若干问题的解释》第二条的规定，具有区别商品来源的显著特征的商品的名称，应当认定为特有名称。

并享有专用权的兽药和农药①的特有商品名称,均应当受到法律保护。

本案二审判决认为,正通公司"仅在申请兽药生产许可证时取得的名称不属于知名商品所特有的名称","'头孢西林'商品名称在客观上起到商标所具有的昭示商品来源的功能系华蜀公司的突出宣传、销售等使用行为的结果",即"华蜀公司通过自己使用'头孢西林'商品名称,使该商品名称商标化"。这一错误认识的根源在于混淆了兽药的商品名称、知名商品特有名称与商标的关系,认为只有知名兽药商品的特有名称才构成商标。农业部于1998年3月10日发出的《关于加强兽药名称管理的通知》第二条和第三条分别指明,国家兽药标准、农业部专业标准、兽药地方标准中收载的兽药名称为兽药法定名称(通用名称)……兽药通用名称不得作为商标注册;兽药生产企业可以根据需要拟定兽药专用商品名,并应在报批兽药产品或申请产品批准文号时向兽药管理部门提出申请,经审核批准后,方可使用及向工商行政管理部门申请商标注册。兽药商品名不得作为兽药通用名称使用。由此可见,兽药专用商品名本身就具有区分商品来源的作用,构成未注册商标,而无需等到兽药商品知名后其专用名称才商标化

三、商品名称与商标的权益归属

(一)商品名称的原始取得

正通公司于2002年5月28获得重庆市农业局审批核发的重庆市兽药产品审批证书,审批证书号:重兽药审批字(2002)第533号。证书中载明,申请人经批准生产销售的兽药产品的通用名称为"注

---

① 根据《农药管理条例》第六条的规定,国家实行农药登记制度。《农药管理条例实施办法》第十二条规定:"农药生产者申请办理农药登记时可以申请使用农药商品名称。农药商品名称的命名应当规范,不得描述性过强,不得有误导作用。农药商品名称经农业部批准后由申请人专用。"

射用复方青霉素钾（I型）"，商品名称为"头孢西林粉针"。由于"粉针"指药品的一种形态，故正通公司在先取得的专用商品名的核心为"头孢西林"。"头孢西林"作为商品名称的专用权由正通公司原始取得，作为未注册商标利益自始亦应归正通公司所有，此后如没有改变其归属的正通公司与华蜀公司的合意或者其他特定的法律事实，其权属状态即不发生变化。

（二）生产者商标和销售者商标之区分

生产者商标，又称制造商标（manufacture marks），是指商品生产者用于表示自己的产品来源的商标；销售者商标，又称销售商标（distribution marks），指商品销售者在自己销售的商品上使用的商标。销售商标不如制造商标普遍，一般只在制造商力量薄弱，而销售商实力雄厚时使用。

本案华蜀公司与正通公司基于专销协议形成了独家销售代理关系，那么正通公司是生产者，华蜀公司是销售者。"头孢西林"是正通公司在先取得并专有的商品名称，构成未注册商标。华蜀公司在商品包装上使用"头孢西林"是经授权对他人商品名称的使用，使用"华蜀"才是对自己商标的使用，消费者通过"华蜀"商标知晓"头孢西林"由华蜀公司销售，通过"头孢西林"知晓该产品由正通公司生产。如果正通公司授权多家销售商代理销售其产品，销售商在产品包装上各自使用自己的商标和兽药名称"头孢西林"，则消费者无法通过"头孢西林"区分商品的销售者，只能通过"头孢西林"知晓产品的生产者即正通公司。因此，在该包装上"华蜀"是销售者的商标，"头孢西林"是生产者的未注册商标，它所表示商品的来源是正通公司，而非销售商华蜀公司。

（三）履行协议的"使用行为"的性质及其法律后果

二审判决将未注册商标"头孢西林"视为华蜀公司所有的理由

之一是"正通公司并无其在取得该兽药生产许可证后至与华蜀公司合作之前自己以'头孢西林'商品名称销售兽药的证据"以及正通公司在"其取得（商品名称）后至华蜀公司申请商标前并未在对外销售中使用（该名称）"。此项理由暗含的命题是：正通公司欲就其商品名称取得未注册商标权益，它要么在合作前自己销售过"头孢西林"产品，要么在合作后至华蜀公司申请商标之前另行对外销售"头孢西林"。依照商业惯例，生产者研制开发一种新产品，并没有立即投产和投放市场的义务；生产者产品的销售可以自行销售，也可以与他人合作，授权或者委托他人销售。本案双方协议第一条明确规定正通公司授权华蜀公司在全国区域内专销"头孢西林"产品，华蜀公司的产品销售权和"头孢西林"名称使用权都源自正通公司的授权，双方形成销售代理关系。换言之，正通公司假华蜀公司之手销售其产品，后者的销售理应视为前者的销售。二审判决要求正通公司在与华蜀公司合作前销售"头孢西林"产品，将销售限定为自己销售，将销售商基于生产者授权的销售认定为脱离生产者的独立销售，显然不符合商业惯例；二审判决要求正通公司在华蜀公司合作之后至其申请商标期间另行对外销售"头孢西林"产品，无疑是迫使正通公司违反双方协议的第一条有关其不得销售该产品的约定。

二审判决认定未注册商标"头孢西林"视为华蜀公司所有的理由之二："华蜀公司在其生产的兽药外包装上突出地使用了'头孢西林'的字样"；华蜀公司承担销售和宣传费用对外销售"头孢西林"产品和广告宣传。二审判决的上述理由显然不能成立。首先，华蜀公司并未生产兽药，只是根据协议设计了外包装。而且，华蜀公司在其设计的外包装上突出使用的"头孢西林"是正通公司的兽药专用名称，是经过正通公司的授权。其次，华蜀公司承担销售和宣传费用对正通公司生产的"头孢西林"兽药进行销售和广告宣传都是履行双方专销协议的行为,其目的在于通过销售行为追求最大利润。华蜀公司履行协议的行为虽然对提升兽药"头孢西林"的知名度具有积极作用,但不能因此改变"头孢西林"作为商品名称和未注册商标的权益归属。如果正通公司授权多家销售商经销其"头孢西林",各销售商同时对产品进行包装、广告宣传,依照二审判决的逻辑,"头孢西林"成为未注册商标是多家销售商使用的结果,该商标岂非应归多家销售商所有,生产者则一无所有,显然有失公平。二审判决认定华蜀公司通过对正通公司商品名称的使用而就该名称取得未注册商标权益,于法无据。华蜀公司使用、宣传"头孢西林"商品名称等行为只是履行协议的行为,正如再审判决所指出的该行为虽然在客观上强化了"头孢西林"商品名称的标识作用,但华蜀公司也因此获得了合同上的对价[①],这种使用行为在本质上可以视为正通公司的特殊的使用行为,不能引起改变"头孢西林"商品名称权利归属的法律后果。

(四)商品名称与商标的归属应当同一

根据专销协议中第一条和第十条的规定,华蜀公司不得生产"头孢西林",协议期满或者提前结束协议,正通公司有权继续生产该产品,只是不得使用华蜀公司的"华蜀"商标(双方终止专销协议对此约定再次予以确认)。二审判决认定华蜀公司因使用而获得知名商品的特有名称和未注册商标"头孢西林",意味着华蜀公司可以生产"头孢西林",而正通公司不得继续生产"头孢西林",这明显违反了双方的约定。依据二审判决的认定,华蜀公司取得未注册商标"头孢西林",而正通公司仍然拥有在先取得的商标名称"头孢西林",这不仅没有正确解决华蜀公司和正通公司之间的商标注册争议纠纷,

---

① 合同对价包括独家销售代理资格以及销售正通公司"头孢西林"获得的利润。

反而使商标与商品名称之间形成新的冲突。

四、《商标法》第十五条规定与《巴黎公约》规定的差异

比较我国《商标法》第十五条与《巴黎公约》六条之七的规定不难发现，两者存有明显差异：第一，用语不同。《巴黎公约》使用了"商标所有人"的概念，而我国法与之对应的是"被代理人或者被代表人"，这一用语在实践中发生了本不应有的歧义即认为仅适用于"商标代理关系和商标代表关系"。第二，保护方法不同。我国法只规定"被代理人或者被代表人提出异议的，不予注册并禁止使用"；《巴黎公约》不仅赋予被代理人或者被代表人提出异议和撤销注册的权利，还可以在成员国法律允许的情况下请求将该项注册转让给自己。第三，没有除外规定。《巴黎公约》规定代理人或者代表人能够证明其行为正当的除外，我国法则没有类似规定。

（撰稿人：汪泽）

16. 抢先注册他人在先使用并有一定影响商标的判定

——张学礼请求宣告王玉霞"天皮糖张 tianpitangzhang 及图"商标无效行政纠纷案

案件索引：北京市第一中级人民法院（2010）一中知行初字第3340号，2010年11月20日判决；北京市高级人民法院（2011）高行终字第30号，2011年2月28日判决。

基本案情

第3522359号"天皮糖张 tianpitangzhang 及图"（见图一）商标（以下称争议商标）由王玉霞（以下称被申请人）于2003年4月11日申请注册，2004年10月7日被获准注册，指定使用在第30类糖果、软糖、皮糖、米花糖、糖粘、酥糖商品上。

图一

2005年3月23日，张学礼（以下称申请人）向商评委提出争议申请，主要理由为："皮糖张"糖坊系天津市百年老字号，申请人是"皮糖张"的第三代传人。经过申请人几代人的发展，"皮糖张"品牌的皮糖、酥糖等产品在全国都享有较高知名度，产品远销海外。1995年12月21日，申请人以申请人女儿张琦的名义成立了天津市红桥区皮糖张糖坊，被申请人作为申请人的前儿媳妇供职其中。1998年申请人因病退出管理，并将该"皮糖张"企业交儿子张宽、女儿张琦经营管理。被申请人申请注册争议商标具有明显恶意，足见其试图将申请人拥有的祖传老字号"皮糖张"据为己有的目的，违反了2001年《商标法》第三十一条"不得以不正当手段抢先注册他人已经使用并有一定影响的商标"的规定，请求撤销争议商标的注册。

申请人为支持其主张，提交了以下主要证据：1.2003年6月《中国食品报》关于申请人"皮糖张"的报道；2.成立于1995年12月21日天津市红桥区皮糖张糖坊的营业执照；3.2001、2002年申请人产品检验合格证书及食品卫生质量评价书；4.1996年6月8日，天津市皮糖张糖坊产品执行标准等级证书；5.皮糖张糖坊的送货单、销售发票；6.2000年"皮糖张"产品获奖证书；7.申请人女婿黄志勇取得外观设计专利的证据材料；8.关于申请人是"皮糖张"传人的证人证言及公证件；9.被申请人在皮糖张糖坊领取工资的证明；10."皮糖张"被认定为天津老字号的证据材料。

被申请人答辩称：被申请人注册争议商标有历史渊源，被申请人与申请人之子张宽曾系配偶关系。申请人及其女儿曾承诺允许张宽、被申请人使用"皮糖张"。1998年，被申请人成立天津市张记皮糖厂并由夫妻双方共同经营，故以被申请人的名义申请注册商标顺理成章，申请人对此知晓。张宽和被申请人2006年离婚时，张宽明确表示将天津市张记皮糖厂及销售中心、争议商标归被申请人所有。自被申请人成立天津市张记皮糖厂开始,被申请人即合理使用"皮糖张",并获得了诸多荣誉。综上,被申请人使用"天皮糖张"商标是合理的,且在实际经营中,并未因使用"天皮糖张"商标而对消费者造成混淆和欺骗,被申请人对申请人及其女儿使用的"皮糖张"未造成任何影响,也不存在损害申请人利益的问题。争议商标的注册应当予以维持。

被申请人提交了以下主要证据:1.天津市红桥区皮糖张糖坊张琦、申请人张学礼出具的同意书;2.经公证的天津市红桥区人民法院民事调解书;3.争议商标的实际使用照片;4.天津市张记皮糖厂及商品销售中心登记资料;5.被申请人企业及产品获奖证书。

商评委经审理认为,在案证据可以证明"皮糖张"是天津的地方老字号,为申请人祖辈开创,申请人张学礼为其第三代传人。并且在争议商标申请注册前,申请人及其女儿张琦以家族经营的形式生产、销售具有老字号背景的皮糖张产品已经多年,被申请人作为申请人的原家族成员并在皮糖张糖坊工作,对此应当知晓。并且,被申请人在获得张琦的同意后在生产中也使用"皮糖张"商标。因此,"皮糖张"应当认定为是申请人家族在先使用并有一定影响的未注册商标。被申请人以其个人名义申请注册的争议商标"天皮糖张"与"皮糖张"商标构成近似商标,其注册使用在糖果、皮糖等商品上易导致相关公众的混淆、误认。被申请人关于其使用争议商标得到申请人许可,以及在离婚时约定争议商标归其所有的抗辩主张不能成为其申请注册争议商标的合法依据。争议商标的注册已构成"以不正当手段抢先注册他人已经使用并有一定影响的商标"的行为,违反了2001年《商标法》第三十一条的规定,依法应当予以撤销。

被申请人不服商评委裁定,向北京市第一中级人民法院提起行政诉讼。

判决与理由

北京市第一中级人民法院经审理认为，基于查明的事实，"皮糖张"系张学礼家族创办的天津市知名老字号，张学礼为第三代传人。其在皮糖等相关商品包装的显著位置使用的"皮糖张"文字，既是字号的使用也是商标意义的使用，能够起到区分商品来源的作用。争议商标的文字部分完整包含了"皮糖张"，两者极为近似，其核定使用的商品与"皮糖张"所使用的商品从功能、用途、消费对象等方面亦属相同或类似。争议商标申请人王玉霞曾与张学礼之子为配偶关系，对张学礼及其子女使用"皮糖张"商标应属明知，其注册争议商标具有主观恶意。原告王玉霞提交的天津市商业委员会颁发的"2001天津市场畅销品牌"证书，恰恰印证了"皮糖张"亦作为商标使用并具有较高的市场知名度的客观事实。因此，争议商标的注册违反了2001年《商标法》第三十一条的规定，被诉裁定应予维持。

被申请人不服一审判决，向北京市高级人民法院提出上诉。北京市高级人民法院经审理判决驳回上诉，维持原判。

评析

本案是依据2001年《商标法》第三十一条（2013年《商标法》第三十二条）"申请商标注册不得以不正当手段抢先注册他人已经使用并有一定影响的商标"的规定，保护在先使用并有一定影响的未注册商标的典型案例。该条款的立法目的是基于诚实信用原则，对已经使用并有一定影响的未注册商标予以保护，以制止恶意抢注行为，弥补商标注册制度的不足。其适用要件有四：一是他人商标在系争商标申请日之前已经使用并有一定影响；二是系争商标与他人商标相同或者近似；三是系争商标所使用的商品／服务与他人商标所使用的商品／服务原则上相同或者类似；四是系争商标申请人具有恶意。

一、"已经使用并有一定影响"的判定

（一）"已经使用"的界定

顾名思义，"已经使用"是指他人商标在系争商标申请注册日之前已经使用。"已经使用"的界定主要涉及以下四个方面：

1. "已经使用"的主体

依据2013年《商标法》第四十五条第一款（2001年《商标法》第四十一条第二款）的规定，可以依据该条款请求无效宣告的主体必须是在先权利人或者利害关系人。因此，在案证据必须证明请求保护的商标的在先使用主体是请求无效宣告案件的申请人或者其利害关系人。

本案中，申请人张学礼是老字号"皮糖张"的第三代传人，多年来以家族形式生产经营皮糖张产品，因此其是"皮糖张"商标的在先权利人，具有提出争议的主体资格。

2. "已经使用"的地域

商标权保护具有地域性，因此，一般情况下"已经使用"应限于中国大陆境内的使用，如本案中"皮糖张"即为天津地区的老字号。但是，若申请人提交的在国外使用的证据材料能够证明该商标已为中国相关公众所知晓，也应该认可该商标构成本条款意义上的"已经使用"的未注册商标。

例如，在第3747592号"NUXE"商标异议复审案[①]中，娜可丝公司在评审程序中提交的证据多为其"NUXE PARIS及树图形"商标在欧美国家以及香港、台湾地区的宣传使用证据，此外还有在被异议商标申请日之前中国网民登录其网站www.nuxe.com网页的历史记录，国内化妆品论坛有关"NUXE"的产品信息。商评委认为在案证据不足以证明在被异议商标申请注册日之前，娜可丝公司的"NUXE PARIS及树图形"商标已经在中国大陆具有一定影响，被异议商标应予核准注册。一审法院认为，在案证据可以证明娜可丝公司的"NUXE PARIS及树图形"商标，"在被异议商标申请注册日之前已经在欧美国家以及香港地区具有了较高的知名度，且通过娜可丝公司对其商标的宣传和使用，使得其'NUXE PARIS及树图形'商标具备了较高的商业价值，具有了一定影响力。鉴于化妆品类商品属于受关注度较高的日常用品，相关公众对该类商品的认知程度有别于其他商品，且客观上确实存在大量的我国相关消费者由国外购买并带回国内使用的情况。综合上述因素进行判断，就本案而言，能够认定在被异议商标申请注册日之前，娜可丝公司的'NUXE PARIS及树图形'商标在化妆品等商品上在我国大陆地区已为相关公众所知晓，并形成了一定的知名度"。综合考虑被异议商标申请人同属化妆品行业、曾在香港某公司任董事、在实际使用中将NUXE变形为nu·xe并与树图形结合使用等因素，判定其注册行为构成2001年《商标法》第三十一条所指"以不正当手段抢先注册他人已经使用并有一定影响的商标"的情形，被异议商标不应核准注册，判决撤销商评委裁定。二审法院维持了一审判决。

[①] 参见商评字〔2011〕第21498号关于第3747592号"NUXE"商标异议复审裁定、北京市第一中级人民法院（2012）一中知行初字第1053号判决；北京市高级人民法院（2013）高行终字第86号判决。

3. "已经使用"的方式

依据2013年《商标法》第四十八条规定："本法所称商标的使用，是指将商标用于商品、商品包装或者容器以及商品交易文书上，或者将商标用于广告宣传、展览以及其他商业活动中，用于识别商品来源的行为。"在案证据必须证明在系争商标申请注册日之前，请求获得保护的商标已经进行了公开的、商标意义上的使用。

实践中争议比较大的一个问题就是仅用于出口的"定牌加工"是否构成在先使用。在第4458183号"GATEHOUSE"商标争议行政诉讼案[①]中，一审法院和二审法院对此表达了不同的观点。一审法院认可了定牌加工中对商标的使用，认为虽然使用"GATEHOUSE"商标进行定牌加工的商品均销往国外，但这并不影响该商标在生产企业所在地及周围地区具有知名度。而二审法院认为："由于商标只有在商品的流通环节中才能发挥区分商品或服务来源的基本功能，因此《商标法》第三十一条规定所指的商标在先使用是公开的使用，附着商标标记的商品应当进入流通环节，使相关公众能够通过商标在商品或服务与其提供者之间建立相应关联。根据本案查明的事实可知，在案证据不能证明附着LF公司'GATEHOUSE'商标的商品在中国大陆地区已经实际进入流通环节，因此，在案证据不足以证明LF公司在争议商标申请注册日前在中国大陆地区对'GATEHOUSE'商标进行了商标使用，并具有一定影响。"

长期以来，关于仅用于出口的"定牌加工"是否构成"商标使用"一直存在着较大争议，特别是在商标侵权案件中，目前就该问题尚未形成统一、明确的结论。但应当明确的是该行为在商标授权

[①] 参见北京市第一中级人民法院（2012）一中知行初字第2195号判决；北京市高级人民法院（2013）高行终字第94号判决。

确权案件中的性质界定应与其在商标侵权案件中的性质界定相统一。若在商标侵权案件中将仅用于出口的"定牌加工"不视为在中国大陆境内进行了商标意义上的使用，因此判定不构成侵权，则在商标授权确权案件中，也应遵循此标准，判定仅用于出口的"定牌加工"不构成2001年《商标法》第三十一条（2013年《商标法》第三十二条）所指的"已经使用"，对二者实行双重标准缺乏法理基础。

4."已经使用"的商品

虽然本条款并未对"已经使用"的商品进行明确要求，但是从本条款的立法目的和《商标法》不同条款之间的立法平衡来看，未注册的驰名商标和已经注册的普通商标的受保护范围均仅限于相同或类似商品上，因此，对在先使用并有一定影响的未注册商标的保护，也应限于与系争商标指定使用的商品相同或类似的商品上。

本案中，"皮糖张"在先使用在皮糖商品上，与争议商标核定使用的糖果、软糖、皮糖、米花糖、糖粘、酥糖商品属于相同或类似商品。

（二）"一定影响"的界定

我国《商标法》对商标权保护以申请注册在先为基本原则，同时为了维护诚实信用原则，弥补注册原则的不足，对在先使用的未注册商标给予了有条件的保护。从维护商标注册稳定性，督促权利人尽早注册商标，保持法条平衡的角度出发，在本条款中，对在先使用的未注册商标进行保护的前提是该商标经过使用已经具有了"一定影响"。

一般情况下，认定商标是否有一定影响，应当就个案情况综合考虑下列各项因素，但不以该商标必须满足下列全部因素为前提：（1）相关公众对该商标的知晓情况；（2）该商标使用的持续时间和地理范围；（3）该商标的任何宣传工作的时间、方式、程度、地理范围；（4）其他使该商标产生一定影响的因素。

上述参考因素可由下列证据材料加以证明：（1）该商标所使用

的商品/服务的合同、发票、提货单、银行进账单、进出口凭据等；（2）该商标所使用的商品/服务的销售区域范围、销售渠道、方式的相关资料；（3）涉及该商标的广播、电影、电视、报纸、期刊、网络、户外等媒体广告、媒体评论及其他宣传活动资料；（4）该商标所使用的商品/服务参加展览会、博览会的相关资料；（5）该商标的最早使用时间和持续使用情况等相关资料；（6）该商标的获奖情况；（7）其他可以证明该商标有一定影响的资料。

用以证明商标使用情况的证据材料，应当能够显示所使用的商标标识、商品或者服务、使用日期和使用人。

本案中，申请人提交的证据可以证明"皮糖张"是天津的地方老字号，为申请人祖辈开创，申请人是其第三代传人，1995年，申请人之女张琦成立了天津市红桥区皮糖张糖坊，以家族方式经营销售皮糖张产品，应认定"皮糖张"构成在先使用并有一定影响的商标。

二、"恶意"的判定

系争商标注册人属于"以不正当手段抢先注册"，即具有主观"恶意"是适用本条款的基本前提。所谓"恶意"是指系争商标注册人在明知或应知某商标为他人在先使用并有一定影响的商标的情况下，仍然将与之相同或近似的商标申请注册在相同或者类似商品上，以达到攀附他人未注册商标商誉、阻碍他人继续使用或者索取高额转让费、许可使用费、侵权赔偿金等不正当目的。

"恶意"属于主观状态，需要通过客观行为或客观事实加以判断。判定系争商标申请人是否具有恶意，可综合考虑下列因素：（1）系争商标申请人与在先使用人曾有贸易往来或者合作关系；（2）系争商标申请人与在先使用人共处相同地域或者双方的商品/服务有相同的销售渠道和地域范围；（3）系争商标申请人与在先使用人曾发生过其他纠纷，可知晓在先使用人商标；（4）系争商标申请人与在先使用人曾有内部人员往来关系；（5）系争商标申请人注册后具有以牟取不当利益为目的，利用在先使用人有一定影响商标的声誉和影响力进行误导宣传，胁迫在先使用人与其进行贸易合作，向在先使用人或者他人索要高额转让费、许可使用费或者侵权赔偿金等行为；（6）他人商标具有较强独创性，系争商标与之高度近似；（7）其他可以认定为恶意的情形。

本案中，被申请人为申请人的原家族成员并曾在皮糖张糖坊工作，且被申请人在获得申请人女儿的同意后在生产中也使用"皮糖张"商标，因此，被申请人对"皮糖张"为天津老字号且为申请人为第三代传人、其家族一直生产经营"皮糖张"产品应当知晓。被申请人在未经申请人同意的情况下，将与"皮糖张"近似的争议商标"天皮糖张"申请注册在皮糖等商品上，应当认定为具有将他人在先使用并有一定影响的未注册商标占为己有的主观恶意。

三、"一定影响"与"恶意"的衡平

从本条款的文义来看，"一定影响"与"恶意"是本条款适用的两大前提，二者缺一不可。但是实践中，恶意抢注者的"不正当手段"层出不穷，花样百出，在证据认定上，如何把握"一定影响"与"恶意"之间的衡平，是适用本条款的难点，也是能否实现该条款立法目的，有效制止恶意抢注的关键。在2001年《商标法》下，本条款是制止恶意抢注最常用、最重要的条款，通过长期实践与磨合沟通，商标行政机关和司法机关基本达成共识：在"恶意"明显的情况下，可以适当降低对"一定影响"的举证要求。

在第4205184号"搜狗sougou"商标异议复审案[①]中，搜狐公

[①] 参见商评字〔2013〕第10365号关于第4205184号"搜狗sougou"商标异议复审裁定。

司于2004年8月3日正式推出了中文专业搜索网站"搜狗"（www.sogou.com），成为全球首家第三代中文互动式搜索引擎服务提供商。某自然人于2004年8月4日即提出了被异议商标的申请注册，指定使用在第42类计算机编程、计算机软件设计、替他人创建和维护网站、主持计算机站（网站）等服务项目上。商评委综合在案证据，认为虽然被异议商标的申请注册日距中文专业搜索网站"搜狗"的正式发布仅有一天，但是"搜狗"发布当天，新华网、无极网、赛迪网、eNet、《娱乐信报》、《广州日报》、《北京青年报》、《华西都市报》、《北京晨报》、《新华时报》等众多媒体即对这一事件进行了大量报道。由于网络、报纸等媒体传播速度快，覆盖范围广，被申请人"搜狗"（sogou）作为网络服务上的未注册商标，已通过相关媒体集中、大量的宣传报道而为公众所了解。被异议商标指定使用的计算机编程等服务，与被申请人所提供的网络客户端服务同属互联网领域，在服务对象及服务内容上均比较接近，被异议商标的申请人申请注册与他人在先使用并有一定影响的商标高度近似的被异议商标，主观恶意明显，构成了2001年《商标法》第三十一条所指的"抢先注册他人已经使用并有一定影响商标"的情形，被异议商标应不予核准注册。被异议商标注册人未向法院提起诉讼，该裁定已生效。

  为了进一步加大制止恶意抢注的力度，维护诚实信用原则，2013年《商标法》特别在总则部分增加了第七条第一款："申请注册和使用商标，应当遵循诚实信用原则。"同时，增加了第十五条第二款，明确规定："就同一种商品或者类似商品申请注册的商标与他人在先使用的未注册商标相同或者近似，申请人与该他人具有前款规定以外的合同、业务往来关系或者其他关系而明知该他人商标存在，该他人提出异议的，不予注册。"据此，对于恶意抢注因特殊关系而明知他人在先使用商标的行为，将不以他人的在先使用构成"一定影响"为规制前提。相信在总则中"诚实信用"原则的指导下，本条款与第十五第二款配合适用，将会更加有效的制止恶意抢注行为，维护公平公正的商标注册秩序。

（撰稿人：徐琳）

17. 损害他人在先著作权的判定[①]

——美商 NBA 产物股份有限公司请求对黄为东"牛头图形"商标不予注册异议复审案

案件索引：北京市第一中级人民法院（2012）一中知行初字第3818号，2012年12月4日判决；北京市高级人民法院（2013）高行终字第343号，2013年9月5日判决。

基本案情

第4539238号"图形"（见图一）商标（以下称被异议商标）由黄为东于2005年3月15日向商标局提出注册申请，商标局经审查对被异议商标指定使用在茶等商品上的注册申请予以初步审定。

美商 NBA 产物股份有限公司（以下称 NBA 公司）对被异议商标提出异议，认为其侵犯了 NBA 公司的在先著作权，商标局经审理裁定被异议商标不予核准注册。黄为东不服商标局异议裁定，向商评委申请复审，认为在案证据不足以证明 NBA 公司对被异议商标图形享有著作权，被异议商标具有很强的独创性和显著性，被异议商

[①] 损害他人在先著作权是在先权利人或者利害关系人提出异议或者无效宣告请求的理由。本案例为异议复审案例，而不是无效宣告案例，但因其具有典型意义，故本书择于此用以说明损害在先著作权的判定。

标应予核准注册。

NBA公司答辩称：芝加哥公牛队队徽一直是NBA公司的注册商标，早在被异议商标申请注册日前，该图形已作为商标在全球数十个国家和地区取得商标注册，对NBA公司就芝加哥公牛队队徽享有在先版权的事实，在商标局和商评委已生效的裁定中均有体现。根据商标评审规则相关规定和举证责任分配制度，黄为东应对其主张的NBA公司对芝加哥公牛队队徽标志不享有版权的事实承担举证责任。被异议商标的注册损害了NBA公司对公牛队队徽标志的在先著作权，被异议商标应不予核准注册。NBA公司提交了商标局、商评委认定NBA公司对公牛队队徽标志享有著作权的裁定复印件。

商评委经审理认为，商评委曾于2009年3月23日在商评字〔2009〕第06207号异议复审裁定书（以下称第06207号裁定）中认定NBA公司对"公牛图形"（见图二）享有在先著作权，该裁定已生效。商标局也在部分异议裁定书中对此予以认定。在没有充分相反证据的情况下，对生效裁判文书中确认的NBA公司在先享有著作权的事实，应予以认可。被异议商标的图形部分与申请人享有在先著作权的公牛图形基本相同，构成实质性近似，申请人未经被申请人许可，将被申请人享有著作权的作品作为商标申请注册，损害了申请人的在先著作权，故被异议商标违反了2001年《商标法》第三十一条"申请商标注册不得损害他人现有的在先权利"之规定。综上，商评委裁定被异议商标不予核准注册。

图一　　　　图二

黄为东不服商评委裁定，向北京市第一中级人民法院提起行政诉讼。一审法院判决维持商评委被诉裁定，黄为东不服，向北京市高级人民法院提出上诉。

判决与理由

北京市高级人民法院经审理认为，《著作权法》第十一条规定："如无相反证明，在作品上署名的公民、法人或者其他组织视为作者。"该条所指的"署名"是表明作者身份的署名，向公众传达的意思是署名者系作品创作者。商标公告、商标注册证等商标注册文件中载明的商标申请人及商标注册人的信息仅仅表明商标申请权或注册商标专用权的归属，其不属于《著作权法》意义上在作品中表明作者身份的署名行为，因此，不能单独依据NBA公司申请注册相关注册商标的行为直接认定NBA公司对芝加哥公牛队队徽或"公牛图形"享有在先著作权。

虽然《最高人民法院关于行政诉讼证据若干问题的规定》第六十八条第一款第（四）项规定，已经依法证明的事实，法庭可以直接认定。但是，在相关法律和司法解释中均未对行政机关具体行政行为认定的事实是否属于"依法证明的事实"作出明确规定的情况下，对此类事实仍应结合相关证据加以认定。本案中，单纯依靠第06207号裁定以及商标局的相关生效裁定不足以认定NBA公司对芝加哥公牛队队徽或"公牛图形"享有在先著作权。

但是，依据2001年《商标法》第三十条的规定，任何人均可在规定期限内提出异议，因此，因被异议商标的申请注册损害在先著作权而提出异议的主体，并不限于在先著作权人，对与在先作品具有利害关系的人甚至是任何人,均可提出异议。根据众所周知的事实,"公牛图形"是美国全国篮球联赛芝加哥公牛队的队徽,作为《著作权法》意义上的作品,其著作权不可能归属于本案被异议商标的申请注册人黄为东。而经过对比可知,被异议商标标志与作为美国全国篮球联赛芝加哥公牛队队徽的"公牛图形"相比,除有无英文"CHICAGO BULLS"的差异外,二者的图形部分在构图方式、表现手法、整体效果等方面均极为近似,因此,被异议商标与"公牛图形"已构成实质性相似。在未提交证据证明已获得"公牛图形"著作权人许可的情况下,黄为东将与众所周知的美国全国篮球联赛芝加哥公牛队队徽"公牛图形"构成实质性相似的被异议商标标志作为商标加以申请注册,无疑损害了该作品作者享有的在先著作权,属于2001年《商标法》第三十一条规定的"损害他人现有的在先权利"的情形,依法不应予以核准。商评委被诉裁定及原审判决的相关认定虽不尽准确,但裁判结论正确,在纠正其相关错误的基础上,对结论予以维持,判决驳回上诉,维持原判。

评 析

本案是适用2001年《商标法》第三十一条(2013年《商标法》第三十二条)"申请商标注册不得损害他人现有的在先权利"的规定保护在先著作权的典型案例。未经许可,将他人享有著作权的作品申请注册商标,应认定为对他人在先著作权的侵犯,系争商标应当不予核准注册或者予以无效宣告。在商标法下,在先著作权获得保护的要件有三:一是系争商标与他人在先享有著作权的作品相同或者实质性相似;二是系争商标注册申请人接触过或者有可能接触到他人享有著作权的作品；三是系争商标注册申请人未经著作权人的许可。

一、本条款的立法目的

对于《商标法》中"申请商标注册不得损害他人现有的在先权利"规定的立法目的，一般认为是解决在后商标权与其他在先权利之间的冲突。欲析清本条款的立法目的，必须先阐明何为"权利冲突"？

同一权利客体上同时存在两个以上的合法权利，且该不同的权利分属不同权利主体，是权利冲突产生的前提；当因权利边界存在不确定性、模糊性，或者一方权利主体滥用权利，导致一个权利主体行使其权利会构成对他人权利的限制或损害时，权利冲突就实际发生了。解决权利冲突的方法一般是通过立法，划清权利行使的边界，或者通过对权利进行限制，实现不同主体间的利益平衡。例如，我国2013年《商标法》第五十九条关于商标在先使用权抗辩的规定，就体现了解决权利冲突，限制商标权利滥用的立法精神。综上，权利冲突应该是合法的、正当的权利之间所发生的冲突，而解决权利冲突的手段是划清界限，或通过权利限制实现不同权利主体间的利益平衡。"解决权利冲突"对本条款而言其实是一个伪命题。以在先著作权为例，若商标注册申请人是在接触过或者有可能接触到他人享有著作权的作品的情况下，仍然未经著作权人许可，将与他人享有著作权的作品相同或构成实质性相似的标志申请注册为商标，其注册行为从性质上就是有违诚实信用原则的不当注册行为，即该"商标权"的取得具有不正当性。此时，并不存在合法的商标权与合法的著作权之间的"权利冲突"，而是不当商标注册行为与他人合法在先著作权之间的"冲突"。对该"冲突"的解决也并非是通过权利限制，而是对在后不当注册的商标不予核准注册或者宣告无效。同理，若他人在后的商标注册并未损害他人在先的著作权，如主张在先著作权的标志与该商标图样并未构成实质性相似，或不能证明存在"接触可能"，则在后的合法商标权与在先的合法著作权之间亦并未产生"权利冲突"。

因此，本条款的立法目的并非要解决"权利冲突"，而是以保护他人其他合法在先权利为出发点，规制有违诚实信用原则的不当商标注册行为。正确理解本条款的立法目的，对于在先著作权在《商标法》下获得有效保护具有重要意义。

依据《伯尔尼公约》，任何一成员国公民的作者，或者在任何一成员国首次发表其作品的作者，其作品在其他成员国均应自动受到保护，因此，与商标权保护不同，著作权保护在公约成员国之间是不存在地域限制的。而且，与普通商标权保护以相同或类似商品上为限不同，若某在先创作的作品被他人未经许可注册为商标，则其权利人可依据在先著作权请求该商标不予注册或无效宣告，而勿论其注册在何种商品上。基于此，有观点认为，适用本条款时应对"作品"的独创性要求、在先著作权的举证实行严格的证明标准，否则这种不考虑实际使用商品类别的保护，会使得标志构成作品的在先商标获得超越驰名商标的保护程度，对某一商标标志形成垄断，破坏了商标注册及制度体系。

上述观点曲解了《商标法》规定"申请商标注册不得损害他人现有的在先权利"的立法本意。因为，本条款的立法目的是以保护他人其他合法在先权利为出发点，规制有违诚实信用原则的不当商标注册行为。因此，若他人在先著作权可能会因第三人的不当商标注册行为而受到损害，其就有权依据在先著作权请求该商标不予注册或无效宣告，不能因某构成"作品"的标志被注册为了商标，就剥夺或者限制其寻求著作权保护的权利。况且，著作权保护与商标权保护是两种不同的法律关系，前者以保护智力创作成果为原则，后者以禁止混淆为原则；前者以两图样构成"实质性相似"为前提，而后者仅以图样"近似"为前提。驰名商标可以获得跨类保护，此时在后的商标图样只需与其近似即可，而且引证商标的知名度越高对商标近似判定也会越严格。但是对于在先著作权保护，则必须以商标图样与他人在先作品构成"实质性相似"为前提。因此，不能简单地得出图样能够获得著作权保护的商标会获得较之驰名商标更高的保护标准或保护机会的结论。

综上，在适用本条款对在先著作权进行保护时，应回归到"著作权保护"本身去确定证明标准，而不应强调"商标特色"，从"维护商标注册制度"角度出发提高证明标准；同时，在法律适用中应体现维护诚实信用原则、遏制恶意抢注的立法精神，有效制止损害他人在先著作权的不当商标注册行为。

二、"作品"与"实质性相似"的判定

在先著作权成立的基本前提是主张著作权的图样构成《著作权法》意义上的"作品"。《著作权法实施条例》第二条规定："著作权法所称作品，是指文学、艺术和科学领域内具有独创性并能以某种有形形式复制的智力成果。"根据该规定，作品需要同时具备独创性和可复制性，表现形式可以为文字、音乐、美术、电影、建筑、摄影等。如何理解作品"独创性"的要求，是判定某标志是否构成作品的关键。对此，实践中主要存在两种观点：一种观点侧重于从"原创性"、"初创性"的角度来解读"独创性"，强调"一件作品的完成应该是作者自己的选择、取舍、安排、设计、综合、描述的结果"[1]，"独创性与作品的文学、艺术或者科学价值无关"[2]，"不应对独创性提出高要求，只要具有稍许的个性、创造性，作品中体现出了作者哪怕是微小的

---

[1] 参见刘春田：《知识产权法》第三版，北京大学出版社、高等教育出版社2007年版，第46—48页。

[2] 陈锦川："作品独创性的司法判断"，载《人民司法》2008年第9期，第89—92页。

取舍、选择、安排、设计,就应认为具有独创性"[1]。

另一种观点则认为,"独创"应该包括"独"与"创"。其中,"独"是指独立创作完成,而"创"是指作品应达到一定的智力创作高度。例如:在最高人民法院(2012)知行字第 38 号行政裁定书中就明确表达了这种观点,认为:"《著作权法》保护的是具有独创性的作品,必须同时符合'独立创作'与'具有最低限度创造性'两个方面的条件才可能成为《著作权法》意义上的作品。受《著作权法》保护的作品不仅要求独立完成,还需达到一定水准的智力创造高度,智力创造性能够体现作者独特的智力判定与选择、展现作者的个性并达到一定创作高度要求,'独'与'创'缺一不可",并据此判定系争商标标识(见图三)与"超羣"二字普通篆体及隶书的不同书写方式比对,其表现形式并未显示存在独特的风格,仅存在细微的差别,该标识未达到一定创作高度,不具有独创性。正是因为实践中对"独创性"标准的判定存在一定分歧,导致在"作品"的判定上出现许多标准不一的行政裁定与司法判决。例如,在若干商标行政裁定和司法判决中,认定了某些构图设计较为简单的图样(见图四、图五、图六)构成"作品",而某些商标图样(见图七、图八、图九)则因组成要素或构图过于简单而被判定缺乏独创性,不构成著作权法意义上的"作品"。

图三　　图四　　图五　　图六

---

[1] 陈锦川:"作品独创性的司法判断",载《人民司法》2008 年第 9 期,第 89—92 页。

商标权的无效宣告

图七　　　　　　　图八　　　　　　　图九

　　《著作权法》对著作权进行保护的立法目的从本质上说是以保护著作权为依托，鼓励社会公众的创作热情，实现促进知识传播与创新、推动人类社会文化发展繁荣的终极目标。依据该立法目的，为了鼓励社会公众的创作热情，不应以某作品的文学、艺术或者科学价值高低来作为其能否获得著作权保护的前提，只要其是独立完成，通过线条、色彩或者其他方式产生了一定的审美意义，体现了作者独特的表达和为此投入的智力劳动，就可以判定为构成《著作权法》意义上的"作品"，应获得著作权的保护。尤其对于商标图样来说，有时简约、醒目的设计相对于繁复的图样更具有识别上的优势。因此，对于商标图样是否构成作品，更不能仅以其"图样表现形式简单"或者"创作高度不够"而予以否定。例如常见的耐克、阿迪达斯、李宁公司的图形商标图样（见图十、图十一、图十二），包括上图七所示商标图样，其表现形式虽然简单，但是却凝聚了设计者独具匠心的创作，其付出的智力劳动也绝非完成一幅简单的图画所能相提并论的。若仅以图样构成简单，创作高度不够为由否定其构成著作权法意义上的作品，则完全背离了著作权法鼓励创作，保护创作者智力成果的初衷。只是与商标的知名度程度不同，其获得保护的范围也不相同一样，对创作高度不同的作品，对其保护的力度也应有所不同。应充分运用"实质性相似"这一要件对作品的保护范围进行确定，而不应简单否定表现形式较为简单的图样可以构成作品，排除其获得著作权保护的可能性。对于表现形式较为简单的作品，对实质性相似的判定要求较之构图较为完整的美术作品，应更为严

格。只有两图样在线条设计或色彩、构图上相同或者几乎完全一致，抄袭明显的情况下，才能获得著作权的保护。

图十　　　　　图十一　　　　　图十二

本案中，美国全国篮球联赛芝加哥公牛队队徽的"公牛图形"具有独创性及美感，应判定属于《著作权法》所称美术作品。被异议商标标志与该"公牛图形"相比，除有无英文"CHICAGO BULLS"的差异外，二者的图形部分在构图方式、表现手法、整体效果等方面均极为近似，因此，被异议商标与"公牛图形"已构成实质性相似。

在第4445480号"DKK"（见图十三）商标异议复审案[①]中，虽然主张在先著作权的图样（见图十四）构图较为简单，仅是对英文字母"DDK"进行了一定的变体设计，但是，该设计能够体现其作者从增加标识美感的角度出发，对英文字母"DDK"的表现形式进行了选择、安排、设计，这体现了作者的独特的表达和为此投入的智力劳动，应判定该图样构成《著作权法》意义上的"作品"。只是，因其表现形式较为简单，对"实质性相似"的判定应以被异议商标图样与之相同或几乎完全相同为标准。被异议商标为常见字体的英文字母组合，与上述作品在线条设计、表现形式等方面存在差异，二者未构成"实质性相似"，据此判定被异议商标未构成对他人在先著作权的损害，而

[①] 参见商评字〔2012〕第29064号关于第4445480号"DKK"商标异议复审裁定；北京市第一中级人民法院（2012）一中知行初字第3157号判决；北京市高级人民法院（2013）高行终字第728号判决。

不应以未达到作品的"创作高度"而判定不予进行在先著作权的保护。

图十三

图十四

同理，在第 3950331 号图形（见图十五）商标异议复审案[①]中，主张在先著作权保护的商标图样（见图十六）虽然较为简单，但是具有一定的设计性,通过线条的构成形成了艺术美感,应视为构成"作品"，不应以该图样未达到作品的创作高度为由判定不予进行在先著作权保护。而是应以该图样与被异议商标的图样在线条、构图要素设计等方面均存在一定差异，未构成"实质性相似"为由判定被异议商标并未损害他人在先著作权。

图十五

图十六

应从"原创性"的角度上理解《著作权法实施条例》中的"独创性"要求，不应对"独创性"提出较高要求。只要某标识是其创作人独立完成，体现了作者独特的设计和为此投入的智力劳动，就应判定为构成《著作权法》意义上的"作品"。就前述两个案例而言，若仅就商标近似判定标准而言，前述图十三与图十四、图十五与图十六

[①] 参见商评字〔2011〕第 30053 号关于第 3950331 号图形商标异议复审裁定；北京市第一中级人民法院（2012）一中知行初字第 732 号判决；北京市高级人民法院（2012）高行终字第 1471 号判决。

应判定为构成相同或者近似商标,但是对其进行是否与他人"作品"构成"实质性相似"的判定时,因对于表现形式较为简单的标识,对"实质性相似"的判定应以相同或几乎完全相同为标准,在两案标识图样存在一定差异的情况下,应判定为不构成"实质性相似"。由此可见,对"独创性"不以达到"一定水准的智力创造高度"为要求,既符合《著作权法》鼓励创作的立法本意,也不会使得"标志构成作品的在先商标获得超越驰名商标的保护程度,破坏商标注册及制度体系"。而且,在存在接触过或接触可能、且未经许可的情况下,将他人专为申请注册商标而特别设计的、凝聚了他人智力成果的商标标识图样"原封不动"地用作自己商标注册申请的图样,要么是觊觎该"作品"中的美感,要么是为了攀附他人商标商誉,要么是不以使用为目的的投机性、投资性抢注,该注册行为本身是缺乏正当性的。对其予以有效制止,符合《商标法》维护诚实信用原则的立法精神和第三十二条"申请商标注册不得损害他人现有的在先权利"规定以保护他人在先著作权为出发点,规制不当商标注册行为的立法目的。

三、"在先著作权"的判定

由于作品创作私密性强、证据保留困难,作品创作时间及其著作权归属的判定往往是评审案件中确认在先著作权的焦点与难点。最高人民法院《关于审理著作权民事纠纷案件适用法律若干问题的解释》第七条规定:"当事人提供的涉及著作权的底稿、原件、合法出版物、著作权登记证书、认证机构出具的证明、取得权利的合同等,可以作为证据。"

客观实践中,对于许多图样具有独创性,构成《著作权法》意义上的"作品"的商标,其所有人创作该商标图样的主要目的就是用于商标使用,因此作品完成后,创作者一般不会也很难对其进行除商标申请注册、商标使用行为之外的"署名发表",往往亦不会刻意对创作原稿进行保留。在无法提交创作原稿、委托创作协议或其他公开发表证据的情况下,当事人通常会提交著作权登记证书或者包含有争议图样的在先商标注册证以证明其对图样享有"在先著作权"。就著作权登记证书和在先商标注册证在著作权归属判定中的证明效力,实践中还存在着一定的争议。

(一)著作权登记证书的证明效力

因著作权登记是各国著作权登记机关对作品著作权的归属予以初步确认,具有公信力与公示性,因此,著作权登记证书对在先著作权举证具有重要意义。依据前述最高人民法院《关于审理著作权民事纠纷案件适用法律若干问题的解释》的相关规定,它应是登记人对该登记作品享有著作权的初步证明。实践中,当事人为证明拥有在先著作权而提交的著作权登记证书可分为两类,一类是在系争商标申请注册日之前就已经在中国或其他《伯尔尼公约》成员国进行了登记的著作权登记证书(以下称"在先著作权登记证书");一类是在系争商标申请注册日之后在中国或其他《伯尔尼公约》成员国进行登记,但是其上记载作品创作完成日期早于系争商标申请注册日的著作权登记证书(以下称"在后著作权登记证书")。

对于在先著作权登记证书的证明效力,因其登记时间早于系争商标注册申请日,即使当事人仅仅提交了这一份证据,即使著作权登记证书中载明的作品创作时间系登记机构根据当事人的自述填写,也可认为完成了享有"在先"著作权的初步举证责任,举证责任应转移至对方当事人,如果其不能提供相反证据则可认定"在先著作权"成立。而对于在后著作权登记证书的证明效力,由于我国和其他许多国家的著作权登记制度遵循自愿原则,著作权登记证书中载明的作品创作时间系登记机构根据当事人的自述填写,登记机关并不进行实质审查，因此，如果当事人仅仅提交了一份在系争商标申请注册日之后登记的著作权登记证书，无法提供其他证据对作品创作时间予以佐证时，即使证书上记载的创作日期早于系争商标的申请注册日，也不足以证明他享有"在先"的著作权。此时，该当事人的初步举证责任并未完成，举证责任不发生转移，对方当事人无需提供反证即可对其主张进行否定。

（二）在先商标注册证的证明效力

我国《著作权法》第十一条第四款规定："如无相反证明，在作品上署名的公民、法人或者其他组织为作者。"也就是说，在无相反证据的情况下，可以推定在作品上署名的为作者。基于商标注册的公示性，商评委曾在部分案件中认为如果商标在先注册，如无相反证据则商标注册人可以推定为商标图样中独创性作品的著作权人。法院在若干案件中，如第1207183号"上岛及图"商标争议行政诉讼案[①]中，也曾认可了商评委的这种观点。

但是，自2010年起法院开始在多件判决中认为仅凭在先商标注册证不能证明在先著作权成立。例如本案中，北京市高院就在判决中明确表达了这种观点，认为《著作权法》第十一条规定："如无相反证明，在作品上署名的公民、法人或者其他组织视为作者。"该条所指的"署名"是表明作者身份的署名，向公众传达的意思是署名者系作品创作者。商标公告、商标注册证等商标注册文件中载明的商标申请人及商标注册人的信息仅仅表明商标申请权或注册商标专用权的归属，其不属于《著作权法》意义上在作品中表明作者身份的署名行为。因此，不能单独依据NBA公司申请注册相关注册商标

[①] 参见商评字〔2004〕第3135号关于第1207183号"上岛及图"商标争议裁定；北京市第一中级人民法院（2004）一中行初字第686号判决；北京市高级人民法院（2005）高行终字第111号判决。

的行为直接认定 NBA 公司对芝加哥公牛队队徽或"公牛图形"享有在先著作权。

从一般在先著作权的证明标准来看，仅凭在先的商标注册证书，是不足以证明请求保护的作品尚处于著作权保护期内，且该商标注册人即为该作品的著作权人的，不能支持其有关"在先著作权"的主张成立的。因为，从文件性质上来看，商标注册证书是有关注册商标专用权归属的证明，其上载明的注册人向公众传达的是该商标的所有权主体的信息，而非《著作权法》意义上在作品中表明作者身份的署名行为。而且，实践中，将已属于公有领域的"作品"作为商标图样申请注册商标的情况并不少见。商标注册证书不属于最高人民法院《关于审理著作权民事纠纷案件适用法律若干问题的解释》第七条规定中所指的"认证机构出具的证明"，仅凭在先商标注册证不能证明该注册商标的所有人是该商标图样的著作权人。而且，即使从商标注册公示的角度出发，认为在在先商标注册的过程中已经设置了异议和无效宣告程序供在先权利人主张权利，若在先商标已获准注册并仍在市场上继续使用该商标，那么在没有相反证据的情况下，就应认为在先商标注册人完成了其为该商标图样著作权人的初步举证责任，但是，值得注意的是，著作权保护是有期限的。主张获得在先著作权保护的权利人，除了需证明该作品的权利归属外，还必须证明该作品是尚处于著作权保护期限内的，而仅凭在先商标注册证书是不能证明该商标图样作品的完成时间的。

实践中，许多商标图样作品的设计初衷即是作为商标使用，其著作权人可能无法提交公开发表或者创作底稿等证据，若实行过于严苛的举证责任，则会使《商标法》中的"在先权利保护"条款无法正常发挥保护他人合法在先著作权，规制有违诚实信用原则的不当商标注册行为的立法目的。本案中，一方面，二审法院认为仅凭

NBA公司在评审中提交的在先商标注册证和相关在先行政裁定不足以证明其对"公牛图形"享有在先著作权。另一方面，若允许该中国的自然人将众所周知的美国全国篮球联赛芝加哥公牛队的队徽作为商标注册，则明显与《商标法》中"在先权利保护"条款的立法目的相悖。二审法院以2001年《商标法》对异议主体和异议理由没有限制的角度出发，认为"公牛图形"是美国全国篮球联赛芝加哥公牛队的队徽应该是众所周知的事实，作为《著作权法》意义上的作品，其著作权不可能归属于本案被异议商标的申请注册人黄为东，从而判定黄为东在未提交证据证明已获得"公牛图形"著作权人许可的情况下，将与众所周知的美国全国篮球联赛芝加哥公牛队队徽"公牛图形"构成实质性相似的被异议商标标志作为商标加以申请注册，会损害该作品作者享有的在先著作权。该裁定实际上回避了该"公牛图形"是否尚处于著作权保护期限内的问题，实属从《商标法》"在先权利保护"条款的立法目的出发，适当降低了对在先著作权的举证要求。依据2013年《商标法》，依在先权利提出异议或者无效宣告的主体应为权利人或利害关系人，在此情况下，就无法再参照本案，回避在先商标注册人是否是该图样的著作权人的问题了。

要实现《商标法》"在先权利保护"条款的立法目的，并同时符合《著作权法》关于在先著作权的证明标准，关键在于应合理划分此类案件中双方当事人之间的举证责任。一方面，若权利主张人仅仅提供了在先商标注册证或者在后的著作权登记证书，则不能认为其完成了初步举证责任，此时，举证责任不应转移至系争商标所有人。另一方面，对于系争商标图样与他人在先注册商标图样完全相同或者构成实质性相似的，应充分考虑前述本条款的立法目的、权利主张人举证困难的客观情况以及双方当事人权利争议案件的民事属性，采取优势证据证明标准，合理确定举证责任转移节点，而不宜对权利主张人的证明标准设定过高要求。若权利主张人不仅提供了在先商标注册证，还提供了在后的著作权登记证书、有关作品创作人的声明、创作原稿、委托创作协议、有关著作权转让合同等证据中的一份或多份，应对在案证据予以综合考量，只要能够达到"合理相信的程度"，基本形成优势证据，则举证责任应转移至系争商标注册人，由其承担一定的举证责任，提供相反证据证明在先商标权人并非商标图样的著作权权利人或者举证其独立完成创作了系争商标图样等。如果不能提供证据或者证据不充分的，应当确认在先商标权人对该商标图样享有在先著作权。

四、"接触可能"的判定

因著作权保护仅以该作品具有"独创性"和"可复制性"为前提，所谓"独创性"是强调独立创作，而非抄袭、摹仿。客观上可能存在为不同作者独立创作、但表达相似的作品，只要能够证明二者均是独立创作的，则均应受到《著作权法》的平等保护。因此，与商标恶意抢注判定中，商标独创性强、两商标高度近似就可以推定系争商标注册人具有主观恶意不同，在先著作权的保护中"实质性相似"和"接触可能"是两个并列的要件，二者缺一不可，不能因图样间构成了"实质性相似"就推导出存在"接触可能"，就是否存在"接触可能"还需另行判定。

本案中，二审法院认为"公牛图形"是美国全国篮球联赛芝加哥公牛队的队徽属于众所周知的事实，因此推定被异议商标申请人对"公牛图形"存在接触可能。基于商标注册的公示性，目前实践中一般认为，若主张在先著作权的作品曾经作为在先注册的商标图样予以注册公示，则可以推定系争商标注册人具有"接触可能"，而勿论该在先注册商标是在我国注册，还是在外国注册，抑或是国际注册。例如，在第1962902号"狮城大药房SHI CHENG DA YAO FANG及图"商标异议复审行政诉讼案[①]中，两审法院均认为在被异议商标申请注册日之前，含有上述作品的商标已在其他国家或地区获准注册并予以了公告，在无其他相反证据的情况下，可以合理的认定被异议商标申请人具有接触涉案作品的可能性。

（撰稿人：徐琳）

[①] 参见北京市第一中级人民法院（2010）一中知行初字第3223号判决；北京市高级人民法院（2012）高行终字第595号判决。

18. 损害他人在先姓名权的判定

——英国商·史东模特儿经纪有限公司请求宣告荆胜强"凯特·苔藓 KATE MOSS"商标无效行政纠纷案

案件索引：北京市第一中级人民法院（2010）一中知行初字第534号判决；北京市高级人民法院（2011）高行终字第723号判决。

基本案情

第3271558号"凯特·苔藓 KATE MOSS"（见图一）商标（以下称争议商标）由荆胜强（以下称被申请人）于2002年8月12日提出注册申请，2004年2月28日被核准注册，核定使用商品为服装、鞋、袜等。

Kate Moss
凯特·苔藓
图一

2006年9月20日，英国商·史东模特儿经纪有限公司（以下称申请人）向商评委提出争议申请，主要理由为："KATE MOSS"是一位英国名模的姓名，在时尚业界素有"再世梦露"之称，争议商标"凯特·苔藓 KATE MOSS"完整包含了 KATE MOSS 的姓名，其注册并非巧合，侵犯了 KATE MOSS 名模的姓名权，违反了2001

年《商标法》第三十一条"申请商标注册不得损害他人现有的在先权利"等相关规定,请求撤销争议商标的注册。

申请人为支持其主张,提交了KATE MOSS本人签名的授权书及中国驻英使馆的认证原件,网络下载的"世界名模集中营"图片、彩色宣传页,"KATE MOSS"作为商标在美国、欧盟申请或注册情况等证据。

被申请人答辩称:申请人称"KATE MOSS"是一位名模的姓名,但模特并非公众人物,中国人对外国模特的姓名比较陌生,同名同姓者很多。"KATE"是外国人的普遍姓氏,音译为"凯特","MOSS"则有多个意思,一是植物苔藓,二是译作"莫斯(男子名)"。争议商标的汉字部分是主体,中国公众易于理解、识别。争议商标具有独创性,也不存在抄袭、摹仿的主观恶意。因此,争议商标的注册没有损害他人姓名权,应予维持。

商评委经审理认为,申请人提交在案的证据,如2002年6月阿里巴巴网站刊登了关于KATE MOSS作为宝姿服装代言人的报道,再结合各时装杂志的封面宣传,能够证明"KATE MOSS"确系在时装业内享有一定知名度的模特姓名。争议商标"凯特·苔藓KATE MOSS"的英文部分为模特KATE MOSS的姓名,中文部分"凯特·苔藓"是该英文的翻译。争议商标使用于指定商品上可能对他人的姓名权造成损害,违反了2001年《商标法》第三十一条所述的申请商标注册不得损害他人现有在先权利的规定。

综上,商评委裁定撤销争议商标的注册。被申请人不服商评委裁定,向北京市第一中级人民法院提起行政诉讼。

商标权的无效宣告

判决与理由

  北京市第一中级人民法院经审理认为，申请人所提争议理由为争议商标的注册损害了模特 KATE MOSS 的姓名权，申请人为证明其具有提起争议申请的主体资格，提交了 KATE MOSS 向其出具的授权书，因该授权书中明确写明商·史东模特儿经纪有限公司作为 KATE MOSS 的"代理人及代表处理模特儿业务和其他商业活动"，同时"全权处理于中国地区之'KATE MOSS 凯特·苔藓'商标争议案申请（注册号 3271558，类别：25）……全部所需递交之文件及任何须采取之相关申请行动"，故由此可知 KATE MOSS 仅授权申请人作为其代理人处理本案争议商标的相关事务，并未授权其对 KATE MOSS 这一姓名享有任何实体上的权益，仅凭该证据无法证明申请人系 KATE MOSS 这一姓名的利害关系人，因此，其无权以在先姓名权为由提起本案所涉争议申请，商评委对于申请人提出的该争议申请予以受理的做法有误。

  申请人提交的用以证明模特"KATE MOSS"知名度的证据仅为阿里巴巴网站的网页打印件，上载有名为"名模 KATE MOSS 新宝姿代言人"的文章，该文章称"KATE MOSS 这位从 90 年代开始就红极一时的模特，再度成为各大时装品牌的最爱，成为宝姿 2002 春夏代言人"。虽然申请人仅提交了一份证据证明争议商标申请日之前 KATE MOSS 在中国的知名度，仅凭这一证据尚不足以证明其在中国具有较高的知名度，但鉴于 KATE MOSS 并非现有固定搭配的词汇，而荆胜强并未对争议商标采用这一词汇作出合乎逻辑的解释；鉴于争议商标申请人荆胜强作为服装行业经营者较之一般公众对于该行业具有更高的认知，且模特 KATE MOSS 曾为宝姿品牌服装 2002 年春夏代言人，因此可以判定荆胜强在第 25 类服装商品上注册争议商标具有不正当利用"KATE MOSS"这一姓名营利的目的，争议商标的注册及使用侵害了模特 KATE MOSS 的姓名权。

综上，北京市第一中级人民法院判决撤销商评委裁定。荆胜强、申请人和商评委均不服一审判决，向北京市高级人民法院提出上诉。

北京市高级人民法院经审理认为，综合申请人在评审程序中提交的授权书和在二审程序中补充提交的 KATE MOSS 的声明书，足以认定模特 KATE MOSS 认可申请人以自己的名义提起本案商标争议行为，更为重要的是，申请人与"KATE MOSS"这一姓名具有商业上的直接利害关系，属于 2001 年《商标法》第四十一条二款规定的"利害关系人"可以提起本案商标争议申请，原审法院认为申请人无权以在先姓名权为由提起本案所涉争议申请的认定有误，应予纠正。同时，北京市高级人民法院认为原审法院关于荆胜强在第 25 类服装等商品上注册争议商标具有不正当利用"KATE MOSS"这一姓名营利的目的，争议商标的注册及使用侵害了模特 KATE MOSS 的姓名权，违反了 2001 年《商标法》第三十一条"申请商标不得损害他人现有的在先权利"的规定的认定是正确的。综上，北京市高级人民法院判决撤销一审判决，维持商评委裁定。

评　析

本案是适用 2001 年《商标法》第三十一条（2013 年《商标法》第三十二条）"申请商标注册不得损害他人现有的在先权利"的规定

保护在先姓名权的典型案例。未经许可,将他人的姓名申请注册商标,给他人姓名权造成或者可能造成损害的,系争商标应当不予核准注册或者予以无效宣告。

一、在先姓名权的界定

姓名权,是指自然人享有的决定、变更和使用其姓名的权利。我国《民法通则》第九十九条第一款规定,"公民享有姓名权,有权决定、使用和依照规定改变自己姓名的权利,禁止他人干涉、盗用、假冒。"在商标异议、无效宣告案件中,损害姓名权的方式主要表现为盗用,即未经权利人的许可或者授权,擅自使用他人姓名申请注册为商标。他人的姓名可以包括本名、笔名、艺名、别名等。因姓名权具有人身权属性,因此所主张的姓名权主体必须是在世的自然人。对于未经许可,将已过世的他人姓名申请注册商标,可能误认公众的,一般会适用《商标法》第十条第一款(八)项"其他不良影响"条款予以规制。

例如,在第3858717号"李兴发LIXINGFA及图"商标争议案[1]中,贵州美酒河酿酒有限公司将已故的茅台酒厂原副厂长李兴发的姓名注册在酒精饮料(啤酒除外)商品上,李兴发之子李长寿以争议商标的注册损害李兴发的姓名权,并构成《商标法》第十条第一款(八)项"其他不良影响"所指情形为由向商评委提出争议申请,请求撤销争议商标。商评委经审理认为,在《商标法》下获得姓名权保护的主体应为在世的自然人,而李兴发已死亡,因此对申请人关于争议商标的注册申请损害了李兴发在先姓名权的主张不予支持。但是,

---

[1] 参见商评字〔2010〕第03390号关于第3858717号"李兴发LIXINGFA及图"商标争议裁定;北京市第一中级人民法院(2010)一中知行初字第2154号判决;北京市高级人民法院(2010)高行终字第1503号判决;最高人民法院(2012)知行字第11号行政裁定。

在案证据可以证明李兴发生前系茅台酒厂的副厂长，在1964年带领科研小组摸索出茅台酒三种典型体，使茅台酒的传统工艺得到进一步的认识和完善，勾兑方法更科学，受到贵州省政府、轻工厅的奖励，并在1984年至1992年期间获得了多项荣誉，为茅台酒的酿造工艺做出一定贡献，在酒行业内具有一定的知名度和影响力，将其姓名作为商标注册在酒精饮料商品上，易使相关消费者将商品的品质特点与李兴发本人或者茅台酒厂的生产工艺相联系，从而误导消费者，并造成不良影响，商评委裁定撤销争议商标的注册。本案经过司法两审程序，北京市第一中级人民法院和北京市高级人民法院均判决维持商评委裁定。贵州美酒河酿酒有限公司向最高人民法院提出再审申请，最高人民法院认为商评委与两审法院的认定正确，裁定驳回再审申请。

二、主张姓名权的主体资格

姓名权作为自然人的一项人身权利，自然应由其自行行使，因此，一般情况下，有权提出姓名权保护主张的主体应为其本人。但是，能证明与该姓名权具有利害关系的主体，可以提出姓名权的主张；若姓名权人明确授权第三人代为行使其提出商标异议或争议的权利时，应予以认可。除此之外，任何第三方都不具有在商标无效宣告程序中主张姓名权的主体资格。

本案中，KATE MOSS向申请人出具授权书，明确写明商·史东模特儿经纪有限公司作为KATE MOSS的"代理人及代表处理模特儿业务和其他商业活动"，同时"全权处理于中国地区之'KATE MOSS凯特·苔藓'商标争议案申请（注册号3271558，类别：25）……全部所需递交之文件及任何须采取之相关申请行动"。在一审法院对申请人的主体资格不予认可的情况下，申请人在二审程序中进一步补充提交了经公证认证的KATE MOSS本人的声明书。声明书进一步授权申请人提出争议系 KATE MOSS 的真实意思表示，且其"已把我所拥有的我的姓名、肖像、传记、绰号及商标之使用权全部授给商·史东模特儿经纪有限公司"。综合上述授权书与声明书，北京市高级人民法院判定申请人与"KATE MOSS"这一姓名具有商业上的直接利害关系，属于 2001 年《商标法》第四十一条第二款规定的"利害关系人"，可以提起本案商标争议申请。

在第 3546462 号"泽塔琼斯 ZetaJones"商标争议案[①]中，争议申请人为卡瑞达资产有限公司（以下称申请人），为了证明其与泽塔琼斯的姓名权具有利害关系，申请人向商评委提交了其于 2005 年 4 月 15 日以自己名义向商标局在第 3、9、41 类商品或服务上申请注册"CATHERRINE ZETA-JONES"商标的申请书复印件。商评委与两审法院均认为申请人提交的上述证据仅能证明原告申请注册商标的情况，不能证明其系凯瑟琳·泽塔-琼斯这一姓名的利害关系人，因此申请人无权以争议商标损害了凯瑟琳·泽塔-琼斯的姓名权为由提起商标争议申请。

三、系争商标与他人姓名的比对

实践中，对于姓名权的保护一般以系争商标与他人姓名相同为前提。对于与他人姓名读音完全相同，但文字并不完全相同的系争商标，若他人姓名具有较高知名度，系争商标的注册和使用可能误导公众，损害他人利益，一般会适用《商标法》第十条第一款（八）项，不予注册或宣告无效；若系争商标仅为常见的姓氏或名字，实践中多见为外国人的姓氏或名字，与请求获得姓名权保护的他人姓名并非完全相同，一般会判定不构成对他人姓名权的损害。本案中，

---

① 参见商评字〔2010〕第 37158 号关于第 3546462 号"泽塔琼斯 ZetaJones"商标争议裁定；北京市第一中级人民法院（2011）一中知行初字第 2027 号判决；北京市高级人民法院（2012）高行终字第 1237 号判决。

争议商标"凯特·苔藓 KATE MOSS"的英文部分为模特 KATE MOSS 的姓名，中文部分"凯特·苔藓"是该英文的翻译，应认定争议商标的注册属于未经许可，将他人的姓名申请注册商标的行为。

四、给他人姓名权造成或者可能造成损害的判定

实践中，损害他人姓名权的案例一般都是未经许可，将在社会公众当中具有较高知晓程度的他人姓名申请注册为商标。他人姓名的知名度是判定是否可能给他人姓名造成损害的重要因素，但是是否就可以得出获得姓名权保护应以该姓名在中国相关公众中具有较高知名度为必要条件的结论呢？《商标法》规定"申请商标注册不得损害他人现有的在先权利"的立法目的是为了解决权利冲突，维护在先权利人利益，制止商标不当注册，《民法通则》第九十九条第一款明确规定"公民享有姓名权，有权禁止他人干涉、盗用、假冒"。因此，凡是未经许可使用公众人物的姓名申请注册商标的，或者明知为他人的姓名，却基于损害他人利益的目的申请注册商标的，均应当认定为对他人姓名权的侵害。

本案中，申请人商·史东公司在评审程序中提交的用以证明模特"KATE MOSS"知名度的证据仅为阿里巴巴网站的网页打印件，上载有名为"名模 KATE MOSS 新宝姿代言人"的文章，仅凭这一证据尚不足以证明 KATE MOSS 在中国具有较高的知名度。但鉴于 KATE MOSS 并非现有固定搭配的词汇，而争议商标申请人并未对争议商标采用这一词汇作出合乎逻辑的解释，综合考虑其作为服装行业经营者较之一般公众对于该行业具有更高的认知，且模特 KATE MOSS 曾为宝姿品牌服装 2002 年春夏代言人，可以判定争议商标注册人是明知"KATE MOSS"为他人的姓名，却基于不正当利用这一姓名营利的目的申请注册商标的，争议商标在第 25 类服装商品上的

注册及使用会损害模特 KATE MOSS 的姓名权。

北京市第一中级人民法院在第 3973136 号"ZANG TOI 及图"商标异议复审行政诉讼案[①]中，明确阐述了他人姓名在我国相关公众中是否被知晓并非侵犯姓名权行为成立的必要条件，认为："我国法律对于姓名权的保护，主要以使用他人姓名的行为人是否具有不正当的使用他人姓名之目的作为考量标准，如果行为人具有上述目的，即可以认定其行为属于侵犯公民姓名权的范畴，而被使用的他人姓名在我国的相关公众中是否具有一定的知名度仅是判断是否侵犯姓名权行为的参考因素之一，该因素并非侵犯姓名权行为成立的必要条件。"

五、同名情况下对姓名权的保护

实践中，有时会出现系争商标的注册人姓名与主张在先姓名权的主体姓名相同的情况。姓名权具有人格权属性，任何使用某姓名的自然人，均享有《民法通则》第九十九条第一款规定的决定、使用和依照规定改变自己姓名的权利，并有权禁止他人干涉、盗用、假冒。因此，不管是否具有较高的社会知名度，同名的自然人之间的姓名权是平等的。在系争商标的注册人姓名与主张在先姓名权的主体姓名相同的情况下，他人有关姓名权的主张是不能予以支持的。但是，权利不应滥用，任何权利的行使都应具有界限，不得损害他人合法权益及社会的公共利益，姓名权也不例外。若主张在先姓名权的主体具有较高的社会知名度，系争商标在指定商品上的使用可能会不正当攀附他人的知名度和影响力，使相关公众认为该商标与他人具有一定联系，从而产生误购的，在 2001 年《商标法》下，可以适用第十条第一款（八）项"其他不良影响"条款予以规制。

---

① 参见北京市第一中级人民法院（2012）一中知行初字第 1954 号判决。

在第4143917号"刘德华"商标争议案①中，争议商标"刘德华"由大陆的一名叫刘德华的自然人于2004年6月29日申请注册，于2007年7月28日获得核准，核定使用在第3类洗面奶、皮革保护剂（上光）、化妆品、洗发液、香皂、摩丝、牙膏等商品上。争议商标后经过三次转让，转让予广州市金栢丽保健品有限公司名下。香港艺人刘德华授权委托亨泰环宇有限公司（以下称申请人）向商评委提出争议申请，认为争议商标的注册损害了艺人刘德华的姓名权，并可能造成不良影响，争议商标应予撤销。申请人提交了刘德华的授权申请人处理国内商标事宜的授权书、有关香港艺人刘德华知名度的相关证据。商评委经审理认为，"刘德华"是争议商标最初的注册申请人的真实姓名，同时也是申请人旗下艺人刘德华的艺名，两人均依法享有姓名权。因此，争议商标的申请注册行为并未侵犯他人的姓名权。

但是，在案证据证明，"刘德华"为申请人旗下艺人刘德华的艺名，其长期从事电影、电视及演唱事业，并积极参与公益慈善活动，在争议商标申请注册之前，其演绎的电影、电视及歌曲作品已在中国广泛流行，其本人亦已取得了一定的知名度和较高的声誉。虽然争议商标最初的注册申请人刘德华享有姓名权，但因争议商标与艺人刘德华姓名相同，后者在争议商标申请注册日前在中国大陆已具有较高的社会知名度，争议商标核定使用的商品与后者所从事的演艺事业及其商业价值有密切联系，故在实际使用中易使消费者产生联想，将被申请人的上述商品与著名艺人刘德华联系在一起从而发生商品来源的误认，扰乱正常的市场秩序，并对著名艺人刘德华的

---

① 参见商评字〔2011〕第09341号关于第4143917号"刘德华"商标争议裁定；北京市第一中级人民法院（2011）一中知行初字第2272号判决。

个人声誉造成不良影响。因此，争议商标的注册申请人行使权利已超出合法的界限，损害了广大消费者及申请人旗下艺人刘德华的合法权益，具有不良影响。依据2001年《商标法》第十条第一款第（八）项的规定，争议商标的注册应予撤销。该案后经北京市第一中级人民法院判决维持商评委裁定，该裁定已生效。

《商标法》第三次修改中，把第十条第一款（七）项的规定由"夸大宣传并带有欺骗性的"修改为"带有欺骗性，容易使公众对商品的质量等特点或者产地产生误认的"，这实际上是将原来2001年《商标法》下可能适用第十条第一款第（八）项"其他不良影响"规制的某些可能使公众误认的情形明确列出，划入第十条第一款（七）项予以规制。前述同名情况下对姓名权的保护是否在2013年《商标法》下就应适用第十条第一款（七）项予以规制虽然有待实践总结，但适用本项的规定更为合适。

（撰稿人：徐琳）

19. 损害他人在先商号权的判定

——北京西贝莜面村餐饮有限责任公司请求宣告席嘉骏"西贝莜面村"商标无效行政纠纷案

案件索引：北京市第一中级人民法院（2012）一中知行初字第222号，2012年5月10日判决；北京市高级人民法院（2012）高行终字第1358号，2012年10月16日判决。

基本案情

第3695264号"西贝莜面村"（见图一）商标（以下称争议商标）由席嘉骏（以下称被申请人）于2003年8月29日向商标局提出注册申请，2005年6月7日获准注册，指定使用商品为第30类饼干、大饼、食用淀粉产品、调味品、饮料制剂等。

西贝莜面村

图一

2009年11月26日，北京西贝莜面村餐饮有限责任公司（以下称申请人）向商评委提出争议申请，主要理由为：申请人是2001年12月3日在北京市工商局登记成立的餐饮公司，通过经营与宣传，"西贝莜面村"作为申请人的企业字号已具有较高知名度。争议商标与申请人字号完全相同,且被申请人曾多次和申请人母公司联系,欲出售其已在先抢注的争议商标,遭到申请人拒绝,其行为侵害了申请人享有的在先企业字号权,违反了2001年《商标法》第三十一条"申请商标注册不得损害他人现有的在先权利"等相关规定,请求撤销争议商标的注册。

申请人为支持其主张,提交了其企业法人营业执照副本、证明书、广告宣传合同及发票、《北京日报》、《CHINA TRADE NEWS》报、国家一级酒店证书、北京市饮食经营规范证书和守信用企业证书、捐赠证书、中国风味特色餐厅证书等证据。

被申请人在规定期限内未进行答辩。

商评委经审理认为,企业字号属于商标法第三十一条所指除商标权以外的其他合法在先权利。首先,申请人提交的在案证据可以证明,在争议商标申请日之前,"西贝莜面村"作为申请人企业字号已正式登记注册和使用,并通过多种媒体进行了较为广泛的广告宣传,使该字号在餐饮等服务领域及相关公众中已具有一定社会知名度,为相关消费者所知晓。其次,申请人在先使用的"西贝莜面村"字号并非现代汉语固有的常见词语,具有特定指向性和一定的独创性。第三,争议商标与申请人在先使用并已具有一定影响的企业字号完全相同,这很难以巧合来解释,况且,争议商标指定使用的大饼等商品,与申请人提供的餐饮等服务具有较为密切的关联关系,争议商标的注册与使用,易导致相关消费者产生混淆,误认为争议商标指定使用商品源自于申请人,或与申请人存在某种特定联系,致使申请人的利益可能受到损害,争议商标的注册已构成2001年商标法第三十一条所指"损害他人现有在先权利"之情形。

综上，商评委裁定撤销争议商标的注册。被申请人不服商评委裁定，向北京市第一中级人民法院提起行政诉讼。

判决与理由

北京市第一中级人民法院认为，争议商标由中文"西贝莜面村"组成，与第三人的商号完全相同。第三人在商标争议程序中提交的证据可以证明经过第三人的广泛宣传，在争议商标申请注册前，第三人商号"西贝莜面村"已为相关公众所知悉，该公司在餐饮行业中具有一定知名度。争议商标核定使用的大饼、饮料制剂等商品与第三人提供的中餐服务等均涉及餐饮领域，两者在销售（服务）对象、销售（服务）渠道等方面具有较大共同性，存在密切联系，两者构成类似商品（服务）。争议商标的注册与使用易导致相关消费者产生混淆，误认为争议商标指定使用的商品源自于第三人，或与第三人存在某种特定联系，致使第三人的利益可能受到损害。综上，被告关于原告申请注册争议商标损害了第三人在先的企业字号权的认定正确，应予维持。

被申请人不服一审判决，向北京市高级人民法院提出上诉。北京市高级人民法院经审理判决驳回上诉，维持原判。

评 析

本案是适用 2001 年《商标法》第三十一条"申请商标注册不得损害他人现有的在先权利"的规定保护在先商号权的典型案例。在商标法下，在先商号权获得保护的要件有三：一是商号的登记、使用日应当早于系争商标注册申请日；二是该商号在中国相关公众中具有一定的知名度；三是系争商标的注册与使用容易导致相关公众产生混淆，致使在先商号权人的利益可能受到损害。

一、在先商号权的界定

2001年《商标法》第三十一条（2013年《商标法》第三十二条）"申请商标注册不得损害他人现有的在先权利"中所指的"在先权利"是除商标权以外的其他在先权利。从该条款解决商标权与其他合法在先权利之间权利冲突的立法目的来看，"在先权利"应该既包括法定权利，也包括依法应当受到保护的法定权益。

商号，又称字号，是指从事生产或经营活动的经营者在进行登记注册时用以表示自己营业名称的部分。商号权属于《保护工业产权巴黎公约》所定义的工业产权范畴，经过依法登记而取得的商号，应当受到法律的保护。目前，我国法律对商号权未有明确规定，即通常所说的"商号权"与姓名权、肖像权不同，其并非一项法定权利，但是依据《反不正当竞争法》和相关司法解释的规定，其依法应受到保护。

《反不正当竞争法》第五条第（三）项规定："经营者不得擅自使用他人企业名称、引人误认为是他人的商品的不正当手段从事市场交易，损害竞争对手。"《最高人民法院关于审理不正当竞争民事案件应用法律若干问题的解释》第六条第一款规定："企业登记主管机关依法登记注册的企业名称，以及在中国境内进行商业使用的外国（地区）企业名称，应当认定为反不正当竞争法第五条第（三）项规定的'企业名称'。具有一定的市场知名度、为相关公众所知悉的企业名称中的字号，可以认定为反不正当竞争法第（三）项规定的'企业名称'。"

以商号权对抗系争商标注册的，商号的登记、使用日应当早于系争商标的申请注册日。在先享有商号权的事实可以通过企业登记资料、使用该商号的商品交易文书、广告宣传材料等加以证明。本案中，申请人提交的证据证明其正式登记注册于2001年12月3日，经营范围：中餐服务、零售烟、饮料、酒，早于争议商标的申请注册日2003年8月29日，因此，可以判定申请人的商号"西北莜面村"构成了在先商号权。

二、在先商号知名度的判定

在先商号在中国相关公众中具有一定的知名度是其获得保护的前提。在先商号在相关公众中是否具有知名度，应从商号的登记时间、使用该商号从事经营活动的时间跨度、地域范围、经营业绩、广告宣传情况等方面予以综合考量。

本案中，根据申请人在评审程序中提交的证据显示，在争议商标申请注册前，申请人及其关联公司在北京交通台、北京人民广播电台、108个候梯厅、中国候车亭广告网、出租车、北京电视台（BTV-1、BTV-2、BTV-3、BTV-4、BTV-7）等媒体发布广告宣传"西贝莜面村"商号及其餐饮服务；2002年12月26日出版发行的《北京日报》刊登了有关"西贝莜面村"访谈文章；2003年9月11日，全国酒家酒店评定委员会向西北莜面村公司颁发国家一级酒家证书。上述证据可以证明经过第三人的广泛宣传，在争议商标申请注册前，第三人商号"西贝莜面村"已为相关公众所知悉，在餐饮行业中具有一定知名度。

三、容易导致相关公众产生混淆，致使在先商号权人的利益可能受到损害的判定

"容易导致相关公众产生混淆，致使在先商号权人的利益可能受到损害"是指系争商标的注册与使用将会导致相关公众误以为该

商标所标识的商品/服务来自于商号权人,或者与商号权人有某种特定联系,从而产生混淆误认,损害在先商号权人的利益。判定是否"容易导致相关公众产生混淆,致使在先商号权人的利益可能受到损害"应综合考虑在先商号的独创性与知名度、系争商标与在先商号的近似程度、系争商标指定使用的商品/服务与商号权人提供的商品/服务之间的关联程度等因素。一般情况下,系争商标指定使用的商品/服务与商号权人提供的商品/服务应当相同或者类似。但是,考虑现代企业多元化经营发展的社会现实,消费者已经逐渐习惯于企业的跨领域、跨行业经营,若在先商号知名度较高、系争商标与在先商号高度近似且其申请人主观恶意明显,则对在先商号权的保护不应过于拘泥于其生产经营的商品或服务,可适当扩大范围至关联性较强、易使相关公众产生混淆进而损害商号权人利益的商品或服务。

本案中,"西贝莜面村"并非现代汉语固有的常见词语,具有较强的独创性,经过申请人的广泛宣传,其在争议商标申请注册日之前已经在餐饮行业具有较高的知名度,被申请人注册与之完全相同的争议商标难谓巧合。虽然依据《类似商品和服务区分表》,争议商标核定使用的大饼、调味品、饮料制剂等商品与申请人所从事的餐饮服务并非类似商品/服务,但却均涉及餐饮领域,存在密切联系,综合考虑申请人"西北莜面村"商号独创性和知名度较高、系争商标与之完全相同、被申请人主观恶意明显等因素,应判定系争商标的注册与使用,容易导致相关公众产生混淆,致使申请人的利益可能受到损害。

四、在先商号权保护的其他相关问题

(一)企业名称简称的保护

对于企业名称中含有区别性商号的,对该企业名称的保护一般

体现为保护在先的商号。但是对于某些企业名称中不含有区别性商号的企业，通常相关公众会以该企业名称的简称呼叫或识别该企业。若在案证据可以证明该企业名称简称经过长期、广泛的使用与宣传，已经为相关公众所熟知和认同，在相关领域具有较高的市场知名度，已经产生识别经营主体的商业标识意义，则其可以获得在先商号权的保护。

在第6635873号"金贵轮"商标争议案[①]中，申请人贵州轮胎股份有限公司主张"贵轮"是其在先使用的具有较高知名度的商号，被申请人赵建彬申请注册争议商标恶意明显，在2009年申请人诉贵州佳通联合橡胶有限公司（该公司法定代表人为赵建彬）侵犯企业名称权一案中，贵阳市中级人民法院和贵州省高级人民法院均对被告侵权的事实予以确认。商评委经审理认为，在案证据可以证明通过申请人的使用与宣传，"贵轮"在轮胎生产行业已经具有较高的市场知名度，相关公众已经将其与申请人之间建立了特定联系。申请人是轮胎生产企业，其产品与争议商标指定使用的车辆轮胎等商品构成相同或类似商品，争议商标的注册损害了申请人的在先商号权，争议商标应予撤销。该案经过司法一审，北京市第一中级人民法院判决维持商评委裁定。

（二）老字号的保护

在涉及在先商号权保护的案件中，有关老字号保护的案件相对比较复杂，通常会涉及老字号传人与老字号目前的所有者之间、老字号历史经营者之间的利益取舍与平衡，需要综合考虑老字号的渊源传承、历史经营情况和当前经营情况等多种因素。

[①] 参见商评字〔2012〕第08260号关于第6635873号"金贵轮"商标争议裁定；北京市第一中级人民法院（2012）一中知行初字第1695号判决。

商标权的无效宣告

在第 4570166 号"大宁堂 1644 及图"商标争议案①中，太原大宁堂药业有限公司（以下称被申请人）将争议商标注册在第 5 类中成药等商品上，山西省药材公司（以下称申请人）以争议商标的注册损害其在先商号权为由向商评委提出争议申请，请求撤销争议商标。商评委经审理认为，在案证据可以证明"大宁堂"是使用在中成药商品上的历史悠久的中华老字号，最高人民法院关于本案双方当事人就"大宁堂"商标侵权案件曾做出再审裁决，认定经过 1956 年公私合营后老字号"大宁堂"字号权及商誉的承载者应为本案申请人山西省药材公司。被申请人与申请人地处同一区域，且药品生产与药品销售服务密切相关，争议商标注册损害了申请人的在先商号权，争议商标应予撤销。该案经过司法两审，北京市第一中级人民法院和北京市高级人民法院均判决维持商评委裁定。被申请人太原大宁堂药业有限公司向最高人民法院提出再审申请，最高人民法院认为原审判决认定事实清楚，适用法律正确，裁定驳回被申请人的再审申请。

在第 3320195 号"三多轩"商标异议复审案②中，商评委认为虽然"三多轩"由被异议商标的注册申请人黄锦琪的祖辈始创，但是在 1957 年公私合营后，"三多轩"资产收归国有，黄家不再对"三多轩"商号享有所有权。1985 年 10 月 18 日，在广州市东山区政府的筹备和组织下，三多轩商店进行复业经营。"三多轩"作为本案复

---

① 参见商评字〔2010〕第 19438 号关于第 4570166 号"大宁堂 1644 及图"商标争议裁定；北京市第一中级人民法院（2010）一中知行初字第 3539 号判决；北京市高级人民法院（2011）高行终字第 339 号判决；最高人民法院（2013）知行字第 62 号行政裁定。

② 参见商评字〔2010〕第 15449 号关于第 3320195 号"三多轩"商标异议复审裁定；北京市第一中级人民法院（2010）一中知行初字第 2933 号判决；北京市高级人民法院（2011）高行终字第 685 号判决。

审申请人三多轩商店的商号的主要部分，一直使用至今，还被广州市人民政府评为"广州老字号"。黄锦琪注册被异议商标损害了申请人的在先商号权，并构成抢先注册他人在先使用并有一定影响的商标，被异议商标应不予核准注册。黄锦琪不服商评委裁定，向北京市第一中级人民法院提起行政诉讼。一审法院经审理认为，在案证据可以证明，"三多轩"字号创于清咸丰年间，是黄锦琪的高祖父黄其佩始创，主要经营和制作笔墨纸砚等。虽然三多轩商店自1957年即享有"三多轩"企业名称权，但在其后的经营活动中并未一直使用，其正式沿用"三多轩"字号仅在1985年至2000年期间，且无证据证明三多轩商店在此期间的经营活动在消费者中产生了一定的影响力；而且，在2000年后，三多轩商店处于停业整顿状态，更不能认为三多轩商店实际使用了"三多轩"字号。此外，在案证据可以证明"三多轩"字号的影响力更多的是来自于其创始人黄其佩代表的黄氏家族几代人努力经营的结果。三多轩商店虽然获得"广州老字号"证书，但综合考虑黄氏家族对"三多轩"的贡献和三多轩商店的实际经营状态，该证书不能证明"三多轩"字号具有的一定市场知名度是基于三多轩商店的经营活动所带来的。在案证据不足以证明三多轩商店使用"三多轩"的企业字号在相关公众中已经与其产生唯一的对应关系，黄锦琪作为"三多轩"创始人的后代，其在第16类笔墨纸砚等商品上申请注册"三多轩"商标具有合理理由，被异议商标应予以核准注册，判决撤销商评委裁定。该案后经二审程序，北京市高级人民法院判决驳回上诉，维持原判。

在第1780508号"亨得利"商标异议复审案[①]中，中国商业企

---

① 参见商评字〔2010〕第09608号关于第1780508号"亨得利"商标异议复审裁定；北京市第一中级人民法院（2010）一中知行初字第3180号判决；北京市高级人民法院（2011）高行终字第132号判决。

业管理协会亨得利亨达利（钟表）商业分会（以下称两亨分会）向商标局申请注册被异议商标，指定使用在钟、手表等商品上，后北京市钟表眼镜公司提出异议，商标局裁定被异议商标不予核准注册，两亨分会向商评委提出复审。商评委经审理认为，根据在案证据和商评委已生效的相关裁定认定的事实，"亨得利"为老字号，其市场信誉与商业价值是全国众多亨得利企业共同创立，不宜由某一企业或组织所独占。两亨分会提交的证据不足以证明其可以代表全国亨得利企业注册申请"亨得利"商标。被异议商标的注册损害了在被异议商标申请注册前已经合法存在的亨得利钟表企业就"亨得利"这一知名字号所享有的合法在先权利，被异议商标不应予以核准注册。该案后经司法两审，北京市第一中级人民法院和北京市高级人民法院均判决维持商评委裁定。

（撰稿人：徐琳）

20. "以其他不正当手段取得注册"的判定
—— 日本国株式会社双叶社请求宣告江苏蜡笔小新服饰有限公司"蠟筆小新"商标无效行政纠纷案

案件索引：北京市第一中级人民法院（2011）一中知行初字第1230号，2011年6月26日判决；北京市高级人民法院（2011）高行终字第1428号，2011年12月9日判决。

基本案情

第1026606号"蠟筆小新"商标（以下称争议商标，见图一）由广州市诚益眼镜公司于1996年1月9日向商标局提出注册申请，1997年6月14日获准注册，核定使用在第18类旅行袋等商品上。经商标局核准，争议商标先转让于上海思嘉经贸发展有限公司，后转让于江苏蜡笔小新服饰有限公司（以下称被申请人）。

图一

2005年1月26日，日本国株式会社双叶社（以下称双叶社）

向商评委提出争议申请,主要理由为:争议商标的注册具有明显恶意,损害了双叶社在先著作权,并构成对双叶社未注册驰名商标的恶意抢注,本案的争议申请期限计算应适用1993年《商标法》进行审理,即使依据2001年《商标法》,对争议商标的争议申请期限也应从其实施之日起算。

商评委经审理做出商评字〔2005〕第4646号争议裁定,认为首先,本案是在2001年《商标法》实施后提出的争议申请,应适用2001年《商标法》第四十一条第二款的相关规定进行审理。双叶社依据《商标法》第三十一条提出的撤销争议商标的理由超出五年的法定期限,该项评审请求应予以驳回。其次,双叶社依《商标法》第十三条第一款和第四十一条第一款的规定撤销争议商标注册的主张,因证据不足,不能成立。

双叶社不服商评委裁定提起诉讼,一审法院判决维持商评委裁定。双叶社不服一审判决提起上诉,二审法院经审理做出(2006)高行终字第392号行政判决,认为本案争议应适用新《商标法》中五年争议期限的规定,但五年的争议期限应当自2001年12月1日起算,否则对"享有在先权利的人"有失公平,同时也违背《立法法》关于"法不溯及既往"的原则。商评委和一审法院对五年争议期限起算点的认定有误,应予纠正。双叶社提交的广州市诚益眼镜公司曾经及现在持有的商标的档案资料表明,广州市诚益眼镜公司具有大批量、规模性抢注他人商标并转卖牟利的行为,情节恶劣且严重。"蜡笔小新"文字及图形作为作品具有独创性,且在本案争议商标申请日前在日本、中国台湾、香港具有较高知名度,广州市诚益眼镜公司复制了上述作品并将其作为商标在中国大陆予以注册,结合其批量性、大规模注册他人商标的行为,可以认为广州市诚益眼镜公司明显具有侵害他人权利抢注他人商标的恶意,有违诚实信用原则,其行为违反了2001年《商标法》第四十一条之规定。鉴于双叶社在商标评审程序中并未提出上述证据，本院不宜直接作出处理。商评委裁定和一审判决对部分事实虽认定有误，但适用法律并无不当，上诉人双叶社上诉理由不能成立，判决驳回上诉，维持原判。

双叶社不服二审判决，向最高人民法院申请再审。最高院经审查认为，依照《最高人民法院关于审理商标案件有关管辖和法律适用范围问题的解释》第五条之规定，本案争议应适用2001年《商标法》的相关规定进行审查。双叶社于2005年1月26日提出撤销申请，据争议商标注册之日已逾七年，超出了第四十一条第二款规定的五年期限，商评委和一审法院认定其申请超出法定期限，并据此驳回申请，符合法律规定。原二审判决关于《商标法》规定的五年期限应自2001年12月1日商标法生效之日起计算的认定没有法律依据，但裁判结果正确，故无须再启动审判监督程序予以纠正。

2007年3月8日，双叶社以争议商标的注册构成2001年《商标法》第四十一条第一款所指"以其他不正当手段取得注册"的情形为由，再次向商评委申请撤销争议商标。

双叶社向商评委提交了大量证据，主要分为以下四类：一是证明双叶社是"蜡笔小新"的合法著作权人的证据；二是《蜡笔小新》漫画在台湾、香港和中国大陆及世界其他国家广泛发行的证据；三是证明"蜡笔小新"图形及文字在包括中国的很多国家获得注册和使用，享有较高知名度的证据；四是证明争议商标的原注册人广州市诚益眼镜公司具有主观恶意的相关证据。

被申请人答辩称：一、申请人争议裁定申请违反了"一事不再理"原则，本案应予以驳回。二、没有证据证明争议商标的注册系恶意抢注双叶社商标的不正当竞争行为，本案不符合2001年《商标法》第四十一条第一款的适用条件，争议商标应予维持。

商评委经审理做出商评字〔2010〕第39811号争议裁定。商评委认为,"蜡笔小新"文字及图形具有较强的独创性和显著性,且在本案争议商标申请注册前在日本、中国香港、中国台湾地区已具有较高知名度。争议商标原注册人广州市诚益眼镜公司位于与香港毗邻的广州,应当知晓"蜡笔小新"的知名度情况,其在第9、16、18、25、28类别注册了包括争议商标在内共计9件商标,还在第9类申请注册了近50件他人的知名商标,包括高露洁、史诺比、七喜等国际知名品牌,商标局、商评委已多次在异议裁定、异议复审裁定及争议裁定中对广州市诚益眼镜公司恶意抢注他人知名商标的行为性质进行了有效认定。综上,争议商标原注册人申请注册争议商标的行为已经违反了诚实信用原则,扰乱了商标注册管理秩序及公共秩序,损害了公共利益,构成2001年《商标法》第四十一条第一款所指"以其他不正当手段取得注册"之情形,争议商标应予撤销注册。

被申请人不服商评委做出的第39811号裁定,向北京市第一中级人民法院提起行政诉讼。

判决与理由

北京市第一中级人民法院经审理认为,《蜡笔小新》系列漫画及动画片早于争议商标申请日之前已在日本、中国香港、中国台湾地区广泛发行和播放,具有较高知名度。虽然其注册申请人诚益公司地处广州,但毗邻香港,两地交流频繁,各类信息传递迅速,诚益公司理应知晓"蜡笔小新"的知名度,其将"蜡笔小新"文字或卡通形象申请注册商标,主观恶意明显。

其次，根据双叶社在本案中提交的证据，可以证明商标局、商评委在异议裁定、异议复审裁定及争议裁定中对诚益公司多次恶意抢注他人知名商标的行为性质进行了认定，结合双叶社提交的诚益公司申请注册他人知名商标的档案资料，佐证了北京市高级人民法院在（2006）高行终字第392号行政判决中关于诚益公司具有大批量、规模性抢注他人商标并转卖牟利行为的认定。综合考虑上述因素，诚益公司申请注册争议商标的行为，不仅违反了诚实信用原则，侵害了双叶社的特定权益，也扰乱了商标注册管理秩序及公共秩序，极大地浪费了行政审查资源及司法资源，损害了公共利益。最终，一审法院判决维持商评委被诉裁定。

被申请人不服一审判决，向北京市高级人民法院提出上诉。北京市高级人民法院经审理判决驳回上诉，维持原判。

评 析

本案是适用2001年《商标法》第四十一条第一款"以其他不正当手段取得注册"的规定，制止非以使用为目的，大量或多次抢注他人知名度较高或独创性较强商标以谋取不正当利益行为的典型案例。

一、"以其他不正当手段取得注册"的立法渊源

2001年《商标法》第四十一条第一款规定："已经注册的商标，违反本法第十条、第十一条、第十二条规定的，或者是以欺骗手段或者其他不正当手段取得注册的，由商标局撤销该注册商标；其他单位或者个人可以请求商标评审委员会裁定撤销该注册商标。"本规定源自1993年《商标法》第二十七条第一款和《商标法实施细则》第二十五条。1993年《商标法》第二十七条第一款规定："已经注

册的商标，违反本法第八条规定的，或者是以欺骗手段或者其他不正当手段取得注册的，由商标局撤销该注册商标；其他单位或者个人可以请求商标评审委员会裁定撤销该注册商标。"1993年《商标法实施细则》第二十五条规定："下列行为属于《商标法》第二十七条第一款所指的以欺骗手段或者其他不正当手段取得注册的行为：（1）虚构、隐瞒事实真相或者伪造申请书件及有关文件进行注册的；（2）违反诚实信用原则，以复制、模仿、翻译等方式，将他人已为公众熟知的商标进行注册的；（3）未经授权，代理人以其名义将被代理人的商标进行注册的；（4）侵犯他人合法的在先权利进行注册的；（5）以其他不正当手段取得注册的。"2001年商标法修订时，将1993年《商标法实施细则》第二十五条的第（2）项分解为《商标法》第十三条保护驰名商标和第三十一条保护在先使用并有一定影响的商标；将第（3）项修改为《商标法》第十五条禁止代理人或者代表人抢注商标所有人的商标；将第（4）项修改为《商标法》第三十一条禁止侵害他人合法在先权利，同时将"以欺骗手段或者其他不正当手段取得注册"的规定保留在了《商标法》的第四十一条第一款。

2013年《商标法》区分了无效宣告与撤销，2001年《商标法》第五章的标题"注册商标争议的裁定"在新法中被修改为"注册商标的无效宣告"，原注册商标争议案件成为了新法下注册商标无效宣告案件。2013年《商标法》第四十四条第一款与2001年《商标法》第四十一条第一款的规定基本相同，将"以欺骗手段或者其他不正当手段取得注册"与第十条、第十一条、第十二条规定并列为宣告注册商标无效的法律依据。

二、"以其他不正当手段取得注册"的理解与适用

"以其他不正当手段取得注册"能否用于保护私权及其适用条件，曾经是长期困扰商评委和司法机关的疑难问题之一。从"以其

他不正当手段取得注册"的立法渊源可以看出，1993年《商标法》第二十七条"以欺骗手段和其他不正当手段取得注册"规定的立法本意是既禁止欺骗商标注册机关的注册，也禁止侵害他人权益的不正当注册，即同时禁止损害公共利益与注册秩序的行为和损害特定民事权利主体的商标不当注册行为。但是在2001年《商标法》第四十一条中，"以其他不正当手段取得注册"规定与第十条、第十一条、第十二条、欺骗手段等绝对性理由并列，且其第二款和第三款规定了侵害特定权利人权益的相对性理由，从字面和逻辑关系上理解，本条中"以其他不正当手段取得注册"保护的是公共利益和注册秩序，不能用于保护相对人的权益。

由于2001年《商标法》并无关于诚实信用原则的总则性或兜底性条款，对于恶意明显、同时难以适用第十三条、第十五条、第三十一条的不正当商标注册行为，没有相适的法条进行有效制止。考虑到第四十一条第一款的立法渊源和评审实践的需要，商评委在经过2004年和2005年专家咨询会深入讨论的基础上，制定了关于第四十一条第一款的审理标准，对属于2001年《商标法》第十三条、第十五条、第三十一条等条款规定的情形之外，确有充分证据证明系争商标注册人明知或者应知为他人在先使用的商标而申请注册，其行为违反了诚实信用原则，损害了他人的合法权益，损害了公平竞争的市场秩序的行为予以规制。按照2005年的《商标审查及审理标准》中的规定，"以其他不正当手段取得注册"的适用要件有四：一是引证商标已经在中国在先使用；二是系争商标与引证商标使用商品属于同一种或者类似商品；三是争议商标与引证商标相同或者近似；四是系争商标注册人明知或者应知引证商标存在。在"GAP"、"无印良品"等多起案件中，商评委适用2001年《商标法》第四十一条第一款制止恶意明显的不正当竞争行为，收到了良好的社会效果，上述裁定在后续的司法审查程序中也均得到了维持。

但是，最高人民法院在2008年9月份作出的（2006）行监字第118-1号《驳回再审申请通知书》中认为：在商标法第四十一条第一款涉及的是撤销商标注册的绝对事由，这些行为损害的是公共秩序或者公共利益，或者是妨碍商标注册管理秩序的行为，在涉及在先权利的注册商标争议中，应当适用同条第二款、第三款的规定。最高人民法院在2010年4月公布的《关于审理商标授权确权行政案件若干问题的意见》（以下称《意见》）中，对此进一步予以明确。《意见》第十九条规定："人民法院在审理涉及撤销注册商标的行政案件时，审查判断诉争商标是否属于以其他不正当手段取得注册，要考虑其是否属于欺骗手段以外的扰乱商标注册秩序、损害公共利益、不正当占用公共资源或者以其他方式谋取不正当利益的手段。对于只是损害特定民事权益的情形，则要适用商标法第四十一条第二款、第三款及商标法的其他相应规定进行审查判断。"

《意见》颁布后，有关"以其他不正当手段取得注册"能否用于保护私权的争议基本尘埃落定。随着实践的发展，目前商评委与法院对于非以使用为目的，大量或多次抢注他人知名度较高或独创性较强商标以谋取不正当利益的行为应视为是扰乱商标注册秩序的行为，构成了"以其他不正当手段取得注册"所指情形已基本形成共识。在本案中，争议商标的原注册人广州市诚益眼镜公司在应当知晓"蜡笔小新"为他人享有著作权的作品且知名度较高的情况下，在第9、16、18、25、28类别注册了包括争议商标在内共计9件含有"蜡笔小新"文字或者卡通图形的商标。此外，其在9、18、25、44等多个类别上申请注册了"SNOOPY"、"史诺比"、"梦迪娇"、"蒙特娇"、"浪琴"、"Burberrys"、"CHANEL"、"WALT DISNEY"、"POLO CLUB"、"Gillette"、"VOLVO"、"高露洁"、"GUESS"、"Calvin

Klein"、"BETU"、"百图"、"FENDI"等多件商标。上述商标已被相关权利人提出异议、异议复审申请或以注册不当为由提出撤销注册申请,商标局及商评委均对广州市诚益眼镜公司恶意复制、摹仿他人知名商标的行为性质作出认定,分别作出不予核准注册、撤销注册的裁定。由此可见,争议商标的原注册人广州市诚益眼镜公司注册争议商标并不是出于使用的目的,而是妄图通过大量抢注获得不当利益,已构成了对商标注册秩序的扰乱与破坏,属于2001年《商标法》第四十一条第一款中"以其他不正当手段取得注册"所指情形。

此外,在第4706970号"海棠湾"商标争议行政诉讼案[1]中,最高人民法院就结合商标法第四条的立法精神,综合李隆丰受访时有关申请注册争议商标意图的介绍和其申请注册了30余件商标,其中不少与公众知晓的海南岛的地名、景点名称有关等事实,判定李隆丰申请注册争议商标并无真实使用意图,属于不正当占用公共资源、扰乱商标注册秩序,构成2001年《商标法》第四十一条第一款所指"以不正当手段取得注册"的情形,认可了商评委和二审法院对此问题的认定。在第4809737号"ERE"商标争议案[2]中,商评委综合考虑争议申请人东方希望包头稀土铝业公司在先使用"ERE"的知名度、争议商标的申请人及其姐夫一贯的恶意注册商标的行为及其无铝锭生产能力、索要高额侵权赔偿金等事实,判定争议商标申请人并非基于从事正当生产经营活动的目的申请注册争议商标,其不正当注册行为违反了商标法第四条关于申请注册商标用于正当生产经营需要的规定,扰乱了商标管理秩序和市场经济秩序,属于2001年《商标法》第四十一条第一款所指"以其他不正当手段取得注册"的情形,

---

[1] 参见最高人民法院(2013)知行字第42号行政裁定。
[2] 参见商评字〔2009〕第35663号关于第4809737号"ERE"商标争议裁定,该裁定未经司法程序,已经生效。

争议商标应在全部指定使用商品上予以撤销。

　　2013年《商标法》特别在总则部分增加了第七条第一款，明确规定："申请注册和使用商标，应当遵循诚实信用原则。"这对于行政执法机关和司法机关充分解释运用具体法律条款，有效制止不具有正当性的商标注册行为具有重要的指导意义。按照维护诚实信用原则的立法精神，2013年《商标法》第四十四条第一款中"以其他不正当手段取得注册"的规定会在制止恶意抢注方面发挥更大更好的作用。

三、以"以其他不正当手段取得注册"为由请求宣告注册商标无效的期限

　　"以其他不正当手段取得注册"与第十条、第十一条、第十二条、欺骗手段等绝对性理由并列于2013年《商标法》的第四十四条第一款（2001年《商标法》第四十一条第一款）。与依据相对理由宣告注册商标无效应受注册之日起五年的期限限制不同，依据绝对理由宣告注册商标无效并无期限限制。因此，虽然本案中双叶社再次向商评委申请撤销争议商标的日期为2007年3月8日，距争议商标注册日1997年6月14日已近七年。但是，依据2001年《商标法》第四十一条第一款的规定，以"以其他不正当手段取得注册"为由提出争议申请没有期限限制，因此，商评委并未驳回双叶社的争议申请。

四、"以其他不正当手段取得注册"适用的案件类型

　　目前关于"以其他不正当手段取得注册"可否适用在异议复审案件（新法实施后即为不予注册复审案件）中还存在着较大的争议。一种观点认为：该条款位于2001年《商标法》第五章"注册商标争议的裁定"，因此只能适用于注册商标争议案件，不能适用于异议复审案件。另一种观点认为：该规定的立法本意在于本着诚实信用的原则，制止恶意申请注册商标的行为，维护良好的市场秩序。这一

宗旨应当贯穿于商标审查、核准程序，异议和争议程序的始终。如果商标局或者商评委商标注册阶段即发现该商标申请人系企图以欺骗手段或者其他不正当手段取得注册，可以适用该条款不予核准注册该商标注册，而不必等待该商标被核准注册后再适用该条撤销不当注册商标。

依据《商标法》第四条的立法精神，民事主体申请注册商标应当是基于正当使用的目的，确为生产经营所需要。2013年《商标法》也特别在总则部分明确了"申请注册和使用商标，应当遵循诚实信用原则。"目前我国存在大量的商标掮客，他们不以使用为目的，仅是为了不正当占用资源或者谋取不正当利益，大量申请注册商标。此类商标的注册不仅对推动经济发展毫无益处，还会扰乱正常的市场竞争秩序，浪费大量的行政资源，造成恶劣的社会影响。此类行为无论是在商标注册程序中，抑或商标无效宣告程序中，均应一旦发现，立刻制止。若仅仅因为立法技术上的疏漏导致禁止"以其他不正当手段取得注册"的条款仅存在于2013年《商标法》第五章"注册商标的无效宣告"，在第三十五条有关提出异议的具体法律依据中未包含"以其他不正当手段取得注册"的情形，就排除该条款在异议和不予注册复审案件中的使用，则会导致扰乱商标注册秩序的商标在异议程序中可以获准注册，但是一旦注册即可被宣告无效的逻辑悖论，有违2013年《商标法》第四条第一款和第七条第一款的立法精神。

五、"一事不再理"原则的适用

2002年《商标法实施条例》第三十五条规定："申请人撤回商标评审申请的，不得以相同的事实和理由再次提出评审申请；商标评审委员会对商标评审申请已经作出裁定或者决定的，任何人不得以相同的事实和理由再次提出评审申请。"这是"一事不再理"原则在商标授权确权行政程序中的体现。

  本案中，虽然双叶社就同一争议商标先后两次向商评委提出了争议申请，但是两次争议申请的理由和法律依据并不相同。第一次是以争议商标的注册损害其著作权以及构成对未注册商标的复制、摹仿、翻译为由，上述主张经过商评委争议程序、司法两审程序均未获得支持。第二次是以争议商标的注册构成2001年《商标法》第四十一条第一款中"以其他不正当手段取得注册"所指情形为由，属于依据新的理由，因此并未构成2002年《商标法实施条例》第三十五条所指情形，商评委在商评字〔2010〕第39811号争议裁定认定被申请人关于双叶社的争议申请有违"一事不再理"原则的答辩理由不能成立。

  为适应异议程序设置的变化，保障原异议人的程序性权利，2014年《商标法实施条例》第六十二条在保留前述2002年《商标法实施条例》第三十五条规定的基础上，明确规定"经不予注册复审程序予以核准注册后向商标评审委员会提起宣告注册商标无效的"不适用"一事不再理"原则。

六、善意受让人利益的保护

  本案中，在案证据并不能证明争议商标的现注册人即本案被申请人受让争议商标具有主观恶意，但是鉴于2001年《商标法》下的注册商标争议制度类同于2013年《商标法》的注册商标无效宣告制度，旨在规制申请时即具有不正当性的商标注册行为，因此，对争议商标是否需要依据2001年《商标法》第四十一条第一款的规定予以撤销，仍要以争议商标申请注册时的事实状态为依据。在案证据可以证明争议商标的原注册人广州市诚益眼镜公司申请注册争议商标恶意明显，即使被申请人为善意受让人，也不能成为争议商标免于被撤销的合理抗辩。

2002年《商标法实施条例》第三十六条规定："依照商标法第四十一条的规定撤销的注册商标,其商标专用权视为自始即不存在。有关撤销注册商标的决定或者裁定,对在撤销前人民法院作出并已执行的商标侵权案件的判决、裁定,工商行政管理部门作出并已执行的商标侵权案件的处理决定,以及已经履行的商标转让或者使用许可合同,不具有追溯力;但是,因商标注册人恶意给他人造成的损失,应当给予赔偿。"该规定一方面明确了依照2001年《商标法》第四十一条的规定撤销的注册商标,其商标专用权视为自始即不存在,但是另一方面又规定宣告注册商标无效的决定或者裁定不具有追溯力。虽然该条规定了"因商标注册人恶意给他人造成的损失,应当给予赔偿",但是该规定一般被理解为在先权利人对他人恶意注册造成的损失进行求偿的依据,实践中,善意受让人的利益很难据此获得保护。为加强保护善意第三人利益,增加恶意抢注的成本,维护公平原则,《商标法》第三次修改中将前述2002年《商标法实施条例》第三十六条规定进行相应修改上升至《商标法》第四十七条的第一款和第二款,同时增加了第三款,明确规定:"依照前款规定不返还商标侵权赔偿金、商标转让费、商标使用费,明显违反公平原则的,应当全部或者部分返还。"据此,善意受让人在受让商标被宣告无效后,可以向争议商标原注册人请求全部或者部分返还商标转让费。

(撰稿人:徐琳)

商标权的保护

21. 竞价排名行为与售前混淆的认定

——北京沃力森信息技术有限公司诉八百客（北京）软件技术有限公司侵犯商标权纠纷案

案件索引：北京市海淀区人民法院（2009）海民初字第26988号，2009年1月16日判决；北京市第一中级人民法院（2010）一中民终字第2779号，2010年5月6日判决。

基本案情

原告北京沃力森信息技术有限公司（简称沃力森公司）是涉案商标"XTOOLS及图"的注册商标专用权人，该商标核定使用服务为计算机软件升级、计算机软件维护等。被告八百客（北京）软件技术有限公司（简称八百客公司）在第三人北京百度网讯科技有限公司（简称百度公司）经营的百度网站上以原告涉案商标"XTOOLS"作为关键词参加了该网站的竞价排名活动。被告购买这一关键词后，网络用户在以"XTOOLS"这一关键词进行搜索时，其所出现的搜索结果界面中排名第一位的即为被告网站链接信息，该信息中显示有"八百客国内最专业的xtools"的链接标题及下方的推广信息"www.800app.com 八百客国内最 crm 服务提供商标准版免费5000成功案例提供一对一免费视频培训"。但点击该链接进入的被告网站中并未使用原告涉案商标。

原告沃力森公司认为被告八百客公司的这一行为构成对其注册商标专用权的侵犯，故将其诉到法院，其主要起诉理由为：被告八百客公司作为我公司的同业竞争者，理应知晓"XTOOLS"系我公司享有专用权的具有较高市场知名度的注册商标，但其仍故意将"XTOOLS"选定为搜索引擎网站的竞价排名关键词，撰写"八百客国内最专业的xtools"推广信息，将本拟通过"XTOOLS"关键词搜索我公司网站的相关公众误导至被告八百客公司网站，致使相关公众将我公司与被告所提供的软件服务产生混淆和误认，故该行为已侵犯了我公司对"XTOOLS"注册商标所享有的专用权。据此，请求法院判令被告停止侵权并赔偿经济损失20万元。

被告八百客公司的主要答辩理由为：涉案竞价排名行为中对于"XTOOLS"的使用，既非是将其作为商标使用于我公司的商品或者服务之上，亦非将其作为商标使用于商业广告，故该行为并未构成对原告注册商标专用权的侵犯。据此，请求法院驳回原告的全部诉讼请求。

判决与理由

北京市海淀区人民法院经审理认为：被告故意将与原告"XTOOLS"注册商标近似的"XTOOLS"文字选定为百度网站的竞价排名关键词，撰写"八百客国内最专业的xtools"推广信息以及相关网页描述，导致在百度网站以"XTOOLS"为关键词进行搜索所得排名首位的搜索结果系标题为"八百客国内最专业的xtools"的指向被告网站的链接，致使相关公众对原告与被告所提供的

CRM软件服务产生混淆和误认,并致使本拟通过"XTOOLS"关键词搜索原告网站和CRM软件服务的网络用户误入被告网站,从而提升被告网站和CRM软件服务的曝光率,吸引网络用户对被告网站和CRM软件服务的注意力,为被告创造和提供更多的商业机会和交易可能性。被告此举已构成给原告的注册商标专用权造成其他损害的行为,侵犯原告对第4372228号"XTOOLS"注册商标所享有的专用权,应承担相应的民事责任。鉴于原告认可被告之涉案侵权行为业已停止,故法院不再判令被告停止侵权。法院综合考虑原告涉案注册商标在CRM软件服务领域的显著性和知名度、被告的经营规模以及被告侵权行为的性质、情节、持续时间、范围、后果等因素对该经济损失数额予以确定,不再全额支持原告的全部诉讼请求。

据此,依据《中华人民共和国商标法》第五十二条第(五)项、第五十六条第二款之规定,法院判决被告赔偿原告经济损失共计五万元;驳回原告的其他诉讼请求。

被告八百客公司不服一审判决,提起上诉,主要理由为被控侵权行为并未构成对原告注册商标专用权的侵犯,据此,请求法院撤销原审判决,驳回原告的全部诉讼请求。

北京市第一中级人民法院经审理认为:因被告的这一使用行为构成商标意义上的使用,且属于在相同或类似服务上使用与原告注册商标相同或近似商标的行为,并会造成相关公众的混淆,因此,被告的这一行为构成对原告注册商标专用权的侵犯,原审法院判令被告停止侵权并赔偿损失并无不当。据此,依照《中华人民共和国民事诉讼法》第一百五十三条第一款第(一)项之规定,法院判决:驳回上诉,维持原判。

商标权的保护

评 析

本案涉及竞价排名行为的商标侵权认定问题。虽然就侵权认定规则而言，此类行为相对于其他类型侵权行为并无不同，但因为此类行为属于网络环境下产生的侵权行为，其在行为的表现方式及混淆的产生时间上与传统侵权行为有所差别，因此，如何适用侵权认定的一般规则对于行为的合法性予以判断，是值得深入研究的问题。

一、商标侵权行为的判定要件

因对于涉案行为的侵权认定仍需遵循商标侵权认定的一般规则，故我们首先对商标侵权行为的构成要件予以判定。通常而言，判断某一行为是否构成对他人注册商标专用权的侵犯，应考虑以下两个要件。

（一）该行为是否属于商标意义上的使用行为

所谓商标意义上的使用行为，是指被控侵权商品或服务上对于涉案标识的使用应能够起到区分商品或服务来源的作用，或者说相关公众会将该标识当作商标认知。如果被告的使用行为无法起到区分商品或服务来源的作用，则此种行为将无法被认定构成商标意义上的使用行为。此种情况下，即便被告所使用的标识与原告商标相同或近似，且确实使用于相同或类似商品或服务上，该使用行为亦未落入商标权的保护范围，不会构成对他人注册商标专用权的侵犯。

这一要件的设定，并非源于相关法律的明确规定，而是基于对商标权本质的理解。我国现有商标法及司法解释中均未明确将"商标意义上的使用"作为侵犯注册商标专用权的要件之一，但未明确规定并不意味着商标侵权判定中不应予以考虑。实践中,商品或服务上会使用到多个标识,但并非所有被使用的标识均应被认定为商标,商标权的保护范围亦无法及于全部标识,其中只有符合商标本质要求的使用行为才可以被认定为商标的使用,商标权的保护亦仅能及于此类使用行为。众所周知,商标的本质为其所具有的识别作用(即通过商标的使用区别不同的商品或服务的提供者),基于此,商标权保护范围的确定亦当然以具有识别作用为前提。如果被告所使用的标识不具有识别作用,则很难认定该使用行为属于对商标的使用行为,此种使用行为将不属于商标权的法定权利范围。可见,商标意义上的使用行为这一要件是商标侵权判定的应有之义。

实践中,法院在很多判决中均已将商标意义上的使用这一因素作为商标侵权认定的前提要件。如在"仁爱"商标侵权案件中,原告仁爱研究所享有"仁爱"注册商标专用权,核定使用服务为教学、教育、课本出版(非广告材料)等,原告亦以此为商标出版"仁爱"版《英语》教材。被告双语报社出版的《学生双语报》为教辅用书,该报纸在使用"学生双语报及图"作为商标的前提下,右上角标有"2004—2005学年度 第37期 仁爱七年级版"等文字。原告认为被告对于"仁爱"的使用行为构成对其商标权的侵犯。对此,法院认为,任何自然人、法人或其他组织只有在未经注册商标专用权人许可将其注册商标标识作商标意义上的使用时,该使用行为才构成对注册商标专用权的侵犯。而被告的《学生双语报》中对于"仁爱"二字的使用属于描述性使用,其目的并非在于表明该报纸的来源,而是在于说明并强调该报纸的内容与仁爱研究所的英语教材有关,以便于读者了解该报纸的内容。据此,该使用行为不属于商标意义上的使用,被告的行为不构成对仁爱研究所享有的注册商标专用权的侵犯。①此外，在"万慧达知识产权"商标侵权案件中，②"彼得兔"商标确认不侵权案③等案件中，法院亦均将商标意义上的使用作为商标侵权认定的前提要件。

（二）是否具有混淆的可能性

混淆可能性的认定是商标侵权行为认定的核心要件，各国国内立法以及国际公约均对此予以确认。但我国商标法的做法却有一变化过程。在2001年《商标法》有关商标侵权行为的第五十二条中，混淆可能性这一要素并未被提及，而是仅仅规定了商标近似以及商品类似两个要件。④为解决这一缺陷，《最高人民法院关于审理商标民事纠纷案件适用法律若干问题的解释》第九条及第十一条中引入了"混淆、误认"这一因素，但仅将其作为判定商品或服务类似及商标近似的考虑因素之一，而非侵权认定的单独要件。⑤直至2013

---

① 参见北京市第一中级人民法院（2006）一中民终字第15091号民事判决书。
② 参见北京市第一中级人民法院（2008）一中民初字第4574号民事判决书。
③ 参见北京市第一中级人民法院（2003）一中民初字第06356号民事判决书。
④ 2001年《商标法》第五十二条第一款中规定，有下列行为之一的，均属侵犯注册商标专用权：……在同一种商品或者类似商品上使用与其注册商标相同或者近似的商标。
⑤ 《最高人民法院关于审理商标民事纠纷案件适用法律若干问题的解释》第九条规定：商标法第五十二条第（一）项规定的商标相同，是指被控侵权的商标与原告的注册商标相比较，二者在视觉上基本无差别。商标法第五十二条第（一）项规定的商标近似，是指被控侵权的商标与原告的注册商标相比较，其文字的字形、读音、含义或者图形的构图及颜色，或者其各要素组合后的整体结构相似，或者其立体形状、颜色组合近似，易使相关公众对商品的来源产生误认或者认为其来源与原告注册商标的商品有特定的联系。

第十一条规定：商标法第五十二条第（一）项规定的类似商品，是指在功能、用途、生产部门、销售渠道、消费对象等方面相同，或者相关公众一般认为其存在特定联系、容易造成混淆的商品。类似服务，是指在服务的目的、内容、方式、对象等方面相同，或者相关公众一般认为存在特定联系、容易造成混淆的服务。商品与服务类似，是指商品和服务之间存在特定联系，容易使相关公众混淆。

年《商标法》中才对此进行了修正,该法第五十九条中明确将混淆误认作为商标侵权判定的要件,而将商品类似或商标近似,均仅视为混淆可能性的考虑因素。[1]

虽然在2001年商标法的框架下,混淆可能性并非侵权认定的单独要件,但很多案件中实际上已将其作为单独的侵权要件。如在"强军"商标侵权案中,法院认为,被告未经原告许可,在与原告相同的产品的标贴上,使用了与原告注册商标显著部分完全相同的卡通形象,足以使消费者产生误认,构成对原告注册商标专用权的侵犯。[2]另如在"NEC"商标侵权案中,法院认为,被告理丹公司和被告日电公司在未经原告许可的情况下,在涉案产品上使用与原告四个"NEC"注册商标相同或相似的商标标识,这足以令相关公众认为涉案产品与原告存在特定联系,造成混淆。因此,被告的行为侵犯了原告的"NEC"注册商标的专用权。[3]可见,上述案件中法院均以是否可能造成混淆作为最终的认定要件。

混淆可能性具有多角度的含义,且以不同标准可划分为各种不同的类型。其中直接混淆、间接混淆,以及售前、售中、售后混淆是较为常见的混淆类型。

直接混淆与间接混淆是以混淆内容的不同所作的划分。在产生直接混淆的情况下,消费者会将被告提供的商品或服务误以为是由原告提供。而在产生间接混淆的情况下,消费者通常不一定会误认为被告所提供的商品或服务系由原告提供,但会认为与原告具有一

---

[1] 2013年《商标法》第五十七条规定,有下列行为之一的,均属侵犯注册商标专用权:……未经商标注册人的许可,在同一种商品上使用与其注册商标近似的商标,或者在类似商品上使用与其注册商标相同或者近似的商标,容易导致混淆的。
[2] 参见北京市第一中级人民法院(2002)一中民初字第1212号民事判决书。
[3] 参见上海市浦东新区人民法院(2009)浦民三(知)初字第269号民事判决书。

定的关联，如投资、赞助、合作、关联公司等等。

　　售前混淆、售中混淆与售后混淆则是以混淆产生时机的不同所作的划分。其中，售中混淆是指在销售过程中或市场流通过程中所产生的混淆，属于典型的、传统意义上的混淆类型。传统上，商标权的保护仅限于商品或服务的提供过程中（即售中），将之前或之后所产生的混淆（即售前混淆与售后混淆）纳入商标权保护范围中，系商标权保护范围扩张的结果。其中，售前混淆是指在商品或服务提供之前对消费者造成的混淆。这种混淆的特点在于，虽然在该商品或服务提供之前，会造成消费者的混淆，但在实际的商品或服务提供过程中，消费者可以清楚地认识到真正的提供者并非商标权人，且并非与商标权人具有一定关联。因此，在商品或服务的提供过程中消费者并不会产生混淆。[1]

　　实践中，因为我国法律规定中未明确出现"售前混淆"字样，其他相关规定中亦并未涉及此种混淆情形，因此，无论是学术界或是司法实践中，对于售前混淆是否应被认定为商标侵权行为均存在不同的声音。但司法实践中确已有案件中将售前混淆情形纳入商标权的保护范围。如在与本案案情相似的"中法网"商标侵权案中，原告享有"中法网"的注册商标专用权，网络用户通过搜索引擎对"中法网"关键词进行搜索中，被告的法律教育网位于页面上端显著位置，并配以"中法网法律自考国内超大型法律远程教育网站"的网站简介。法院认为，被告使用"中法网"作为关键词使得相关公众难以区别提供服务的来源，产生混淆是显而易见的。据此，认定被告的上述行为构成对原告注册商标专用权的侵犯。[2]

---

[1] 如果他人提供商品或服务的行为不仅在商品提供之前会造成消费者混淆，在提供过程中亦会造成消费者混淆，则应将其纳入售中混淆，而非售前混淆的范畴。此时售前混淆应被认定被提供过程中产生的混淆所吸收。

[2] 参见北京市第一中级人民法院（2006）一中民终字第3739号行政判决书。

无论是从商标法相关规定的理解，抑或是商标权的保护本质出发，将售前混淆行为纳入商标权的保护范围内均有其合理性。

首先，从《商标法实施条例》对于商标使用行为的规定中可读出这一含义。商标侵权行为通常指的是未经商标权人许可而对商标进行使用的行为。而对于何为商标使用行为，2001年及2004年《商标法实施条例》均作了相应规定，其第三条对于各种使用行为进行了列举，其中，既包括商品或服务投入市场流通之前的使用行为（如投入市场之前的广告宣传），亦包括可能产生在投入市场之中的使用行为（如将商标用于商品、商品包装或者容器）。因为投入市场流通之前的商标使用行为，显然存在发生售前混淆的可能性，因此，如果此种行为未经商标权人许可，依据上述法律规定，应被认定构成侵犯注册商标专用权的行为。由此可知，我国法律中对于售前混淆行为未持反对态度，亦即，售前混淆情形亦属于商标权的保护范围中。

其次，售前混淆情形亦会对商标权人基于商标权而所得利益造成损害。有观点认为，在售前混淆的情形中，并未发生实际商品或服务提供过程中的混淆，因此，虽然他人或许有利用商标权人的商誉搭便车的意图并可能确已获得不当利益，但因消费者在消费这一商品或服务时已明确认知提供者并非商标权人，因此并不会对商标权人造成损害。

售前混淆同样亦会对商标权保护利益造成损害，而正是这一损害的存在使得其被纳入商标权保护范围中具有合理性。该损害主要体现为两方面：一方面，使原本属于商标权人的商业机会流失。以上文所举中法网案件为例，虽然网络用户可以认识到其访问的网站并非原告的网站。但是，这些网络用户的原意是基于对原告商标的认知而意图访问原告网站，以此了解或消费原告的相关商品。但被告的行为却使这一部分原本应访问原告网站的潜在用户误访问被告的网站,虽然其能够意识到该网站并非原告网站,但这并不必然导致其离开被告网站,在用户忠诚度并不是很高的情况下,用户在被告网站上的浏览很可能使原本消费原告商品的用户转而消费被告产品,这种情形即可能造成对于原告商业机会的流失。另一方面,这种混淆会降低商标与商标权人之间的唯一对应关系,而这一唯一对应关系正是商标权人利益的来源。仍以中法网案为例,如果其他网站并不以该方式使用涉案商标,则网络用户在以该商标作为关键词进行搜索并在搜索结果中看到该商标时,当然会认为其所指向的即为原告网站。但设想,如果有相当数量的网站均采用被告这一方式,将该商标作为关键词并显示在搜索结果中,则用户每次点击进入的都并非原告的网站。虽然用户最终可以认识到这并非原告网站,但这一情形的出现则很可能导致用户在搜索结果中看到这一商标时,认为其指向的可能是其他网站,从而损害商标权人已在消费者心目中所建立起的唯一对应关系。

二、被诉侵权行为是否属于商标意义上的使用行为

具体到本案所涉竞价排名行为,亦仅需从上述两个要件角度对于该行为是否构成商标侵权行为予以判断即可,二审判决中分别从上述两个角度进行了详细评述。

二审判决中首先对被控竞价排名行为中被告对"xtools"的使用行为是否属于商标意义上的使用行为进行分析。通常情况下,商标的使用主要体现在商品或服务,或相关的广告宣传上,但本案中有所不同,其使用的载体为搜索结果的链接标题及摘要中,这一使用载体显然并非具体的商品或服务,而即便认为其属于广告,但其与一般意义上的广告亦有所不同。在此情况下,对于该行为是否属于商标意义上的使用行为似乎不能简单得出结论。

二审判决中指出，对这一问题的判断，应首先从其判断主体角度着手。通常而言，对于某一使用行为是否属于商标意义上的使用，应以相关商标核定使用的商品或服务所对应的"相关公众"作为判断主体进行判定。但因本案所涉被控侵权行为具有其特殊之处，即被控侵权的页面系网络用户通过进行"xtools"关键词搜索而得到，因此，被控侵权页面所针对的网络用户既非普通意义上的网络用户，亦非涉案商标所核定使用服务的"全部"相关公众，而系相关公众中进行"xtools"关键词搜索的这"部分"网络用户。可见，判断被控侵权行为中对于"xtools"的使用是否属于商标意义上的使用，不应以涉案商标所核定使用服务的全部相关公众作为判断主体，而应以其中实施这一搜索行为的这部分特定网络用户作为判断主体。

对于该部分网络用户而言，判断涉案使用行为是否属于商标意义上的使用行为，其关键则在于认定相关公众是否是基于对"xtools"所具有的商标含义的认知而实施的搜索行为。如果该搜索关键词的设定来源于对涉案商标的认知，则该网络用户在看到被控侵权页面中对于"xtools"的使用时，通常会将其作为商标认知，此时被控侵权页面中对于"xtools"的使用则可以认定为属于商标意义上的使用。反之则不能得出此结论。

判断网络用户系基于何种认知而进行这一关键词搜索，须考虑"xtools"具有哪些具体含义。虽然"xtools"系涉案商标的文字部分，但不能排除其亦可能具有其他含义，但对于"xtools"是否具有其他含义，被告应负有举证责任。本案中，被告并未举证证明"xtools"具有除涉案商标外的其他含义，且其亦非英文中的固有词汇，故依据现有事实二审法院合理认定，网络用户对"xtools"关键词的搜索系来源于对涉案商标的认知。①

在此情况下，虽然被控侵权页面中对于"xtools"的使用并未明确表明"xtools"所指代的内容，而是仅仅显示在链接标题"八百客国内最专业的xtools"，以及该链接标题下方的推广信息为"www.800app.com 八百客国内最 crm 服务提供商标准版免费 5000 成功案例提供一对一免费视频培训"中，但因为由上述显示中可以看出被告所提供的系计算机软件相关服务，而网络用户所知晓的涉案商标"xtools"亦是使用在计算机软件相关服务上，故对于该部分网络用户而言，其会认为该部分内容中的"xtools"所指代的即是使用在计算机软件等相关服务上的涉案商标，据此，二审法院认定，该使用行为已具有指示商品或服务提供者的作用，属于商标意义上的使用。

三、混淆的可能性的认定——售前混淆

本案中，因涉案商标仅是显示在搜索结果的链接标题以及摘要中，而点击该链接进入的网站并未显示涉案商标，亦即被告并未实际使用涉案商标提供计算机软件等服务，故如果本案中存在混淆的可能性，其仅可能是售前混淆，而不会是售中混淆。因前文中已指出，售前混淆情形亦属于商标权的保护范围，故本案有必要对是否存在售前混淆的可能性予以认定。无论是售前混淆，还是售中混淆，其混淆可能性的认定均会受到多种因素影响，通常而言，商标的近似程度，以及商品或服务的类似程度对于混淆可能性的判断具有实质影响。

本案中，涉案链接标题及摘要中包含了文字"xtools"，而涉案

---

① 本案审理过程中，笔者亦曾在互联网以"xtools"作为关键词进行搜索，所得搜索结果前几页基本均与原告及原告商标有关，这一事实亦可以在一定程度上对于该词汇所具有的含义进行佐证。

商标为"xtools及图",在二者具有相同的文字部分的情况下,可以认定被告使用了与涉案商标相近似的标识。此外,对于本案的侵权判断主体(即使用这一关键词搜索的网络用户)而言,因其从被控侵权页面上显示的链接标题(即"八百客国内最专业的xtools")和推广信息("www.800app.com 八百客国内最crm服务提供商标准版免费5000成功案例提供一对一免费视频培训")中完全可以看出被告所提供的亦为计算机软件类服务,故其应认识到此类服务与涉案商标所核定使用的计算机软件升级、计算机软件维护等服务属于类似服务。上述情形的存在显然可能会使相关网络用户在看到被控侵权页面时,认为被控侵权行为的实施者(即被告)即为涉案商标的所有人。据此,被控侵权行为中"xtools"的使用具有使相关公众对于商品或服务的提供者产生混淆误认的可能性。

虽然被控侵权内容中明确标有被告的字号"八百客",但鉴于该标示不能当然使网络用户认为其所标注的即为被控侵权行为人的字号,且即便网络用户会产生此种认知,因对于混淆误认可能性的判断并不要求相关公众对于涉案商标的真正提供者具有认知(即不需要相关公众明确知晓涉案商标的注册人为原告沃尔森公司),而仅需相关公众客观上认为涉案商标所有人与被控侵权行为人为同一主体或具有特定联系的主体即可,故即便网络用户会认为该网页中的"八百客"字样系指代被告,亦不影响对于混淆误认可能性的判定。

(撰稿人:芮松艳)

22. 在相同或类似商品上使用相同或近似商标的侵权行为的认定

——戴尔卡内基 – 联合公司诉北京市海淀区卡耐基成功素质培训学校侵犯商标权及擅自使用他人企业名称纠纷案

案件索引：北京市第一中级人民法院（2011）一中民初字第16511号，2011年12月19日判决；北京市高级人民法院（2012）高民终字第4545号，2014年6月18日判决。

基本案情

1994年11月28日，戴尔卡内基 – 联合公司（简称戴尔卡内基公司）在中国在第41类教学服务上注册了第772658号"戴爾·卡内基"商标和第772672号"DALE CARNEGIE"商标。2004年9月7日和2004年11月14日，戴尔卡内基公司又分别在第41类教育、教学、成人教育课程服务上注册了第3497814号"卡耐基训练"商标和第3531415号"卡内基训练"商标。上述商标经续展均为有效的注册商标。

2001年至2005年，戴尔卡内基公司与多家公司签订特许经营合同，授权相关公司在北京、天津、河北、江苏、上海、山东、浙江等地开办卡内基课程，并将"戴爾·卡内基"、"DALE

CARNEGIE"等商标、服务标志授予相关公司使用。2003年至2004年间，经戴尔卡内基公司授权的公司分别与中国海洋石油有限公司、理想（北京）有限公司、国家开发银行等40余个单位签订了培训合同。此外，戴尔卡内基公司还提交了多份证人证言，用以证明戴尔卡内基公司自1994年起即与他人签订了合同，授予他人在中国境内开办戴尔·卡内基培训课程并在培训中使用"戴尔·卡内基"姓名。

北京市海淀区卡耐基成功素质培训学校（简称卡耐基学校）于1999年12月经批准成立。在实际经营过程中，卡耐基学校在其所在大厦一层指示牌、前台、墙面张贴内容、宣传册页面左上角使用了"北京卡耐基学校"、"卡耐基学校"字样，在其网站对教师、校长、学校的介绍及新闻报道、文章来源时提及"北京卡耐基学校"、"卡耐基学校"、"北京卡耐基全国分校分布"等，"北京卡耐基成功素质学校广州分校"网页左上角还单独使用了"Carnegie"标志。

戴尔卡内基公司认为卡耐基学校的行为侵害了其商标权并构成不正当竞争行为，遂向法院提起诉讼。

判决与理由

北京市第一中级人民法院经审理认为，卡耐基学校按照其所从事的教育服务行业的习惯，使用"北京卡耐基学校"、"卡耐基学校"是对其企业名称的适当简化，并不构成对其字号的突出使用，且上述使用方式中"卡耐基"字样亦未作特殊处理，故上述使用方式不属于突出使用字号的情形。卡耐基学校使用企业名称的时间早于第3497814号"卡耐基训练"商标、第3531415号"卡内基训练"商标核准注册日，其在先登记的企业名称享有合法权益。因此，卡耐基学校在经营场所、宣传册、网站等处使用的"北京卡耐基学校"、"卡耐基学校"字样属于对其企业名称的正当、合理使用,不属于将与戴尔卡内基公司注册商标相同或者相近似的文字作为企业的字号在相同或者类似服务上突出使用,不构成侵害戴尔卡内基公司商标权的行为。戴尔卡内基公司关于卡耐基学校侵害其企业名称权的主张亦不能成立。据此判决:驳回戴尔卡内基公司的诉讼请求。

戴尔卡内基公司不服原审判决提起上诉,并在二审期间提交了商标局针对卡耐基学校作出的已发生法律效力的(2011)商标异字第52272号《"卡耐基学校"商标异议裁定书》及(2012)商标异字第60043号《"卡耐基·卡式训练"商标异议裁定书》,用以证明商标局裁定卡耐基学校申请的第4745544号"卡耐基学校"商标及第7892110号"卡耐基·卡式训练"商标在第41类相关服务上均不予核准注册。

北京市高级人民法院经审理认为:戴尔卡内基公司在第41类教学等服务上的注册商标专用权受中国法律保护。上述商标的显著识别文字"卡内基"或"卡耐基"均来自美国著名人际关系学大师、西方现代关系教育奠基人戴尔·卡内基创立的卡内基训练,且系"CARNEGIE"的中文对应翻译。第772658号"戴爾·卡内基"商标、第772672号"DALE CARNEGIE"商标的申请注册时间早于卡耐基学校成立时间,卡耐基学校与戴尔卡内基公司从事的教育培训行业相同或相近,应当知晓。卡耐基学校在其所在大厦一层指示牌、前台、墙面张贴内容、宣传册页面、网站对教师、校长、学校的介绍及新闻报道、相关文章使用了"北京卡耐基学校"、"卡耐基学校"字样,其将全名"北京市海淀区卡耐基成功素质培训学校"简化为上述字样,进行单独、突出、醒目使用。由于"学校"用于教学培训服务上显著性较弱,"卡耐基"在该使用行为中起到核心标志作用。卡耐基学校的上述使用行为易使相关公众误认其为戴尔卡内基公司或认为与戴尔卡内基公司有某种联系。卡耐基学校的网页单独使用"Carnegie"标志，以及卡耐基学校在第41类相关服务上申请注册"卡耐基学校"等商标的行为，可以印证卡耐基学校对"卡耐基"相关的标志主观使用意图明显。卡耐基学校应当规范完整使用其企业名称，"卡内基"或"卡耐基"为外来英译词，在戴尔卡内基公司已对涉案商标享有专用权的情况下，卡耐基学校应审慎使用与上述商标相同或近似的商业标志，更不能单独或突出使用。结合戴尔卡内基公司在中国多年以特许经营形式办学、培训了大批大型企事业单位员工的事实，可以认定其注册的商标经使用已具有一定的知名度。卡耐基学校在其从事的经营活动、宣传材料、员工名片、学校网站上使用"北京卡耐基学校"、"卡耐基学校"名称或近似标志的行为损害了戴尔卡内基公司的商标权，应承担相应的民事责任。本案中，戴尔卡内基公司并未提交其实际损失或卡耐基学校侵权所得利益的证据，对卡耐基学校侵害涉案商标权的赔偿损失数额，参照涉案商标的知名度、侵权行为的持续时间、侵权行为的性质和侵权行为人的主观过错程度等因素予以酌定。对戴尔卡内基公司所主张的案件诉讼合理支出费用，一并予以考虑。

戴尔卡内基公司系美国公司，其在中国境内对企业名称进行商业使用受中国法律保护。但戴尔卡内基公司在进行特许经营时，授权内容主要是有关的商标标志使用，受许可人不是以戴尔卡内基公司的名义对外提供相关课程，且戴尔卡内基公司主张的中英文企业名称并非在中国企业登记主管机关依法登记注册的企业名称，尚不足以证明戴尔卡内基公司将其企业名称在中国境内进行了商业使用。因此，戴尔卡内基公司主张卡耐基学校擅自使用其企业名称、构成不正当竞争行为，缺乏依据，本院不予支持。

综上，北京市高级人民法院终审判决：一、撤销一审判决；二、卡耐基学校规范使用其学校名称，停止在教育、教学、成人教育课程服务上单独突出使用"北京卡耐基学校"、"卡耐基学校"或近似标志，停止侵犯第 772658 号"戴爾·卡内基"商标、第 772672 号"DALE CARNEGIE"商标、第 3497814 号"卡耐基训练"商标、第 3531415 号"卡内基训练"商标专用权的行为；三、卡耐基学校赔偿戴尔卡内基公司经济损失及诉讼合理支出人民币 40 万元；四、驳回戴尔卡内基公司其他诉讼请求。

评 析

  侵害商标权的种类多种多样，但《商标法》的相关规定主要集中在对侵害注册商标专用权的规定上，未注册商标仅是在特定条件下[①]才能获得保护，因此通常意义上的侵害商标权的行为即是指侵害注册商标专用权的行为。

  2013 年修改的《商标法》第五十七条规定："有下列行为之一的，均属侵犯注册商标专用权：（一）未经商标注册人的许可，在同一种商品上使用与其注册商标相同的商标的；（二）未经商标注册人的许可，在同一种商品上使用与其注册商标近似的商标，或者在类似商品上使用与其注册商标相同或者近似的商标，容易导致混淆的；（三）销售侵犯注册商标专用权的商品的；（四）伪造、擅自制造他人注册商标标识或者销售伪造、擅自制造的注册商标标识的；（五）未经商标注册人同意，更换其注册商标并将该更换商标的商品又投入市场的；（六）故意为侵犯他人商标专用权行为提供便利

[①] 比如对未注册驰名商标的侵害，也可以依据《商标法》的相关规定获得保护。

条件，帮助他人实施侵犯商标专用权行为的；（七）给他人的注册商标专用权造成其他损害的。"

以是否直接侵害商标功能为标准，侵害商标权的行为可分为两大类：直接侵害商标权的行为和拟制侵害商标权的行为。直接侵害商标权的行为，又称典型的侵害商标权行为，是指无法律上依据而在相同或者类似商品或服务上，使用与他人注册商标相同或者近似的商标，致使相关公众对商品或服务来源产生混淆误认的商标侵权行为。《商标法》第五十七条第（一）项、第（二）项规定的侵害商标权的行为即属于直接侵害商标权的行为。拟制侵害商标权的行为，又称延伸的侵害商标权行为，是指由直接侵害商标权的行为派生、延伸或者扩展而出现的商标侵权行为。《商标法》第五十七条规定的其他侵害商标权行为，即属于此种情形。[1]由于拟制侵害商标权行为依附于直接侵害商标权行为而存在，其具体表现形式多种多样，因此，对侵害商标权行为的把握，还是应当以直接侵害商标权行为为基础。

一、侵害商标权行为的一般构成要件

除符合一般侵权行为的构成要件，如侵害行为、损害后果、因果关系和主观过错外，[2]侵害商标权行为的成立应当满足以下几个方面的要件：

（一）商标意义上的使用

商标的基本功能在于区分商品或者服务的来源，使特定的市场经营主体能够将其商品或者服务与其他市场主体提供的同类商品或

---

[1] 参见孔祥俊：《商标与不正当竞争——原理和判例》，法律出版社2009年版，第170—172页；陈昭华：《商标法之理论与实务》，元照出版有限公司2013年版，第183—184页。

[2] 参见王家福主编：《中国民法学·民法债权》，法律出版社1991年版，第407—491页；江平主编：《民法学》（第二版），中国政法大学出版社2011年版，第481—496页。

商标权的保护

者服务区别开来。因此,"商标使用是一切标志具备显著性并成为实质意义上的商标之必要条件。"[1]在商标权的取得过程中,相关标志是否能够被相关公众作为商标加以识别和对待,即是否会被相关公众认知为商标意义上的使用,直接决定了该标志是否具备显著性以及是否能够获准注册。同样,在侵害商标权行为的认定过程中,是否作为商标使用也是判断相关行为是否构成侵害商标权行为的前提。[2]

之所以说商标使用是侵害商标权行为的前提,是因为商标权保护的核心在于保护"联系","联系"是商标的本质,[3]如果行为人的某一使用他人商标标志的行为,并没有侵入到商标法所欲保护的利益范围内,并没有损及商标标志与商品或服务提供者之间的联系,那么,自然也不应将该行为判定为侵权行为。而商标意义上的使用,所强调的就是商标标志所具有的区分商品和服务来源的识别作用,是"联系"的集中体现。在非商标意义上的使用,除非另有给予保护的法律规定(如著作权和专利的保护),否则他人就有使用的自由。在商标权的边界之外,不存在对其进行保护的问题。[4]所以,从这个意义上说商标意义上的使用是侵害商标权行为判定的前提,则是顺理成章的事情了。

---

[1] 文学:《商标使用与商标保护研究》,法律出版社2008年版,第21页。
[2] 参见北京市第一中级人民法院(2006)一中民终字第3739号民事判决书、北京市高级人民法院(2006)高民终字第1429号民事判决书、北京市第一中级人民法院(2007)一中民初字第470号民事判决书、北京市第二中级人民法院(2007)二中民初字第10758号民事判决书、广东省广州市中级人民法院(2009)穗中法民三终字第42号民事判决书、重庆市高级人民法院(2009)渝高法民终字第43号民事判决书、浙江省高级人民法院(2009)浙知终字第140号民事判决书等。当然,也有观点认为"商标使用与否不是判定侵犯商标专用权的必要条件",见徐杰主编:《知识产权案例判析》,人民法院出版社2010年版,第125页。
[3] 郑其斌:《论商标权的本质》,人民法院出版社2009年版,第89页。
[4] 孔祥俊:《商标与不正当竞争法——原理和判例》,法律出版社2009年版,第189页。

商标是一种商业标记，其目的是将一个生产经营者所提供的商品或服务与其他生产经营者所提供的同类商品或服务区别开来。[1]因此，商标意义上的使用，首先是在商业领域中的使用，即商业使用。商业使用，"主要指注册商标在商业性运营过程中使用，其相关活动应当是以营利为目的，从而形成商标上的商誉，发挥商标区分产源的作用。"[2]《巴黎公约》的权威解释也认为，"商标使用的意思是指标有商标的商品的销售"[3]。在很多情形下，如新闻报道、裁判文书等官方文书等，确实存在对商标标志的使用，但这些使用行为并不具有商业目的，其对商标标志的使用仅是为了进行客观的描述，此时，对商标标志的使用通常被理解为是对商标标志的合理使用，不构成对商标权人权利的侵犯。而当商品处于流通领域中时，任何人摘除、撤换、改变、覆盖商标权人的商标都构成对商标权的侵犯。也正因如此，商标反向假冒行为才应当被禁止。[4]

---

[1] 李明德主编：《知识产权法》，社会科学文献出版社2007年版，第311页。

[2] 北京市第一中级人民法院知识产权庭编著：《商标确权行政审判疑难问题研究》，知识产权出版社2008年版，第176页。

[3] 〔奥地利〕博登浩森：《保护工业产权巴黎公约指南》，汤宗舜、段瑞林译，中国人民大学出版社2003年版，第50页。

[4] 徐杰主编：《知识产权案例判析》，人民法院出版社2010年版，第119页。另：在司法实践中最早引入商标反向假冒概念并给予保护的案例是1998年6月10日北京市第一中级人民法院判决的北京市京工服装工业集团服装一厂诉北京百盛轻工发展有限公司、香港鳄鱼国际机构（私人）有限公司、中国地区开发促进会侵犯商业信誉及不正当竞争纠纷案，参见北京市第一中级人民法院（1994）中经知初字第566号民事判决书。该案确立的基本原则被《商标法》所吸收，成为2001年《商标法》第五十二条第（四）项规定的实践依据。此后，其他法院根据《商标法》的该项规定也对商标反向假冒的行为进行了处理，如杭州市中级人民法院和浙江省高级人民法院审理的杭州江南布衣服饰有限公司诉杭州山水人家服装有限公司侵害商标专用权案，参见杭州市中级人民法院（2006）杭民三初字第301号民事判决书、浙江省高级人民法院（2007）浙民三终字第43号民事判决书。

关于如何判断是否构成商标意义上的使用行为，法院在陕西茂志娱乐有限公司诉梦工厂动画影片公司、派拉蒙影业公司、中国电影集团公司、北京华影天映影院管理有限公司侵害商标权纠纷案中作出过明确的阐述。针对原告关于被告制作、发行、放映《功夫熊猫2》电影的过程中使用"功夫熊猫"的行为侵犯其第6353409号"功夫熊猫及图"注册商标专用权的诉讼主张，北京市高级人民法院在二审判决中指出："判断上述行为是否构成侵权，根据《商标法》和《商标法实施条例》的上述规定[1]，首先应当确定被控侵权使用'功夫熊猫'的行为是否属于商标意义上的使用行为，对此应当考虑以下因素：一、被控侵权的使用行为是否出于善意；二、被控侵权的使用行为是否是表明自己商品来源的使用行为；三、被控侵权的使用行为是否只是为了说明或者描述自己商品的特点。"在该案中，被告在《功夫熊猫2》中使用"功夫熊猫"字样是为了说明自己制作、发行、放映的电影的内容和特点，并不是作为表明其电影制作或者类似商品、服务的来源使用，并非商标意义上的使用行为；而且从电影观众或者其他相关消费者的角度来看，电影《功夫熊猫2》中的"功夫熊猫"表示的是电影的名称，因为该系列电影的广泛宣传，相关消费者知道该电影是由美国电影公司或者梦工场公司、派拉蒙公司等制作、发行，但这是著作权法意义上的对电影作品相关权利归属的认知和确定，并非是对商品或者服务来源的认知。因此，各被告的行为并非商标性使用行为，不构成对原告注册商标专用权的侵犯。[2]

（二）在相同类似商品上使用相同近似商标标志

2013年《商标法》第五十六条规定："注册商标的专用权，以

---

[1] 即2001年《商标法》第五十二条第（一）项和2002年《商标法实施条例》第十九条的规定。

[2] 参见北京市高级人民法院（2013）高民终字第3027号民事判决书。

核准注册的商标和核定使用的商品为限。"[1]因此，侵害商标权行为的认定，离不开对商品类似与否以及商标近似与否的判断。《商标法》本身并没有对如何认定商品类似以及商标近似作出明确规定，最高人民法院就此问题在相关司法解释中作出了较为明确规定，成为实践中法院认定商品类似和商标近似的主要依据。其中，"类似商品，是指在功能、用途、生产部门、销售渠道、消费对象等方面相同，或者相关公众一般认为其存在特定联系、容易造成混淆的商品。类似服务，是指在服务的目的、内容、方式、对象等方面相同，或者相关公众一般认为存在特定联系、容易造成混淆的服务。商品与服务类似，是指商品和服务之间存在特定联系，容易使相关公众混淆。"[2]"商标相同，是指被控侵权的商标与原告的注册商标相比较，二者在视觉上基本无差别。"[3]"商标近似，是指被控侵权的商标与原告的注册商标相比较，其文字的字形、读音、含义或者图形的构图及颜色，或者其各要素组合后的整体结构相似，或者其立体形状、颜色组合近似，易使相关公众对商品的来源产生误认或者认为其来源与原告注册商标的商品有特定的联系。"[4]

作为侵害商标权行为的一般要件，虽然商品类似与商标近似两个要件通常同时出现，但在实际的认定过程中，还是有一定顺序的，即应当首先判断商品是否类似，在此基础上再进行商标近似与否的判断；如果使用的商品不类似，则没有再进行商标近似比对的必要了。

---

[1] 即2001年《商标法》第五十一条的规定。
[2] 《最高人民法院关于审理商标民事纠纷案件适用法律若干问题的解释》（法释〔2002〕32号）第十一条。
[3] 《最高人民法院关于审理商标民事纠纷案件适用法律若干问题的解释》（法释〔2002〕32号）第九条第一款。
[4] 《最高人民法院关于审理商标民事纠纷案件适用法律若干问题的解释》（法释〔2002〕32号）第九条第二款。

商标权的保护

在实践中,虽然国家工商行政管理总局商标局根据世界知识产权组织提供的《商标注册用商品和服务国际分类》(即《尼斯分类》)而制定的《类似商品和服务区分表》可以作为判断商品或者服务类似与否的参考,但这一过程是个案判断的过程,具有一定的动态性,需要根据涉案商品的相关市场情况和相关公众的一般认识进行判断。[①]

比如在北京方太新怡华食品销售有限公司与长沙杨氏饮品公司侵害注册商标专用权纠纷案中,"贵妃醋"商品在《类似商品和服务区分表》中没有明确规定,被告认为该商品是一种含醋饮料,属于第 32 类的不含酒精饮料,其所使用的"贵妃醋"是商品名称,"贵妃"二字不是在商标意义上使用的。原告认为被控侵权商品属于"醋"商品所属的第 30 类商品,其与原告注册商标核准使用的商品是类似商品。而国家工商行政管理总局商标局在 2003 年 6 月 3 日给湖南省工商行政管理局《关于槟榔等商品有关问题的批复》中认为:"含醋饮料应为一种添加了醋成分的不含酒精的饮料,属于国际分类第 32 类第 2 组不含酒精饮料,与国际分类第 30 类第 15 组醋商品不类似。"但是,一、二审法院均未采纳被告和上述批复中的观点。法院认为,除了被控侵权商品与原告注册商标核准使用的商品之间在生产原料、饮用方法、功能用途、销售渠道等方面的共性外,由于原告"贵妃"注册商标的显著性和知名度,相关公众及经销商都会从"醋饮料"马上联想到"贵妃醋"。虽然,这种以传统食醋为基料的产品是一种新型产品,其命名以及划分在哪一种类,并无统一的规定。但是,无论是命名为"醋产品"还是"醋饮料"或"含醋饮料",无论

[①] 孔祥俊:《商标与不正当竞争法——原理和判例》,法律出版社 2009 年版,第 211 页。

338

是属于国际分类表的第 30 类还是第 32 类，均不能改变双方产品在本质上的同一性特征，也均不影响相关公众对其同一性的认识。因此，被告在其销售的商品上，突出使用与原告具有一定知名度和显著性的"贵妃"注册商标中的"贵妃"二字，足以使相关公众对商品的来源产生误认，被告应当承担相应的民事责任。[①]

关于商标相同或者近似认定的原则，司法解释确立了以下内容："（一）以相关公众的一般注意力为标准；（二）既要进行商标的整体比对，又要进行对商标主要部分的比对，比对应当在比对对象隔离的状态下分别进行；（三）判断商标是否近似，应当考虑请求保护注册商标的显著性和知名度。"[②]其中，"相关公众，是指与商标所标识的某类商品或者服务有关的消费者和与前述商品或者服务的营销有密切关系的其他经营者。"[③]而关于标志本身的比对，通常要以商标的主要识别部分为主作整体性的比对。比如在晶华宝岛（北京）眼镜有限公司诉福州宝岛眼镜有限公司、王再武侵害商标权及不正当竞争纠纷案中，原告享有权利的是第 1394775 号"宝岛"商标、第 772859 号"寶島及图"商标、第 3110047 号"寶島及图"商标，而被告使用的是"宝岛眼镜（连锁）"、"宝岛眼镜连锁"等标识，对此，法院认为，"眼镜"使用在眼镜销售服务上缺乏显著性，不具有识别服务来源的作用；"连锁"体现的是企业经营形式，也不具有识别服务来源的作用，故被告在与上述注册商标核定使用的服务相同或类似服务上使用的相关标识的主要识别部分为"宝岛"，与上述注册商标的主要识别部分相同或

[①] 湖南省长沙市中级人民法院（2002）长中民三初字第 272 号民事判决书，湖南省高级人民法院（2003）湘法民三终字第 34 号民事判决书。
[②] 《最高人民法院关于审理商标民事纠纷案件适用法律若干问题的解释》（法释〔2002〕32 号）第十条。
[③] 《最高人民法院关于审理商标民事纠纷案件适用法律若干问题的解释》（法释〔2002〕32 号）第八条。

者近似,因此,被告突出使用的上述标识,容易导致相关公众对服务来源产生混淆误认,与上述注册商标已构成近似商标。[1]

(三)导致相关公众的混淆误认

除《商标法》第五十七条第(一)项规定的"未经商标注册人的许可,在同一种商品上使用与其注册商标相同的商标"的情形外[2],仅仅在同一种商品上使用近似商标,或者在类似商品上使用相同或者近似商标的行为,并不必然构成侵害商标权的行为,只有导致相关公众混淆的,才属于法律规定的侵害商标权的行为。[3]

虽然混淆要件是在2013年的《商标法》中被首次引入,但在之前的司法实践中,法院一直是将混淆作为认定侵害商标权的一个实质性要件。比如,在姜雅梅诉陈运奎、四川张飞牛肉有限公司、成都张飞牛肉销售有限公司侵害商标权纠纷案中,原告系第3261397号"张飞"商标(见图一)的注册人,核定使用在第43类"餐馆;饭店"服务上,其同时为"哈尔滨市道外区张飞扒肉餐馆"(简称张飞扒肉店)的经营者。被告经授权分别取得了在其他类别的商品和服务上使用第653173号商标(见图二)、第3471308号商标(见图三)、第6780511号商标(见图四)、第3567843号商标(见图五)权利。

张飞

图一 第3261397号商标

---

[1] 参见北京市第二中级人民法院(2012)二中民初字第8648号民事判决书和北京市高级人民法院(2013)高民终字第773号民事判决书。
[2] 《与贸易有关的知识产权协议》(TRIPs)第16条第1项规定:"在对相同商品或者服务使用相同标识的情况下,应当推定具有混淆的可能性。"
[3] 参见全国人民代表大会常务委员会法制工作委员会编:《中华人民共和国商标法释义》,法律出版社2013年版,第108页。

图二　第653173号商标 　　图三　第3471308号商标

图四　第6780511号商标 　　图五　第3567843号商标

针对原告关于被告侵害其商标权的诉讼请求，法院经审理认为，虽然被告使用的"张飞"商标与原告注册的"张飞"商标在字音、字形上相同或近似，已构成近似商标，但是考虑到以下几个方面的因素，被告的商标使用行为不会造成相关公众的混淆与误认，因而未构成侵害原告商标专用权的行为：

1.从商标的使用方式来看，被告在宣传资料、餐具、店面招牌及店面装潢上，绝大多数情况下并未将"张飞"文字商标单独使用，而是将"张飞"文字与"牛肉"文字或者张飞京剧脸谱图形、张飞肖像图形组合使用，而张飞京剧脸谱图形是四川张飞牛肉有限公司持有的第3471308号注册商标的主要组成部分，张飞肖像图形是四川张飞牛肉有限公司持有的第653173号注册商标的主要组成部分，其店内"张飞牛肉"文字及"张飞+图形"组合标识的显著性远大于单独的"张飞"文字。

2. 从商标的知名度上来看，"张飞扒肉"作为黑龙江哈尔滨市的特色餐饮，仅在黑龙江省具有一定的知名度，而"张飞牛肉"作为四川省的老字号，历史悠久，荣获多项省级及国家级荣誉，并且常年在宣传上投入大量费用，在全国范围内具有较高的知名度，其商标亦被认定为驰名商标，两者知名度存在较大差距。

3. 从餐饮的经营内容来看，张飞扒肉店经营的是扒肉系列菜品和东北家常菜，被告陈运奎经营的北京飞将军餐饮店经营的是张飞牛肉和粉、面类中式快餐，两者存在较大差异。

4. 从店面的装修风格来看，张飞扒肉店为传统中式饭馆风格，北京飞将军餐饮店为快餐店风格，两者存在较大差异。

5. 从餐饮的经营地域来看，北京飞将军餐饮店在北京市经营，而张飞扒肉店目前尚未在北京开展经营活动，两者的经营地域不存在重合部分。

6. 北京飞将军餐饮店的经营模式系一种综合专卖店，在经营餐饮的同时销售张飞牛肉预包装食品，餐饮中也提供手撕牛肉、原味牛肉等张飞牛肉的鲜切产品，因此被告在店面中使用其具有商标使用权并蕴含良好商誉和品牌价值的"张飞"系列商标也具有一定的合理理由和正当性。[①]

随着混淆要件在《商标法》中的正式引入，对被控侵权行为是否会导致相关公众的混淆误认自然会受到更多重视，但是，对于某些特殊情况而言，这种混淆与否的判断往往强调的只是一种可能性而非实际的混淆。比如，在戴虹诉浙江森创服装有限公司、百盛商业发展有限公司侵害商标权纠纷案中，原告的第4754048号、第

[①] 参见北京市昌平区人民法院（2012）昌民初字第3064号民事判决书。各方当事人均未上诉，该判决已发生法律效力。

4753865号"SEC"商标于2009年获准注册,尚未投入实际使用。被告浙江森创服装有限公司成立于2007年1月30日。2007年3月2日,浙江森创服装有限公司在第18、25类商品上申请注册"SEC Sculpture Element Collection"商标,后于2009年被商标局以该商标与戴虹在先申请注册的商标近似为由予以驳回,但浙江森创服装有限公司在相关商品的销售过程中已经实际使用了"SEC Sculpture Element Collection"商标。戴虹据此向法院提起侵权诉讼,主张浙江森创服装有限公司的行为侵害了其商标权。法院认为,戴虹主张权利的商标虽然未投入实际使用,但综合考虑涉案商标整体的近似性及所涉商品的类似性等因素,仍应认定被控侵权的商标与原告的注册商标构成足以造成市场混淆的近似,因此最终判决侵权行为成立。[①]显然,对于这种未投入实际使用的注册商标的保护,混淆性判断是建立在可能性基础上的,两商标是否会在市场上产生实际的混淆并非侵权行为成立的要件。

二、侵害商标权行为的几种特殊情形

《商标法》明确列举的侵害商标权的行为种类十分有限,但第五十七条第(七)项作为兜底性条款已经为商标权的充分保护预留了足够的空间。司法实践中,侵害商标权的形式也多种多样,在此仅择其要加以列举。

(一)突出使用企业字号误导相关公众的

虽然企业名称权是受到《反不正当竞争法》保护的、不同于商标权之外的一项独立的民事权益,但是,对企业名称的使用应当符

[①] 参见北京市西城区人民法院(2010)西民初字第4468号民事判决书。浙江森创服装有限公司不服一审判决提起上诉,在二审过程中,浙江森创服装有限公司申请撤回上诉并经北京市第一中级人民法院(2010)一中民终字第12741号裁定准许,因此,该一审判决已发生法律效力。

合法律的基本规定和基本的商业习惯，如果突出使用企业名称中的字号，导致相关公众混淆误认，则仍会侵害他人享有的商标权。因此，相关司法解释规定："将与他人注册商标相同或者相近似的文字作为企业的字号在相同或者类似商品上突出使用，容易使相关公众产生误认的"，属于给他人注册商标专用权造成损害的行为。[①]

以本案为例，卡耐基学校虽然享有"北京市海淀区卡耐基成功素质培训学校"的企业名称权，但是，其在实际使用过程中，使用的是"北京卡耐基学校"、"卡耐基学校"字样，由于"学校"用于教学培训服务上显著性较弱，"卡耐基"在该使用行为中起到核心标志作用。而通过戴尔卡内基公司长期的使用，第772658号"戴爾·卡內基"商标、第772672号"DALE CARNEGIE"商标已具有了一定的知名度，在此情形下，卡耐基学校突出使用其企业名称中的"卡耐基"字号的行为就容易导致相关公众对相关服务的来源产生混淆误认，因而就构成了对戴尔卡内基公司商标权的侵害。

（二）侵害驰名商标注册人利益的

无论是修改前的《商标法》，还是修改后的《商标法》，其中有关驰名商标的内容都是放在总则部分加以规定的，有关驰名商标保护的规定并未明确写入《商标法》，而《商标法》第五十七条对注册商标专用权的保护又仅限于同一种或者类似商品或者服务上的保护，因此，就导致实践中对已注册的驰名商标在不相同或者不类似商品和服务上的保护缺乏明确的可以适用的法律条款。针对这一问题，最高人民法院通过司法解释的方式给予了回应："复制、模仿、翻译

[①]《最高人民法院关于审理商标民事纠纷案件适用法律若干问题的解释》（法释〔2002〕32号）第一条第（一）项。

他人注册的驰名商标或其主要部分在不相同或者不相类似商品上作为商标使用，误导公众，致使该驰名商标注册人的利益可能受到损害的"，属于给他人注册商标专用权造成损害的行为。①当然，对于此类侵害商标权行为的认定，应当以主张权利的商标已在中国获准注册且已达到驰名程度为前提。在此基础上，如果被告的行为同时符合驰名商标保护的其他要件，则可以直接认定其构成侵害商标权的行为。

在施华洛世奇有限公司诉北京施华洛婚纱摄影有限公司侵害商标权及擅自使用他人企业名称纠纷案中，一、二审法院在认定原告的第384001号"SWAROVSKI"商标和第385013号"施华洛世奇"商标为驰名商标的前提下，均认为被告在其店面门头、橱窗、价目单、照片展示册、广告宣传、网站等多处单独或突出使用的"施華洛"、"施华洛"、"SWAROV"，甚至是"SWAROVSKI"等字样的行为，已构成对上述驰名商标的摹仿，且该行为足以导致相关公众误认为被告所提供的服务与原告有某种特定联系从而致使原告的利益可能受到损害，因此认定被告的行为属于侵犯原告商标权的行为。②

（三）通过域名形式侵害他人商标权的

随着互联网技术的兴起，通过计算机网络域名形式侵害商标权的行为也日益增多。但是，由于网络域名有其自身的特点，对此种侵害商标权行为的认识也有一个发展的过程。此类侵权行为的认定是与驰名商标的保护结合在一起而出现的。在杜邦公司诉北京国网

---

① 《最高人民法院关于审理商标民事纠纷案件适用法律若干问题的解释》（法释〔2002〕32号）第一条第（二）项。

② 参见北京市第二中级人民法院（2008）二中民初字第10067号民事判决书和北京市高级人民法院（2008）高民终字第1376号民事判决书。

商标权的保护

信息有限责任公司计算机网络域名纠纷案中,北京市高级人民法院指出,"域名是用户在计算机网络中的名称和地址,是用于区别其他用户的标志,具有识别功能。在计算机网络上以驰名商标作为域名,可以将驰名商标在计算机网络之外的功能和作用,以及能够带给商标注册人的商业利益带到计算机网络之中。在计算机网络中未经许可将他人的驰名商标作为域名注册或者使用,实际上是该域名的注册人或者使用人无合法依据地占有了应属于驰名商标的商标注册人的商业利益。这种使用如果未经许可,是对他人驰名商标的使用,就是对驰名商标的侵犯。"[1]虽然该案的裁判是针对"DU PONT"驰名商标而言的,但是其所揭示的道理,对于其他注册商标专用权的保护也是同样适用的。因此,在后来的司法解释中,将通过域名形式侵害他人商标权的行为扩展到对一般的注册商标专用权的保护领域,并对其构成要件作出了明确的限定,即"将与他人注册商标相同或者相近似的文字注册为域名,并且通过该域名进行相关商品交易的电子商务,容易使相关公众产生误认的",属于给他人注册商标专用权造成损害的行为。[2]

由于通过合法途径取得的域名权益也是受到法律保护的,因此就存在先在域名权益与在后取得的注册商标专用权之间冲突的可能性。在2014年终审审结的旅游族公司诉李勇域名纠纷案中,法院也对这一问题进行了探索。在该案中,北京市高级人民法院指出,虽然本案争议的 travelzoo.com.cn 域名注册日2004年11月29日,早于旅游族公司在第39类"通过在线的全球通讯网络来提供旅游信息和新闻"服务上的国际注册第863101号"TRAVELZOO"商

---

[1] 北京市高级人民法院(2001)高知终字第47号民事判决书。
[2] 《最高人民法院关于审理商标民事纠纷案件适用法律若干问题的解释》(法释〔2002〕32号)第一条第(三)项。

标在中国获得领土延伸保护的日期即 2005 年 8 月 25 日，但鉴于商标的功能之一是区分商品或者服务来源，且注册商标经过了商标行政管理机构的核准并就其享有专用权的范围进行了公示，故当域名使用行为已使得域名与其所指向网站所提供的服务的来源直接联系了起来，即域名发挥了指示网站提供服务来源的功能时，其即应当避让在相同或者类似服务上已经合法注册的他人商标。被告虽称其自注册争议域名后即合理、正当地使用争议域名，但现有证据并不能支持其主张。现有证据中能够体现争议域名最早使用情况的是 2007 年 7 月 16 日，故争议域名在旅游族公司的商标在中国获得领土延伸保护前，亦未通过使用形成反不正当竞争法所保护的、可以对抗其他权利或权益的合法利益。因此，被告通过争议域名指向的网站向网络用户提供旅游资讯的行为仍构成对原告商标权的侵害。[①]

（四）侵害未注册驰名商标权利人利益的

作为未注册商标获得保护的特例，司法解释规定："复制、模仿、翻译他人未在中国注册的驰名商标或其主要部分，在相同或者类似商品上作为商标使用，容易导致混淆的，应当承担停止侵害的民事法律责任。"[②]因此，除了在知名度方面应当达到驰名程度外，通过该规定获得保护的范围也仅限于在相同或者类似商品或服务上。

在苏富比拍卖行诉四川苏富比拍卖有限公司侵害商标权纠纷案中，法院在结合相关证据认定"苏富比"是苏富比拍卖行在拍卖服务上的未注册驰名商标的基础上，认为被告在应当知晓"苏富比"商标的情况下，在拍卖服务上突出使用的"苏富比"等字样实际是

---

① 参见北京市高级人民法院（2011）高民终字第 1713 号民事判决书。
② 《最高人民法院关于审理商标民事纠纷案件适用法律若干问题的解释》（法释〔2002〕32 号）第二条。

起到了区分服务来源的商标识别功能，容易导致相关公众将其服务误认为属于原告所提供的拍卖服务或者与原告具有特定联系，其行为构成对原告"苏富比"未注册驰名商标的侵害。①

（撰稿人：周波）

---

① 参见北京市第二中级人民法院（2007）二中民初字第 11593 号民事判决书、北京市高级人民法院（2008）高民终字第 322 号民事判决书、最高人民法院（2010）民申字第 1182 号民事裁定书。

23. 将与他人注册商标标志相同或者近似的标志申请为外观设计专利构成侵权的认定

——路易威登马利蒂股份有限公司诉郭碧英侵犯商标专用权纠纷案

案件索引：北京市第一中级人民法院（2008）一中民初字第8048号，2008年12月16日判决；北京市高级人民法院（2009）高民终字第2575号，2009年7月16日判决。

基本案情

1986年1月15日，第241025号"LV"商标（见图一）经商标局核准注册，核定使用在第28类"玩具、跳棋、十五子棋游戏、高尔夫球专用手套"等商品上，商标注册人为路易威登马利蒂股份有限公司（简称路易威登公司），该商标专用权期限经续展至2016年1月14日。

2003年11月13日，郭碧英向国家知识产权局申请了名称为"麻将（23）"、申请号为200330116816.3的外观设计专利（简称第200330116816.3号专利），该专利于2004年7月14日被授权公告，公告号为CN3379670。第200330116816.3号专利授权公报包含五幅视图，分别为主视图、左视图、后视图、俯视图和立体图（见图二）。

商标权的保护

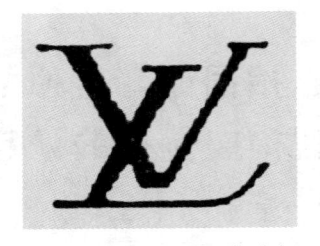

图一　第241025号"LV"商标　　图二　第200330116816.3号专利立体图

路易威登公司认为郭碧英申请第200330116816.3号专利的行为侵犯了其注册商标专用权，于2008年6月16日向法院提起民事诉讼。

判决与理由

北京市第一中级人民法院经审理认为，人民法院可以对专利权人未实际实施的外观设计专利是否与他人在先取得的合法权利相冲突作出认定。相对于第200330116816.3号专利而言，第241025号商标为在先取得的合法权利。第200330116816.3号专利的产品"麻将（23）"与第241025号商标核定使用的"跳棋"等商品属于类似商品，二者LV文字图案设计基本相同，相关公众会将第200330116816.3号专利产品误认为是路易威登公司的商品，从而给路易威登公司的注册商标专用权造成损害，第200330116816.3号专利已与第241025号商标专用权构成冲突。虽然本案中并无证据证明郭碧英已实施第200330116816.3号专利，但因该专利申请的目的即为投入市场使用，故该产品一旦投入市场，必然会给路易威登公司的注册商标专用权造成损害，郭碧英申请第200330116816.3号专利的行为属于《商标法》第五十二条第（五）项规定的"其他侵犯注册商标专用权的行为"。因此，判决郭碧英不得实施名称为"麻将（23）"

将与他人注册商标标志相同或者近似的标志申请为外观设计专利构成侵权的认定

的200330116816.3号专利。

郭碧英不服原审判决提出上诉，请求撤销原审判决并依法改判驳回路易威登公司的诉讼请求。

北京市高级人民法院经审理认为，侵犯商标专用权的行为通常是指非法使用他人商标的行为，而商标使用主要是指该商标与特定商品的组合并面向消费者的使用。将与他人商标相同或相似的标志申请外观设计专利的行为不属于面向市场消费者的非法使用商标的行为，该申请行为本身不属于侵犯注册商标专用权的行为。郭碧英有关其申请第200330116816.3号专利的行为未侵犯路易威登公司商标专用权的上诉理由成立，原审判决认定郭碧英申请第200330116816.3号专利的行为侵犯路易威登公司的注册商标专用权，显然不当。但是，尽管郭碧英申请第200330116816.3号专利的行为未侵犯路易威登公司的商标权，但由于第241025号商标的商标权确已构成第200330116816.3号专利的在先合法权利，第200330116816.3号专利的产品"麻将（23）"与第241025号商标核定使用的"跳棋"等商品均属于《类似商品和服务区分表》第28类棋、牌类商品，二者在功能、用途、生产部门、销售渠道及消费对象等方面均相近，应属于类似商品；第200330116816.3号专利的麻将形状为长方体，与通常的麻将形状无异，仅在主视图设计有LV文字图形，该LV文字图形与第241025号商标相比，二者均由LV文字叠加构成，其图案设计基本相同。虽然本案中并无证据证明郭碧英已经实际实施第200330116816.3号专利，但申请专利的主要目的在于实施，而第200330116816.3号专利产品一旦上市，相关公众很可能将第200330116816.3号专利产品误认为是路易威登公司的商品，从而损害路易威登公司的商标权。因此，第200330116816.3号外观设计专利已与路易威登公司对第241025号商标享有的注册商标专用权构成冲突。综上，虽然郭碧英的部分上诉理由成立，但其上诉主张因缺乏事实及法律依据不能成立。据此，判决驳回上诉，维持原判。

评 析

将与他人在先注册商标相同或者近似的商标标志作为主要部分申请为产品外观设计专利，是否属于侵害他人商标权的行为在司法实践中存在一定的分歧。如果该在先商标核定使用的商品与外观设计专利产品不属于相同或类似商品，且在先商标也未达到驰名程度，则由于此种专利申请并未进入到在先商标权的保护范围，所以该申请外观设计专利的行为本身不具有违法性，专利权人申请和实施其外观设计专利的行为也不侵害在先商标权。问题主要在于，如果外观设计专利产品与在先商标核定使用的商品构成同一种或者类似商品，则此类专利申请行为是否侵犯在先商标权。

一、不作区分而认定侵权行为成立的做法

一种观点认为，对于将与他人在先注册商标相同或者近似的标志在同一种或类似商品上申请为产品外观设计专利的行为，无论该外观设计专利是否已经实际实施，也无论该专利产品是否已经实际上市，该申请行为都侵犯在先注册商标权。

在路易威登马蒂利公司诉王军侵害商标权纠纷案中，原告在"旅行包、女用小手袋、购物袋"等商品上在先注册了第241000号"路易威登"商标（见图三）、第241081号"LV"商标（见图四）、第1106237号图形商标（见图五）和第1106302号图形商标（见图六）。被告未经原告许可，将与原告商标完全相同的文字图形组合作为设计要素，申请了名称为"手提袋"的外观设计专利（见图七）。原告

将与他人注册商标标志相同或者近似的标志申请为外观设计专利构成侵权的认定

认为,被告外观设计专利产品与原告商标指定使用商品相同或类似,被告外观设计专利一旦投入市场使用,势必给其商标权造成难以弥补的损害,故被告申请外观设计专利是对其注册商标专用权的侵犯,因此,请求法院判令被告不得实施其专利。

图三 第241000号"路易威登"商标　　图四 第241081号"LV"商标

图五 第1106237号图形商标　　图六 第1106302号图形商标

图七 "手提袋"外观设计

商标权的保护

该案的一、二审法院均认为,被告外观设计专利产品为手提袋,原告注册商标核定使用商品为第18类旅行包、女用小手袋、购物袋等,二者属于同类商品,被告外观设计中不仅含有与原告商标相同或相近似的标识,且上述标识为被告外观设计中最主要的设计要素,被告外观设计产品一旦投入使用,足以使一般消费者误认为该产品为原告产品,故被告外观设计专利已与原告商标权相冲突。虽然被告尚未实际实施其外观设计专利,但因该外观设计申请专利的目的即为投入市场使用,为避免被告使用其外观设计专利的行为对原告注册商标专用权造成侵害,应当认定被告申请外观设计专利的行为构成2001年《商标法》第五十二条第五项中"其他侵犯注册商标专用权的行为",故判决被告不得使用涉案外观设计专利。[1]在随后的类似诉讼中,法院也都坚持了相同的做法。[2]

二、在区分的基础上认定侵权成立的做法

但在以本案为例的案件中,法院采纳了一种有别于之前做法的观点,即认为单纯的外观设计专利申请行为不属于商标使用行为,因而就性质而言,单纯的专利申请行为本身不构成侵害商标权的行为,但是,在综合考虑专利申请的主要目的以及专利实施后的效果等因素,最终认定侵权行为成立。其主要理由有以下几个方面:

(一)单纯的外观设计专利申请行为不是商标法意义上的商标使用行为

侵害商标权的行为主要是指在商标法意义上使用他人商标的行为。"构成侵犯注册商标专用权的基本行为是在商业标识意义上使用

---

[1] 参见北京市第一中级人民法院(2007)一中民初字第4873号民事判决书和北京市高级人民法院(2008)高民终字第114号民事判决书。

[2] 参见北京市第一中级人民法院(2008)一中民初字第8046号民事判决书和北京市高级人民法院(2009)高民终字第1546号民事判决书。

相同或者近似商标的行为，也即被控侵权标识的使用必须是商标意义上的使用，或者说必须是将该标识作为区分商品来源的商标来使用。倘若所使用的与他人注册商标相同或者近似的文字、图形等标识不具有区分商品来源的作用，也即不是用作商标，这种使用就不是商标意义上的使用，因而也不会构成对他人注册商标专用权的侵害。"[1]未在商标法意义上使用他人商标的行为，除法律有特别规定外，则不属于侵犯商标权的行为。如伪造、擅自制造他人注册商标标识或者销售伪造、擅自制造的注册商标标识的行为只是对商标标样的使用，该行为本身并未指向特定的商品或服务，即并未在商标法意义上完整地使用他人商标，但仍基于《商标法》的特别规定而构成侵权。在没有法律明确规定的情形，不宜扩张非使用性侵犯商标权行为的外延。而单纯的外观设计专利申请行为，只是申请人根据《专利法》的规定提出申请，请求获得专利权保护的行为，它是在申请人与专利主管行政机关之间发生的特定关系，其结果也仅有获得专利权和未获得专利权两种情形，因此，该行为不是对相关标志的商业使用（use in trade），该行为本身不受《商标法》的调整。

（二）基于外观设计专利权的申请目的及其实施后果认定侵权行为成立

虽然将与他人在先注册商标相同或者近似的标志在同一种或者类似商品上作为产品外观设计申请专利权保护的行为本身，并不构成商业使用，因而不属于侵害商标权的行为，但是，在同一客体之上可以存在不同的知识产权权利类型，[2]如果允许在同一种或者类似

---

[1] 孔祥俊："商标的标识性与商标权保护的关系——兼及最高法院有关司法政策和判例的实证分析"，载《人民司法·应用》2009年第15期，第44页。

[2] 参见凌宗亮："失效的外观设计专利仍受著作权法保护"，载《人民司法·案例》2010年第4期，第86—89页。

商品上的相同或者近似标志存在不同的知识产权权利，就会产生权利之间的冲突，因此，无论是《商标法》还是《专利法》，都遵循了保护在先权利的基本原则以避免权利冲突。比如2013年《商标法》第三十二条规定："申请商标注册不得损害他人现有的在先权利，也不得以不正当手段抢先注册他人已经使用并有一定影响的商标。"[1]2008年《专利法》第二十三条第三款规定："授予专利权的外观设计不得与他人在申请日以前已经取得的合法权利相冲突。"[2]

根据2008年《专利法》第二条第四款的规定，"外观设计，是指对产品的形状、图案或者其结合以及色彩与形状、图案的结合所作出的富有美感并适于工业应用的新设计。"既然外观设计的最终目的在于工业应用，则采用该外观设计的产品最终也将进入市场成为市场上流通的商品，而仅为取得外观设计专利权而不将其加以实施的外观设计专利申请行为是明显违背常理的。因此，虽然不宜认定专利申请行为本身侵害商标权，但是从避免权利冲突的角度出发，在在先商标权人明确提出请求的情况下，对将与他人在先注册商标相同或者近似的标志在同一种或者类似商品上作为产品外观设计申请专利权的在后专利权人，判令其不得实施其专利是完全适当的。

（撰稿人：周波）

---

[1] 即2001年《商标法》第三十一条的规定。
[2] 2000年《专利法》第二十三条规定："授予专利权的外观设计，应当同申请日以前在国内外出版物上公开发表过或者国内公开使用过的外观设计不相同和不相近似，并不得与他人在先取得的合法权利相冲突。"

24. 侵犯商标权诉讼中损害赔偿额的确定
——宝马股份公司诉广州世纪宝驰服饰实业有限公司等侵犯商标权及不正当竞争纠纷案

案件索引：北京市第二中级人民法院（2011）二中民初字第4789号，2011年12月20日判决；北京市高级人民法院(2012)高民终字第918号，2012年11月26日判决。

基本案情

宝马股份公司（以下简称宝马公司）在中国拥有注册在第12类机动车辆、摩托车及其零件商品上的第282195号"BMW"文字商标、第282196号"●"商标、第784348号"寶馬"文字商标、第G921605号"宝马"文字商标，以及注册在第12类机动车辆、摩托车及其零件及第25类服装、鞋、帽子商品上的第G955419号"●"商标、第G673219号"●"商标。其中，第282195号"BMW"文字商标、第282196号"●"商标、第784348号"寶馬"文字商标曾被认定为驰名商标。

2009年11月24日，广州世纪宝驰服饰实业有限公司（以下简称世纪宝驰公司）注册成立。世纪宝驰公司生产并销售标注"●"、"FENGBAOMAFENG及●"、"丰宝马丰 FENGBAOMAFENG及●"等标识的服装产品，并在其网站及店铺显著标注"FENGBAOMAFENG

商标权的保护

及"◉"等标识,在服装吊牌、网站、宣传图册等处使用"德国世纪宝马集团股份有限公司"企业名称等标识。世纪宝驰公司在全国多个地方进行了加盟推广。其中,李淑芝为世纪宝驰公司的经销商。2010年11月16日,北京市朝阳工商分局对李淑芝服装店进行了查处,并出具《北京市工商行政管理局朝阳分局行政处罚决定书》,载明:没收侵权"BLMW"及图商标商品63件,"MBWL"及图商标商品169件,共计232件,处以罚款人民币11万元。

宝马公司以世纪宝驰公司侵害商标权及不正当竞争为由诉至北京市第二中级人民法院,请求判令世纪宝驰公司等停止侵权,并赔偿经济损失人民币200万元。宝马公司为本案一审诉讼支出公证费人民币18 748元,律师费人民币232 808元,复印费人民币4481.55元。

判决与理由

北京市第二中级人民法院经审理认为:世纪宝驰公司在其生产的服装、服装吊牌、服装包装袋、宣传图册、网站等处,突出性的使用"◉"标识,与宝马公司的第G955419号"◉"商标相比较,普通消费者在购买服装时,不容易注意"右上左下"、"左上右下"的区别,容易将"◉"标识误认为"◉",易使相关公众对商品的来源产生误认或者认为其来源与宝马公司有特定的联系,构成近似商标。世纪宝驰公司在相同类别上使用与宝马公司近似商标的行为侵犯了宝马公司涉案第G955419号"◉"商标专用权,应当承担相应的法律责任。世纪宝驰公司在服装吊牌、网站、宣传图册等处使用"德国世纪宝马集团股份有限公司"企业名称,容易使相关公众对其与宝马公司的产品及相互关联性产生混淆或误认，其行为构成对宝马公司的不正当竞争。鉴于宝马公司未能提供具体的损失依据，也未能充分提供世纪宝驰公司侵权获利的证据，根据世纪宝驰公司侵权恶意程度、侵权范围、侵权情节以及宝马公司涉案注册商标的知名度等因素，酌情确定侵权损害赔偿数额。因此一审法院判决：一、世纪宝驰公司于判决生效之日起，停止侵害宝马公司涉案注册商标专用权的行为及不正当竞争行为；二、世纪宝驰公司于判决生效之日起十日内，就其涉案侵权行为在《中国工商报》上刊登声明，以消除影响；三、世纪宝驰公司于判决生效之日起十日内，赔偿宝马公司经济损失人民币五十万元及合理诉讼支出人民币三万元。

世纪宝驰公司和宝马公司均不服一审判决，向北京市高级人民法院提出上诉。宝马公司认为一审判决赔偿数额过低。在二审期间，宝马公司提交了证据证明：世纪宝驰公司在山西省大量发展特许加盟店，在山西省太原市、运城市、大同市的加盟店销售带有""、"丰宝马丰 FENGBAOMAFENG 及"、"FENGBAOMAFENG 及"等标识、标注世纪宝驰公司为中国总代理的服装、鞋等商品。山西省工商局开展的保护德国宝马股份公司图形注册商标专项行动，查处了大量销售涉嫌侵权的商品及在加盟商处尚存大量库存商品，价值人民币上千万元。宝马公司提交的世纪宝驰公司的网站宣传自称"目前，'世纪宝驰'旗下'丰宝马丰'风行盛世，拥有近300家终端营销点，网点遍布大江南北……"，且申请加入特许加盟的"商业运作条件为：直辖城市，首期货款为人民币30万元，省会城市，首期货款为人民币20万元，地级城市，首期货款为人民币10万元"。

北京市高级人民法院认为：宝马公司在本案原审诉讼中未能提供证据证明其因侵权行为所受到的实际损失，也未能提供证据证明世纪宝驰公司因侵权行为获得的利益，原审法院在原审证据的基础上，依据法律相关规定，酌情确定侵权损害赔偿数额50万元并无不妥。但宝马公司在本案二审诉讼中提交的证据足以证明世纪宝驰公司侵权的主观恶意明显、侵权时间长、侵权范围广、侵权获利巨大，远远超过人民币200万元，侵权情节极其严重，加之宝马公司的第G955419号"●"商标及涉案其他注册商标具有较高知名度，宝马公司为制止侵权行为亦支付了律师费、公证费、取证费等合理费用，为保障权利人合法权益的充分实现，加大侵权代价，降低维权成本，在宝马公司二审提交了新证据的情况下，二审法院对宝马公司关于赔偿人民币200万元的诉讼请求，予以全额支持。据此，二审法院判决世纪宝驰公司停止侵权、消除影响、赔偿宝马公司经济损失人民币200万元。同时，针对世纪宝驰公司的恶意侵权行为，对其处以罚款人民币10万元的民事制裁，并向国家工商行政管理总局发出司法建议，建议其对侵权行为进行全面查处。

评 析

赔偿商标权人因侵权而造成的损失是侵害商标权诉讼最为重要的民事救济手段之一。侵害商标权诉讼中，如何合理准确确定损害赔偿数额，一直是审判实践中的难点问题之一。本案的争议焦点之一就是赔偿数额的确定，二审改判将赔偿数额从一审的50万元提高到200万元，全额支持了宝马公司的赔偿请求。

一、确定赔偿数额的相关规定

1982年《商标法》并未就法院如何确定赔偿数额作出明确规定，但规定工商行政管理部门有权责令侵权人赔偿被侵权人的损失，赔偿额为侵权人在侵权期间因侵权所获得的利润或者被侵权人在被侵权期间因被侵权所受到的损失。1985年最高人民法院曾就侵犯商标专用权如何计算损失赔偿额作出批复（法（经）复〔1985〕53号），认为在侵犯商标专用权案件中，被侵权人可以按其所受的实际损失额请求赔偿，也可以请求将侵权人在侵权期间因侵权所获的利润（指除成本和税金外的所有利润）作为赔偿额。对于以上两种计算方法，被侵权人有选择权。可见，赔偿数额的确定方法为权利人的损失和侵权人的获利两种方式，被侵权人具有选择权。这种方式一直持续到2001年。

2001年《商标法》对确定赔偿数额作出了较为详细的规定，除了前述两种方式外，还把被侵权人的合理开支纳入赔偿范围，明确赔偿数额应当包括被侵权人为制止侵权行为所支付的合理开支。同时，考虑到有些案件权利人的损失或者侵权人的获利难以查清，因此规定了法定赔偿制度，即在侵权人因侵权所得利益，或者被侵权人因被侵权所受损失难以确定的情况下，由人民法院根据侵权行为的情节判决给予五十万元以下的赔偿。由此，2001年《商标法》规定的确定赔偿数额的方法有三种：侵权人的获利、权利人的损失、法定赔偿。其中前两者与法定赔偿之间具有顺序关系，只有在前两者难以确定的情况下方可适用法定赔偿，但前两者之间没有先后顺序，可以选择适用。

根据2001年《商标法》的规定，《最高人民法院关于审理商标民事纠纷案件适用法律若干问题的解释》（法释〔2002〕32号）进一步细化了赔偿数额的计算方式：(1)侵权所获得的利益，可以根据侵权商品销售量与该商品单位利润乘积计算；该商品单位利润无法查明的，按照注册商标商品的单位利润计算。(2)因被侵权所受到的损失，可以根据权利人因侵权所造成商品销售减少量或者侵权商品销售量与该注册商标商品的单位利润乘积计算。(3)侵权人因侵权所获得的利益或者被侵权人因被侵权所受到的损失均难以确定的，人民法院可以根据当事人的请求或者依职权适用商标法第五十六条第二款的规定确定赔偿数额。在确定赔偿数额时，应当考虑侵权行为的性质、期间、后果，商标的声誉，商标使用许可费的数额，商标使用许可的种类、时间、范围及制止侵权行为的合理开支等因素综合确定。（4）制止侵权行为所支付的合理开支，包括权利人或者委托代理人对侵权行为进行调查、取证的合理费用，并可以将符合国家有关部门规定的律师费用计算在赔偿范围内。

2013年《商标法》对赔偿数额计算方式作了较大修改。第一，设定了权利人的损失和侵权人的获利两种计算方式的先后顺序，明确侵犯商标专用权的赔偿数额，首先按照权利人因被侵权所受到的实际损失确定；实际损失难以确定的，可以按照侵权人因侵权所获得的利益确定。第二，增加了许可使用费倍数的计算方式，规定权利人的损失或者侵权人获得的利益难以确定的，可以参照该商标许可使用费的倍数合理确定。参照商标许可使用费确定赔偿数额，在《最高人民法院关于审理商标民事纠纷案件适用法律若干问题的解释》（法释〔2002〕32号）中，是作为法定赔偿的一种计算方式，现在商标法将其独立出来，成为一种单独的计算方式。第三，规定了惩罚性赔偿制度，规定对恶意侵犯商标专用权，情节严重的，可以在按照上述方法确定数额的一倍以上三倍以下确定赔偿数额。第四，将法定赔偿的上限提高到三百万元。第五，从举证责任的角度规定了侵权人对侵权获利的举证义务，明确为确定赔偿数额，在权利人已经尽力举证，而与侵权行为相关的账簿、资料主要由侵权人掌握的情况下，人民法院可以责令侵权人提供与侵权行为相关的账簿、资料；侵权人不提供或者提供虚假的账簿、资料的，人民法院可以参考权利人的主张和提供的证据判定赔偿数额。

二、确定赔偿数额的具体适用

对于因被侵权所受到的实际损失，实践中权利人较常使用的方法是首先证明被侵权之前其市场份额和/或经营收益情况，然后证明被侵权之后其市场份额和/或经营收益情况，进而用市场份额和/或经营收益的减少来计算其实际损失。这种推算方式有一定合理性，但实践中真正采用的并不多见。主要是因为：（1）导致市场份额、经营收益等减少的原因是多样的，可能跟被侵权有关，但也可能与企业的经营状况、其他合法竞争主体的出现和竞争力等有关，被侵权人往往难以证明市场份额、经营收益减少与被侵权事实之间的关联性或者关联程度，其说服力不强。（2）权利人提交的市场份额、经营收益等情况常常是权利人单方统计，对方当事人一般不认可，其证明力尚需其他证据加以佐证。即使真实性没有问题，由于这些统计通常是针对权利人整个经营进行的，难以从中分割出与侵权有关的部分和比例，因此往往只能有参考价值，但难以作为准确的计算依据。为了部分解决上述问题，前述 2002 年的司法解释规定"因被侵权所受到的损失，可以根据因侵权所造成商品销售减少量或者侵权商品销售量与该注册商标商品的单位利润乘积计算"，一定程度上把侵权商品销售量推定为权利人因被侵权而造成商品销售减少量。但即使如此，由于注册商标商品的单位利润和侵权商品销售量均有较高的证明难度，故实践中依据权利人因被侵权所受到的实际损失来确定赔偿数额的案件较为少见。

因侵害商标权赔偿是民事赔偿的一种，因此秉承民事赔偿的填平原则，将侵权人因侵权所获得的利益作为赔偿的计算方式，实际上是建立在侵权人因侵权所获得的利益等同于权利人损失的推定之上的。逻辑上，这种推定应当具备其他几个条件方可成立，比如消费需求是一定的、比如不存在其他竞争主体等。这也是 2013 年《商标法》规定了权利人损失和侵权人获利之间先后顺序背后的考虑。当然，从权利保护的角度看，原来不设定顺序，由权利人根据案情和举证情况进行选择，可能更有利于，也能更加充分保护权利人的权益。相较于权利人损失的难以量化，侵权人因侵权所获得的利益本应是一个客观事实，以其来计算赔偿数额似乎更为可行。然而，由于因侵权所获得的利益的相关证据多数都由被告掌握，原告想要获得这些证据有较大难度。实践中虽然有些案件原告会申请法院对被告的相关财务账册进行证据保全，以查清被告因侵权的获利情况，但是这不可能是常态解决方式。加之很多侵权被告的财务账册并不规范，甚至为了逃避侵权责任而做假账，故即使保全了相关账册，也无法准确计算出被告的获利情况。因此事实上以此方式准确确定被告获利并确定赔偿数额的案件比例也不高。

由于上述原因，实践中，法院适用法定赔偿计算赔偿数额的案件比例较高。法定赔偿数额，是法官综合考虑侵权行为的情节后，在法律规定的幅度范围内确定的。根据司法解释，在确定赔偿数额时要考虑侵权行为的性质、期间、后果，商标的声誉，商标使用许可费的数额，商标使用许可的种类、时间、范围及制止侵权行为的合理开支等因素。实践中最为常见的考虑因素包括：（1）侵权行为的性质，主要是指从事了哪种侵权行为，是制造侵权商品、销售侵权商品，还是提供帮助等，不同性质的侵权行为给权利人造成的损失不同，比如制造商的制造行为通常比销售商的销售行为造成的损失更大，赔偿数额要更高。（2）规模、持续时间，主要是从空间和时间等角度考虑，规模大，比如侵权产品覆盖全国多地，或者时间长的，显然比偶发侵权赔偿数额要高。（3）商标的声誉，主要指注册商标的使用情况和知名度等。侵害商标权，本质上是搭便车获取不正当利益。通常，侵犯一个知名度很高的商标（比如驰名商标）

所造成的损害显然会比侵犯一个没有使用和知名度的商标所造成的损害大。未使用的注册商标并没有市场声誉和市场份额，他人未经许可使用客观上没有搭便车。然而，侵害未使用注册商标并不意味着不会给权利人造成损失。因此，即使商标未使用，也不能绝对不予赔偿，只是在确定赔偿数额上要加以考虑，一般不能以被告获利来计算赔偿数额。2013年《商标法》第六十四条规定："注册商标专用权人请求赔偿，被控侵权人以注册商标专用权人未使用注册商标提出抗辩的，人民法院可以要求注册商标专用权人提供此前三年内实际使用该注册商标的证据。注册商标专用权人不能证明此前三年内实际使用过该注册商标，也不能证明因侵权行为受到其他损失的，被控侵权人不承担赔偿责任。"该法实施后，未使用注册商标权人主张赔偿的，需要承担更重的举证责任，要么证明实际使用，要么证明有其他损失。(4) 侵权人的主观状态。法院在确定赔偿数额时有时候会考虑侵权人的主观状态。如果证据证明侵权人是明知而故意侵权，或者已经被查处过，属于重复侵权的，为了达到相应的制止侵权、制裁违法行为的效果，在确定赔偿数额时通常会多赔一些。这种实践操作方式在2013年《商标法》被上升为惩罚性赔偿制度；相反，如果有些侵权行为背后存在特定的历史、客观原因，侵权人并不存在侵权故意，则通常会少赔一些。

  法定赔偿是综合考虑各种因素之后酌情确定赔偿数额，但并不意味着有酌定因素的赔偿都是法定赔偿。虽然依据在案的证据无法准确算出被告的获利或者原告的损失，但是现有证据证明该数额明显超过法定赔偿数额的上限，法院可以在查明事实的基础上，在法定赔偿数额的上限之上裁量确定赔偿数额，此时法院适用的不是法定赔偿，而是按照被告的获利或者原告的损失方式计算赔偿数额，因此不受上限的限制。此时的裁量同样会考虑侵权行为的性质、规模、持续时间，商标的声誉，侵权人的主观状态等等。

  本案发生在 2013 年《商标法》施行之前，因原告在一审期间提交的证据不够充分，一审法院依照当时商标法的规定，适用法定赔偿，定格判决被告赔偿原告 50 万元，并无不妥。但在二审期间，商标权人又提交证据证明侵权行为的规模、持续时间、侵权人的获利情况及侵权人的主观恶意等，其中侵权人的获利情况虽然无法准确确定，但现有证据证明其已经远远高于法定赔偿的上限 50 万元，甚至高于商标权人主张的 200 万元，因此二审法院结合考虑到侵权人属于组织化的大规模侵权、主观恶意明显、侵权时间长、范围广、获利巨大等因素，没有采取法定赔偿的方式确定损害赔偿数额，而是根据案件具体情况运用裁量权酌定赔偿数额，全额支持了权利人的诉请。此外，本案中，二审法院根据本案侵权人有组织、规模化恶意侵权的实际情况，在行政机关未进行过行政处罚的情况下，依法对侵权人采取民事制裁措施对世纪宝驰公司罚款人民币十万元，同时向有关部门发出司法建议。工商部门根据该司法建议积极行动，切实打击了恶意侵权行为，取得了良好的社会效果。

（撰稿人：周云川）

25. 侵犯商标权诉讼中的在先使用抗辩

——蒋玉友诉南京夫子庙饮食有限公司、南京清真奇芳阁餐饮有限公司侵犯注册商标专用权纠纷案

案例索引：江苏省南京市中级人民法院(2011)宁知民初字第497号，2012年11月15日判决；江苏省高级人民法院(2013)苏知民终字第0037号，2013年4月27日判决。

基本案情

"蒋有记"系南京老字号，主营牛肉锅贴和牛肉汤，曾在贡院西街12号经营，是夫子庙秦淮八绝之一，久负盛名。该字号由原告蒋玉友的祖父于解放前创立，后由其父亲蒋庆祺经营，店名为"祺记蒋有记牛肉店"，历经公私合营，店名变更为"公私合营蒋有记牛羊肉商店"，蒋庆祺在该店任主任。"文革"中该店停业。1976年蒋庆祺以集体所有制单位职工的身份退休。1980年，南京夫子庙饮食有限公司（以下简称夫子庙饮食公司）的前身南京市饮食公司秦淮区公司蒋有记包饺店恢复了贡院西街12号"蒋有记"餐馆的经营，期间虽然工商注册登记的企业名称和经营地址多次变更，企业类型由集体企业经改制变更为有限责任公司，但该餐馆一直由夫子庙饮食公司及其前身、夫子庙饮食公司的控股子公司南京清真奇芳阁餐饮有

商标权的保护

限公司(以下简称奇芳阁公司)经营,且经营一直处于持续状态。

2004年,蒋玉友、夫子庙饮食公司于同日向国家工商行政管理总局商标局(以下简称国家商标局)申请注册"蒋有记"商标。国家商标局决定通过抽签确定商标申请人,经抽签确定蒋玉友为"蒋有记"商标的申请人,后该商标于2011年5月21日被核准注册。

2011年8月3日,南京市秦淮区夫子庙贡院西街12号的"蒋有记"餐馆门头上有"蒋有记"、"百年老店"、"清真"等字样。2011年9月7日,蒋玉友在南京市升州路30号的一家餐馆拍摄了一组照片。该餐馆门头的招牌为"奇芳阁",店内所用的碗碟上有"清真"、"蒋有记"字样。庭审中,奇芳阁公司承认该餐馆由其实际经营。

蒋玉友认为夫子庙饮食公司、奇芳阁公司等明知其享有"蒋有记"商标专用权,仍然一直使用该商标从事经营活动,给其造成了商誉损失和经济损失。具体侵权行为发生地有两处:一是由夫子庙饮食公司、奇芳阁公司经营的位于贡院西街12号的"蒋有记"餐馆;二是由奇芳阁公司实际经营的位于南京市升州路30号的"奇芳阁"餐馆。因此诉至法院,要求判令夫子庙饮食公司、奇芳阁公司等立即停止使用"蒋有记"商标,赔偿损失5万元等。

在案件审理过程中,南京市秦淮区商务局出具证明称,"蒋有记"自50年代以来在夫子庙饮食公司(原秦淮区饮食公司)领导下,经营小吃产品深受消费者欢迎;80年代,该店经营的牛肉汤和牛肉锅贴被列入"秦淮八绝"小吃之一,成为南京市对外宣传的名片。南京市秦淮区旅游局出具情况说明称,秦淮区内的"蒋有记"门店是区内接待国内外来宾的重点推介单位,海内外多家媒体多次对"蒋有记"门店进行过采访和专题推介。南京市夫子庙秦淮风光带管理办公室出具情况说明称,"秦淮八绝"已进入南京市市级非物质文化遗产目录,坐落于贡院西街12号的"蒋有记"门店一直是其辖区内对外服务的重要窗口,是接待国内外来宾的重点推介单位。南京市民族宗教事务局出具情况说明称,夫子庙饮食公司恢复了清真"蒋有记"的经营,并获得"清真食品生产经营标志牌",清真"蒋有记"小吃是南京市向海内外穆斯林重点推介的美食项目。

判决与理由

南京市中级人民法院一审认为:

(一)本案中涉案的注册商标为服务商标,蒋玉友主张对"蒋有记"享有注册商标专用权,夫子庙饮食公司抗辩称其享有"蒋有记"未注册商标的在先使用权。一审法院认为,两者在客观上可能存在权利冲突,但该权利冲突的产生有其特定的历史背景和原因。因此,应当在综合考虑相关历史因素的前提下,根据诚实信用、维护公平市场竞争和保护在先权利的原则,公平合理地解决上述争议。

我国商标法实行的是注册原则,在我国只有注册商标才享有专用权的保护,但我国服务商标的注册保护始于1993年7月,实践中一些服务商标的使用历史可能要早于该时间。如果绝对地实行注册原则,服务商标注册人就有权禁止在先使用人在相同或者类似服务上使用与其注册商标相同或近似的服务商标,可能就会对服务商标在先使用人造成不公平的后果。为了弥补注册原则的不足,平衡注册人和在先使用人之间的利益,我国《商标法实施条例》第五十四条规定:"连续使用至1993年7月1日的服务商标,与他人在相同或者类似的服务上已注册的服务商标相同或近似的,可以继续使用;但是,1993年7月1日后中断使用3年以上的,不得继续使用。"

本案中,从夫子庙饮食公司使用"蒋有记"未注册商标或字号

商标权的保护

的情况来看，夫子庙饮食公司的前身南京市饮食公司秦淮区公司在1980年恢复了贡院西街12号"蒋有记"餐馆的经营，期间虽然工商注册登记的企业名称和经营地址多次变更，但该餐馆一直由夫子庙饮食公司及其前身和夫子庙饮食公司的控股子公司锅贴公司、奇芳阁公司经营，且该经营一直处于持续状态。正因为夫子庙饮食公司的持续使用，使"蒋有记"在特定区域具有较高知名度和一定影响。另外，在2011年蒋玉友通过抽签方式取得涉案注册商标专用权后，夫子庙饮食公司在该餐馆使用"蒋有记"未注册商标的方式和范围没有发生变化。蒋玉友亦没有证据证明该餐馆存在中断经营3年以上的情形。因此，夫子庙饮食公司关于其对在贡院西街12号"蒋有记"餐馆使用"蒋有记"未注册商标具有在先使用权的主张具有事实依据。

此外，如前所述，夫子庙饮食公司在贡院西街12号"蒋有记"餐馆使用"蒋有记"标识有一个历史承袭演变的过程，并非是在蒋玉友的商标注册后才使用"蒋有记"标识，也不存在违背商业道德，或者搭他人便车利用涉案服务商标声誉的主观恶意。况且，依靠夫子庙饮食公司的经营，"蒋有记"已成为南京夫子庙地区具有较高知名度的老字号和地方服务品牌。因此，夫子庙饮食公司在贡院西街12号"蒋有记"餐馆使用"蒋有记"标识的行为属于善意使用。

综上，蒋玉友虽然已成为涉案注册商标的权利人，但其并不能因此排斥夫子庙饮食公司在贡院西街12号"蒋有记"餐馆在先善意使用"蒋有记"未注册商标所形成的既定事实和经营状态。因此，夫子庙饮食公司享有在贡院西街12号"蒋有记"餐馆使用"蒋有记"未注册商标的在先使用权。

但是，为服务商标在先使用人提供保护只是我国商标保护的例外规定，在先使用人并不能因此侵犯注册商标权利人的利益。本案的特殊性还在于蒋玉友与夫子庙饮食公司同日申请注册"蒋有记"

商标,但夫子庙饮食公司并未在国家商标局审查期间提交其申请商标注册前在先使用该商标的证据,其怠于行使相应权利,而选择以抽签方式确定申请人,故本案应当在充分考虑和尊重相关历史因素的前提下,合理限定夫子庙饮食公司继续使用"蒋有记"未注册商标的方式和范围。一审法院认为,为规范正常市场秩序,体现对蒋玉友享有的"蒋有记"注册商标专用权的保护,夫子庙饮食公司只应在贡院西街12号"蒋有记"餐馆原址继续使用"蒋有记"商标,且不得改变该未注册商标的标识和扩大经营区域及规模,在使用中还应加上适当标识,以便与蒋玉友的注册商标形成区分,避免消费者的混淆。

(二)蒋玉友享有"蒋有记"注册商标的商标专用权,该商标专用权合法有效,应受法律保护。根据查明的事实,在2011年5月蒋玉友取得"蒋有记"注册商标专用权后,位于贡院西街12号的"蒋有记"餐馆由夫子庙饮食公司主导经营。如前所述,夫子庙饮食公司享有在贡院西街12号"蒋有记"餐馆使用"蒋有记"未注册商标的在先使用权,故蒋玉友认为夫子庙饮食公司及其子公司奇芳阁公司在贡院西街12号"蒋有记"餐馆使用"蒋有记"标识的行为侵犯其注册商标专用权的主张,不予支持。

关于在南京市升州路30号的"奇芳阁"餐馆发生的被控侵权行为,奇芳阁公司未提供任何证据证明其在该餐馆有在先使用"蒋有记"标识的事实,且该标识与涉案注册商标相比,文字含义、读音相同,只存在简体字与繁体字之差别,足以使相关公众产生混淆,构成商标近似。奇芳阁公司在蒋玉友取得涉案商标专用权后,仍然在其经营的南京市升州路30号餐馆的碗碟上使用"蒋有记"标识的行为不具有法律上的正当理由,且其应当知道蒋玉友为该注册商标的权利人,故奇芳阁公司的上述行为属于在同一种服务上使用与涉案注册商标近似的商标，侵犯了蒋玉友享有的涉案注册商标专用权，应当承担停止侵权、赔偿损失的民事责任。

据此，一审法院判决：奇芳阁公司立即停止在南京市升州路30号"奇芳阁"餐馆使用"蒋有记"服务标识；奇芳阁公司于判决生效之日起十日内赔偿蒋玉友为制止侵权所支付的合理费用2000元；驳回蒋玉友的其他诉讼请求。

蒋玉友不服一审判决，向江苏省高级人民法院提起上诉，请求改判夫子庙饮食公司和奇芳阁公司立即停止使用"蒋有记"商标。江苏省高级人民法院经过审理驳回上诉，维持一审判决。

评 析

中国商标法一直坚持注册主义。自1982年《商标法》制定以来历次的商标法均规定，自然人、法人或者其他组织在生产经营活动中，对其商品或者服务需要取得商标专用权的，应当向商标局申请商标注册。商标获准注册后商标权人取得注册商标专用权。注册商标的专用权，以核准注册的商标和核定使用的商品为限。在核准注册的商标和核定使用的商品范围内，注册商标权人有排他使用权，有权禁止他人未经许可的使用。然而实践中，商标注册人申请商标注册前，他人可能已经在先使用该商标，注册商标核准注册后，注册商标权人能否禁止在先使用人继续使用，在先使用人能否以其在先使用的事实进行不侵权抗辩，一直是中国商标法实践中争议较大的问题之一。本案的主要争议问题即在此。

一、实践的主要观点和做法

关于侵犯商标权诉讼中在先使用抗辩问题，在2013年《商标法》

之前，实践中主要有两种观点。

　　第一种观点认为，在先使用人的抗辩没有法律依据，不予支持。这种观点主要基于如下几点考虑：首先，抗辩制度应当有明确的法律依据，商标法没有规定该抗辩制度，因此不能适用。其次，我国商标法实行注册主义，要获得商标法保护，必须申请商标注册。商标注册后，就具有专用权，能够禁止他人使用。在先使用人没有申请商标注册，则不予保护，在他人注册商标后则必须停止使用。再次，我国商标法对侵权救济和商标权效力审查采用两套体系，商标权效力问题由行政程序解决，侵权诉讼法院不能审理商标权效力。虽然商标法对在先使用未注册商标也提供了一定程度的保护，但这种保护主要体现在禁止他人抢注。先使用人如对他人注册商标有异议，应当依照商标法规定向商标局提出异议或者向商标评审委员会提出争议加以解决。在先使用人没有依法主张其权利或者主张不成立的，在侵权诉讼中不能抗辩。这种观点在实践中，尤其是较早之前是主流观点，很多案件或多或少都提到了上述理由。比如在王军诉张仁才侵犯"杜家鸡"注册商标权案中，法院经过审理查明被告张仁才使用"正宗杜家鸡专卖"招牌在时间上早于原告获得"杜家鸡"注册商标专用权，虽然被告提出在先使用抗辩，但法院认为根据商标法保护注册商标注册人专用权的规定和维护市场统一秩序的立法精神，被告在先、善意使用并不足以成为对抗他人注册商标专用权的不侵权抗辩事由。另外，原、被告双方的经营地点虽分处不同省份，但从注册商标全国范围的地域效力和原告经营扩展的可能性而言，被告对"杜家鸡"商标的使用仍具发生混淆误认的可能性。同时，因原、被告从事相同服务，根据在相同商品或服务上使用与他人注册商标相同的商标不以混淆为要件的侵权判断原则，被告的使用行为构成商标侵权。但是，被告张仁才善意在先使用以及异地使用在目前尚不足以造成原告直接经济损失的事由,可在确定被告的损害赔偿责任时予以充分考虑。①

相反观点认为,应当支持符合一定条件在先使用人的不侵权抗辩。这种观点认为对于在先使用的未注册商标应给予尊重和保护。该观点认为,首先,商标的真正价值在于商誉,在于使用,虽然我国商标法规定了注册制度,但并不意味着不保护未注册商标。虽未注册但经过实际使用的商标已经具有识别意义,凝结了商誉,应当得到保护。其次,保护在先权利是一项基本原则。在先使用人在商标权人注册之前已经使用,享有在先权利,如果他人注册商标后不允许在先使用人继续使用,显然是不公平的。再次,商标法规定了注册商标不得损害他人现有的在先权利,也不得以不正当手段抢先注册他人已经使用并有一定影响的商标,可见在先使用人有权禁止在后商标注册,当然在侵权诉讼中可能进行不侵权抗辩,自己可以继续使用。最后,虽然2013年之前的商标法没有规定类似于专利法中的先用权抗辩,但其实承认一定范围内的在先使用人的继续使用权。比如2002年制定的《商标法实施条例》第五十四条规定:"连续使用至1993年7月1日的服务商标,与他人在相同或者类似的服务上已注册的服务商标相同或近似的,可以继续使用;但是,1993年7月1日后中断使用3年以上的,不得继续使用。"本案中,法院认为夫子庙饮食公司在贡院西街12号"蒋有记"餐馆原址使用"蒋有记"商标不侵权,且可以继续使用,主要也是依据上述规定。除了该案外,实践中还有一些案件支持了在先使用人的在先使用抗辩。比如在维他龙公司诉惠尔康公司侵犯"惠尔康"商标案中,法院认为,厦门惠尔康公司使用"惠尔康"标识的商品已经具有了一定的知名度,

---

① 湖北省武汉市江岸区人民法院(2010)岸知民初字第70号民事判决。

其在先使用"惠尔康"未注册商标的行为已构成法律应予保护的在先权利，福州维他龙公司无权以注册商标专用权对抗厦门惠尔康公司的在先使用权。[①]

上述两种观点各有一定道理。第一种观点奉行法定主义，第二种观点更看重实质正义；第一种观点坚持注册主义，第二种观点强调使用、强调商誉。总体上，在早期，第一种观点系主流观点，但随着对商标本质认识的深入，大家逐步认识到第一种观点过于绝对，允许符合一定条件的在先使用人进行不侵权抗辩有其合理性和正当性。然而，由于没有明确的法律依据，实践中支持在先使用人抗辩的案例在论述时或者是依据保护在先、公平正义的法律基本原则，或者是通过证明两个商标同时使用不会导致混淆等方式，曲线救国。

这个问题在2013年《商标法》终于得到解决。该法第五十九条第三款规定："商标注册人申请商标注册前，他人已经在同一种商品或者类似商品上先于商标注册人使用与注册商标相同或者近似并有一定影响的商标的，注册商标专用权人无权禁止该使用人在原使用范围内继续使用该商标，但可以要求其附加适当区别标识。"

二、在先使用抗辩的具体适用

（一）在先使用抗辩的要件

1. 在先

既然是在先使用抗辩，抗辩方必须证明在先使用。在先使用首先有个相对时间点，即相对于哪个时间点在先。对此，曾有不同看法。一种观点认为是注册商标申请日，另一种观点认为是注册商标核准注册日。其实，这两种观点都不正确或者准确。商标法第五十九条规定"商标注册人申请商标注册前，他人已经在……"，显然，他人

[①] 湖南省高级人民法院（2005）湘高法民三终字第49号民事判决。

必须在商标注册人申请商标注册前已经使用。以核准注册日来判断显然有违注册主义。其次，商标法第五十九条还规定"他人已经在同一种商品或者类似商品上先于商标注册人使用……"，因此主张在先使用抗辩人不仅必须在注册商标申请日之前使用，而且其使用开始时间必须早于注册商标人的使用时间。在注册商标申请日前使用，但晚于商标注册人开始使用时间的，其在先使用抗辩不成立。当然，如果商标注册人在申请注册之前并没有使用，则该时间点为商标注册申请日。

2. 使用

首先，必须符合商标使用的定义，是将其作为商标使用，即将其用于商品、商品包装或者容器以及商品交易文书上，或者将商标用于广告宣传、展览以及其他商业活动中，用于识别商品来源的行为。此处的商标是广义概念的商标，凡是能起到识别商品来源的，都构成商标。比如在先使用人是将其作为字号使用，起到识别作用的，也构成商标使用。

其次，使用的行为必须发生在我国法域内。商标具有地域性，主张在先使用抗辩的使用同样具有地域性。事实上，允许在先使用抗辩的正当性基础在于已经在我国使用并具有一定影响，在我国已经形成应当予以保护的商标权益。倘若不是在我国法域内使用，则没有保护的基础，也当然不能主张抗辩。所谓我国法域内，是指在我国大陆地区，仅在台湾、香港、澳门地区的使用不属于我国法域内的使用。

3. 有一定影响

如前所述，在先使用必须达到一定程度才有保护的必要和基础，这就是有一定影响。仅有零星使用，但尚未有一定影响的，其抗辩不成立。有一定影响并不要求达到全国知名，其判断标准应当与《商标法》第三十二条所规定的"有一定影响"一致。根据《最高人民法院关于审理商标授权确权行政案件若干问题的意见》（法发〔2010〕12号）的规定，有证据证明在先商标有一定的持续使用时间、区域、销售量或者广告宣传等的，可以认定其有一定影响。有一定影响的形成时间同样必须在商标注册人申请注册和使用之前，即在该时间点之前已经有一定影响。在该时间点之前使用，但在这之后才有一定影响的，抗辩不成立。

4.相同或者类似商品、相同或近似商标

按照《商标法》第五十九条的规定，在先使用的商标必须与注册商标相同或者近似，所使用的商品必须与注册商标核定使用的商品相同或者类似。这是在先使用抗辩的应有之义。倘若标志不相同不近似，商品不相同不类似，一方面也不构成侵权，抗辩无从谈起；另一方面，相对于注册商标而言，也不能称之为在先使用。

（二）法律后果

1.使用人可以在原使用范围内继续使用

按照商标法的规定，在先使用抗辩成立的，注册商标专用权人无权禁止该使用人在原使用范围内继续使用该商标。这一方面意味着在先使用人在原使用范围的使用行为不构成侵权，且可以继续使用，从另一方面也可推出如果超出原有范围的使用，则构成侵权，商标注册人有权要求其停止超范围的使用行为。

对于如何判定是否超出原使用范围，有多种观点。有从地域范围考虑，有从使用方式考虑，有从商品类别考虑。如同专利法上的在先权抗辩一样，对于原有范围的界定不过于严格，但也不过于宽松，而是以生产设备的产量为标准。商标法上的原使用范围也应当秉持这样的政策思路，在保护商标专用权和在先权利之间取得较为妥帖的平衡，可以从使用方式、商品类别、经营规模

商标权的保护

等方面进行判断。比如本案中，虽然裁判时间在 2013 年《商标法》施行之前，但也是区分了原使用范围内的使用和超出范围的使用，并分别作出处理。

此外，原使用范围的判断时间点仍然应当是商标注册人申请注册商标之前和其使用商标之前。有观点认为应当以核准注册时，甚至以发生争议时的状态为准，是不符合立法目的的。

2. 商标注册人有权要求在先使用人附加适当区别标识

商标的主要功能是识别商品或者服务来源。倘若两个主体在相同或者类似商品上同时使用相同或者近似的商标，则相关公众可能产生混淆误认。为了避免这种情况的发生，《商标法》规定商标注册人有权要求在先使用人在继续使用的同时附加适当区别标识。《最高人民法院关于审理不正当竞争民事案件应用法律若干问题的解释》（法释〔2007〕2号）第一条第二款也曾有类似规定，即"在不同地域范围内使用相同或者近似的知名商品特有的名称、包装、装潢，在后使用者能够证明其善意使用的，不构成反不正当竞争法第五条第（二）项规定的不正当竞争行为。因后来的经营活动进入相同地域范围而使其商品来源足以产生混淆，在先使用者请求责令在后使用者附加足以区别商品来源的其他标识的，人民法院应当予以支持。"至于如何附加区别标识，《商标法》和上述司法解释并未作出规定，而把问题交由冲突主体考虑市场情况而定。能起到区别作用的企业名称、字号、地理位置名称等是常见方式。

本案很好地阐释了在先使用抗辩的适用要件和法律后果。法院根据查明的事实，认定夫子庙饮食公司在先持续使用了"蒋有记"商标且有较高知名度，虽然在商标注册程序中，因抽签原因未能将"蒋有记"注册为商标，但法院仍认定其在原有经营地点、以原有方式的使用行为不侵权，且可以继续使用，但需要加注区别性标识。同时，对于超出原适用范围的行为，法院认定其构成侵权，判决承担相应的法律责任。虽然本案是在2013年《商标法》施行之前裁判的，但裁判规则与2013年《商标法》的规定完全契合。

（撰稿人：周云川）

26. 侵犯商标权诉讼中的正当使用抗辩
——灌南县预算外资金管理局、江苏汤沟两相和酒业有限公司诉陶芹侵犯商标权纠纷案

案件索引：江苏省连云港市中级人民法院 (2006) 连知初字第 1 号，2006 年 3 月 28 日判决；江苏省高级人民法院 (2006) 苏民三终字第 0094 号，2006 年 9 月 8 日判决。

基本案情

1987 年 1 月 30 日，江苏省灌南县汤沟镇酒厂经国家工商行政管理局商标局核准，注册登记"TG"加文字"汤沟"组合图形商标，注册商品类别为第 33 类酒商品，商标注册证为 276470 号。后该商标由于酒厂名称变更陆续受让给灌南县汤沟酒厂、江苏汤沟酒业有限公司。2004 年 9 月，江苏汤沟酒业有限公司改制更名为江苏汤沟两相和酒业有限公司（以下简称两相和公司），"汤沟"图形商标转让给灌南县预算外资金管理局（以下简称预算外资金管理局）。2005 年 1 月，预算外资金管理局与两相和公司订立商标使用许可合同，将该商标以普通许可使用形式有偿给予两相和公司使用。

2006 年 1 月，预算外资金管理局和两相和公司在江苏省张家港市发现灌南县汤沟曲酒厂生产的"珍汤"牌精制原浆酒，认为灌南

县汤沟曲酒厂的企业名称中使用权利人注册商标文字"汤沟",并在其产品包装装潢上以红底金字显示"汤沟"字样,侵犯预算外资金管理局和两相和公司的商标专用权,故诉至法院。

另外,汤沟是地名,系江苏省灌南县汤沟镇,从我国明朝末年开始以生产白酒盛名;灌南县汤沟曲酒厂坐落于灌南县汤沟镇汤沟街,是陶芹开办的家庭经营形式的私营独资企业,于2003年2月24日经连云港市灌南县工商行政管理局核准登记。

判决与理由

连云港市中级人民法院经审理认为:被告登记使用的企业名称灌南县汤沟曲酒厂与原告注册商标"汤沟TG及图"形式迥异,无法造成相关公众混淆;汤沟系地名,以生产白酒盛名,且历史悠久,知名度显然高于"汤沟"商标,地名是属于社会公共领域词汇,商标权利人无权禁止他人在相同或类似商品上正当使用该地名来表示商品与地理位置等之间的联系;陶芹以"汤沟曲酒厂"独特方式在自己产品包装装潢上使用,以红底金字显示"汤沟"文字,是其固有权利的正当使用,且在产品包装上均使用其"珍汤"商标,其文字形式与原告商标图形及文字形式有着显著不同,不会使相关公众对产品来源产生混淆或误认。据此,该院判决驳回两原告的诉讼请求。

江苏省高级人民法院经审理认为,"汤沟"作为原告的注册商标具有较高的知名度,被告的灌南县汤沟曲酒厂作为后开办的企业,在相同的商品上使用"汤沟"地名时应当受到严格限制,即只能限于正当表明商品产地的需要;被告在产品包装的显著位置、以醒目的方式突出标注"汤沟"二字,不属于对地名的正当使用,且具有明显的攀附涉案"汤沟"商标的意图，也容易造成消费者混淆；被告已经在产品包装的合理位置注明了其企业名称"江苏省灌南县汤沟曲酒厂"，其在包装中部标注"汤沟曲酒厂"时却有意突出其中的"汤沟"二字，不属于对企业名称的规范使用。据此，该院认定被告的行为侵犯了原告商标专用权，并判决撤销一审判决，判令被告立即停止侵害注册商标专用权的行为，赔偿原告损失和支付的合理费用。

评 析

本案涉及商标法上正当使用的构成要件及其主要形式，本案的焦点是被告在产品包装上使用"汤沟"是否构成对地名及其登记的企业名称的正当使用。

一、商标使用与符号使用的区分

侵害商标权的构成以商标使用行为的存在为先决条件，如果第三人对某符号的使用不属于商标意义上的使用，则侵害他人商标权就无从谈起。正确理解商标使用的含义及其构成要件，是区分商标使用和符号使用的关键所在。

商标使用，是指将符号用于商业活动中并起了识别商品来源的作用。其构成要件有二：一是在商业中使用，即只有以商业交易为目的或者在商业交易过程中使用才可能构成商标使用；二是在商标意义上使用，即起到识别商品或者服务来源作用的使用。符号使用与商标使用的本质区别在于：符号使用客体是符号，是在符号原始意义上的使用，使该符号仅对商品名称、型号、质量或者其他特点、产地、制造者等信息等起说明作用，而不具备识别来源的作用。商标使用的客体是商标，是在商标识别商品来源作用意义上的使用。

故正当使用制度中所使用的对象是符号,是对符号的正当使用。

二、正当使用的构成要件

虽然《商标法》没有对"正当使用"进行界定,但理论和实务界亦通常将"善意"作为正当使用的构成要件之一[①]。最高人民法院在申请再审人漳州市宏宁家化有限公司与被申请人漳州片仔癀药业股份有限公司侵犯商标权纠纷案的民事裁定书中指出:"生产者出于说明或者客观描述商品特点的目的,以善意方式在必要的范围内予以标注,不会导致相关公众将其视为商标而导致来源混淆的,可以认定为正当使用。判断是否属于善意,是否必要,可以参考商业惯例等因素。"[②]此处亦以商业习惯为判定善意的客观标准。商标法的宗旨之一即保护公平竞争,制止不正当竞争,"商标法传统上被认为是反不正当竞争法的一部分……只有在可能出现竞争时,作为反不正当竞争法一个部分的商标法才有其法律地位。"[③]因此,以反不正当竞争法的"诚实商业习惯"衡量使用正当或者合理与否最为妥当。判定符合诚实商业习惯通常需要考虑下列因素:

(一)符号选择

选择的符号属于公有领域,任何人得自由使用,当属符合诚实商业习惯。对于主张使用自己姓名或者名称为正当使用者,则要求选择姓名或者名称符合诚实商业习惯,无借用他人商标信誉的故意。如为攀附他人商标信誉,将他人商标作为字号登记并在相同或者类似商品上使用,或者变更登记自己姓名与他人商标相同,并使用于

[①] 李琛:《知识产权法关键字》,法律出版社2006年版,第214页。

[②] 最高人民法院(2009)民申字第1310号民事裁定书。该裁定将"必要"作为描述正当性使用的要件,而正当使用理论通常无此要求,只是对指示性使用即对他人商标的使用有此要求,该裁定所持观点有待商榷。

[③] 亚瑟·R.米勒、迈克尔·H.大卫斯:《智慧财产权法概要》,周林、孙建红、张灏译,中国社会科学出版社1997年版,第104页。

相同或者类似商品之情形，均难谓符合诚实商业习惯。

本案中，原告主张其使用"汤沟"是对地名和企业名称的双重正当使用。系争文字"汤沟"作为地名，原被告双方均得自由使用，被告选择该符号，并不违反诚实商业习惯。被告主张使用"汤沟"是对其名称的使用，需举证证明其选择"汤沟"作为字号符合诚实商业习惯。被告在原告"汤沟"商标具有较高知名度的前提下，作为本地的同行业企业本应设法避免相混淆误认，但其仍选择"汤沟"作为字号，并使用在相同商品上，显有攀附原告商标信誉之嫌，并不符合诚实商业习惯。一审法院认为被告使用企业名称并不侵害原告商标权，二审法院对此未置可否而只是指明被告对其名称使用不合规范，两审法院的判定均有失妥当。

（二）符号使用

1. 使用符号仅为说明其商品信息

使用该符号只是为了说明其商品信息，以推介商品，增进消费者对商品的了解。商品信息包括商品的通用名称、图形、型号，或者质量、主要原料、功能、用途、重量、数量及其他特点，或者产地，或者商品的制造者。所使用的符号并非以表示商品来源为目的，客观上也不会造成消费者混淆误认，故无侵害他人商标权可言。

2. 对符号作非商标意义上的使用

正当使用要求对符号的使用方法符合诚实的商业习惯，保证符号使用的效果只是说明商品信息，而不是识别商品来源。如果选择符号符合诚实商业习惯，但采取突出使用等违背诚实商业习惯的使用方式，使该符号起到了识别商品来源的作用，并造成消费者将其与他人商标相混淆误认或者存在混淆误认之虞，则难谓正当使用。

本案中，被告如仅为说明商品产地信息，应以符合诚实商业习惯之方式予以标注"汤沟"字样，但其标注厂名、厂址之外，故意隐去名称中的"灌南县"仅使用"汤沟曲酒厂"字样，其目的显非仅为说明商品产地信息。而且，在使用方法上采用弱化自己商标"珍汤"，而以不同底色突显"汤沟"二字，客观上使得"汤沟"具备识别商品来源之作用，从而造成相关消费者混淆误认，显然违背了诚实商业习惯。一审法院认为被告是对固有企业名称权和地名的双重正当使用，系为正当使用表象所迷惑。二审法院由表及里，认为被告突出标注"汤沟"字样有攀附原告商标的故意，既不是对地名的正当使用，亦非对自己名称的正当使用，容易使消费者将其与原告商标相混淆误认。

三、正当使用的主要形式

本案主要涉及被告对"汤沟"文字的使用是否构成对地名"汤沟"或者其字号"汤沟"的正当使用。从中国的司法实践看，正当使用的主要表现形式可以分为对公有符号的描述性使用、对符号原始意义上的使用、对自己符号的标示性使用和对他人商标的指示性使用四类。

（一）对公有符号的描述性使用

"正当使用制度之所以有着非常重要的意义，是因为它保护公众自由地对词语或者图案作原始意义的描述性使用的权利，以对抗商标所有人的排斥权。"[1]公有符号，是指符号本身就是商品的通用名称、图形、型号，或者直接表示了商品的性质、质量、原料或者产地等特点，或者是有原始含义的固有词汇。描述性使用，是指对符号作其原始意义（primary meaning）上的使用，以说明、宣传自己的商品。具体包括如下五种形式：

1. 对商品通用名称、图形、型号的使用

通用名称、图形、型号，是指国家标准、行业标准规定的或

---

[1] *McCarthy on Trademarks and Unfair Competition* § 11:45 (4th ed).

者约定俗成的名称、图形、型号，其中名称包括全称、简称、缩写、俗称。正当使用既包括对先天的商品通用名称、图形、型号的使用，亦包括对后天的即淡化为通用名称、图形、型号的"商标"作非商标意义上的使用。在原告北京汇成酒业技术开发公司诉北京顺鑫农业股份有限公司牛栏山酒厂侵害"甑流"商标权一案中，原告拥有第715810号注册商标"甑流"，核定使用商品为第33类的含酒精饮料（啤酒除外），被告生产有"牛栏山甑馏"白酒。被告提供的1939年编纂、1990年出版的《北京市志稿》确切标明，净流（或称甑流、甑馏）是一种特定白酒的通用名称，此称谓通行于北京乃至华北地区，且积年已久。法院经审理认为，原告虽对"甑流"文字享有商标权，但无权禁止他人在自己的产品及宣传中将"甑流"作为特定产品的通用名称加以使用。被告为说明其产品的性质及特点而使用"北京甑流酒"、"牛栏山甑馏酒"字样属于正当使用，这种使用并非商标意义上的使用，终审判决驳回了原告的诉讼请求。[1]

2. 表示商品质量的符号使用

在原告雅戈尔集团股份有限公司诉李春红确认使用"DP"不侵犯"DP"商标权纠纷案中，被告拥有注册商标"DP"，核定使用商品为第25类的服装、鞋、帽等，原告在其生产的使用了面料抗皱整理技术的"雅戈尔YOUNGOR"牌纯棉免熨衬衫上使用了"DP"标志，该标志位于吊牌的中心位置，字体明显大于吊牌上的原告商标。但吊牌相对于衬衫的包装较小，衬衫外包装上醒目地标有原告商标"YOUNGOR"。被告以律师函等方式向原告表达了原告侵害其商标权的主张，原告向法院提起确认不侵权之诉。本案中，"DP"系服装

---

[1] 北京市高级人民法院（2007）高民终字第39号民事判决书。

面料一种抗皱整理技术的通用缩写，在服装的专业研究领域广泛使用该缩写，生产领域也有企业在使用该缩写，故原告在产品吊牌上使用"DP"的行为旨在表示服装的质量。而且，原告在吊牌上使用了自己的注册商标，并在产品外包装上突出使用了自己的商标，不会造成消费者混淆误认。因此，原告对"DP"的使用是在表示商品特定质量意义上的使用，属于正当使用[①]。

3. 表示商品原料的符号使用

在原告李逢英诉被告湖南恒安纸业有限公司、山东恒安心相印纸制品有限公司侵害"薰衣草"商标权一案中，原告拥有第3334152号注册商标"薰衣草及图"，核定使用商品包括第16类的纸手帕、纸制餐桌用纸等。两被告在其生产的手帕纸、面巾纸外包装的显著位置均标示有醒目的"心相印"注册商标[②]，其下方带有"薰衣草"字样的深蓝色椭圆形标志明显小于"心相印"注册商标，且"薰衣草"字样的近旁均绘有彩色薰衣草的图案。"薰衣草"的提取物可以作为一种香料用于纸巾生产制造，两被告使用"薰衣草"字样是为了表述其产品含有"薰衣草"香料或为"薰衣草"香型的特点，且考虑到两被告使用"薰衣草"字样的方式，相关消费者不会将其与原告注册商标相混淆误认。最终法院判决驳回了原告的诉讼请求。[③]

4. 表示功能的符号使用

在原告利勃海尔—国际德国有限公司诉被告博西华家用电器有

[①] 宁波市鄞州区人民法院（2008）甬鄞民一初字第2691号民事判决书。

[②] 国家工商行政管理总局商标评审委员会〔2005〕第4684号关于第1351029号"心相印XINXIANGYIN及图"商标争议裁定书，认定被告湖南恒安纸业有限公司的关联企业常德恒安纸业股份有限公司的第1056830号"心相印及图"商标为驰名商标。

[③] 北京市第一中级人民法院（2006）一中民初字第15269号民事判决书。

限公司等侵犯"BIOFRESH"商标权纠纷案中，原告拥有国际注册第 G771979 号商标"BIOFRESH"，核定使用商品为第 11 类制冷设备、冷冻设备。被告在其生产的冰箱内部保鲜室面板上使用了文字"Biofresh"，在冰箱外包装箱侧面加贴的小卷标上使用了文字"BIO-Fresh 生物保鲜"，这两处文字均非冰箱或其包装箱的显著位置，所占面积较小，且被告在上述两处均用更大的黑体字标明了"SIEMENS"商标。此外，被告在其生产的冰箱外部和外包装箱的显著部位均突出使用了"SIEMENS"商标。本案中，系争文字"Biofresh"中"Bio"词根有"生物"的意义，"fresh"则有"新鲜"之意，两者组合可理解为"生物新鲜"，暗含"以生物技术保持新鲜"之意，被告将系争文字与中文"生物保鲜"并列使用，其目的和效果均在于说明冰箱产品的功能。同时，系争文字书写方式与原告注册商标不同，且被告在冰箱产品及其外包装箱上突出使用其商标"SIEMENS"等事实，不会导致消费者混淆误认。因此，被告使用系争文字商标的行为构成正当使用[①]。

5. 对地名的使用

地名意义上使用，是指所使用的地名在客观上仅起到表示商品产地或者生产者所在地作用，如果所使用的地名客观上起到区分商品来源的作用，并可能造成消费者混淆，就不构成对地名的正当使用。本案中，按照正常的经营惯例，商品的生产经营者若想表明商品与产地间的联系，一般只需在包装的适当位置注明其厂址即可。即使想特别表明商品的产地，亦只需单独标注该地名"汤沟镇"即可。而被告陶芹在其产品包装的合理位置已明确标注其厂址"江苏省灌南县汤沟镇"，足以表明商品产地的情况下，又在产品包装的中部使

[①] 上海市高级人民法院（2008）沪高民三（知）终字第 61 号民事判决书。

用较大的字体标注"汤沟"而非"汤沟镇",并且使用了和涉案注册商标中"汤沟"文字相同的繁体字。这表明陶芹对"汤沟"二字的使用,并非单纯出于标注商品产地的需要,不属于对地名的正当使用。

地名天然地具有表示商品产地或者使用人所在地的功能,地名作为商标注册识别性较弱,且可能会使注册人对该地名形成垄断,对其他需要使用地名的竞争者构成不公平竞争。在浙江省食品有限公司(以下简称为原告)诉国家工商行政管理总局商标局(以下简称为被告)商标行政诉讼案中,原告拥有第130131号"金华牌 金华火腿及图"商标,核定使用商品包括第29类的火腿。2003年9月24日,浙江省工商行政管理局针对原告与金华市金华火腿生产企业之间的商标侵权纠纷向被告请示,请求被告对"金华火腿"字样的正当使用的问题予以批复,并随函附上其认为正当使用的7种金华火腿商品的包装使用形式,以及金华市工商行政管理局"关于金华火腿字样在外包装上使用是否构成侵权的请示"。被告作出商标案字〔2004〕第64号《关于"金华火腿"字样正当使用问题的批复》,批复[①]的具体内容为:使用在商标注册用商品和服务国际分类第29类火腿商品上的"金华火腿"商标,是浙江省食品有限公司的注册商标,注册号为第130131号,其专用权受法律保护。根据来函及所附材料,我局认为,"金华特产火腿"、"××(商标)金华火腿"、"金华××(商标)火腿"属于《商标法实施条例》第49条所述的正当使用方式。同时,在实际使用中,上述正当使用方式应当文字排列方向一致,字体、大小、颜色也应相同,不得突出"金华火腿"字样。浙江省工商行政管理局将此批复向其下级工商行政管理局转发,并告知原告。原告不服该批复诉诸法院。此

---

① 批复是上级机关答覆下级机关某一请示时使用的公文。

案中，原告注册商标是"金华火腿"，其中"金华"是县级以上行政区划的地名，"金华火腿"具有地理标志性质或含义，[1]但原告持有的"金华火腿"商标，是在现行《商标法》修正之前已经取得注册，因此继续有效，依法享有商标权。原告注册商标"金华火腿"中的"金华"是地名，"火腿"是商品的通用名称，因此他人对"金华"、"火腿"有权正当使用。被告的批复对认定的"金华火腿"字样的三种正当使用方式的原则和界限进行了合理界定，并提出了具体要求，使之与原告的注册商标相区别，这与《商标法》保护注册商标权的原则并无冲突，被告认定"金华特产火腿"、"××（商标）金华火腿"和"金华××（商标）火腿"属于《商标法实施条例》第49条所述的正当使用方式，并无违法之处。最终，法院判决驳回了原告的诉讼请求。

（二）对符号原始意义的使用

如果构成商标的符号本身是一个有固有含义的词语，他人对该词语作固有含义而非商标意义的使用，属于对符号的正当使用。商标权人将一个词语选择为商标依法享有商标权，而不是对该词语的垄断权。在两起涉及侵害"千禧龙"商标权案件中[2]，原告徐州汉都实业发展有限公司（以下简称汉都公司）享有"千禧龙"商标权，核定使用商品包括第9类的电视机、照相机。汉都公司对其商标进行了大量广告宣传，但并非直接用于电视机、照相机，也未生产标有"千禧龙"商标的产品。被告TCL集团股份有限公司（以下简

---

[1] 2002年，国家品质监督检验检疫总局公告批准对金华火腿实施原产地域产品保护，核准了15个县、市（区）现辖行政区域；2003年国家品质监督检验检疫总局公告对浙江省常山县火腿公司等55家企业提出使用金华火腿原产地域产品专用标志予以审核注册登记。

[2] 两案案情及审理与判决见江苏省高级人民法院（2003）苏民三终字第025号民事判决书、北京市高级人民法院（2000）高知初字第37号民事判决书。

称 TCL 公司）于 1999 年 12 月 18 日至 2000 年 1 月 30 日，为促进其 TCL 电视机的销售，在全国一些城市开展了"千禧龙大行动"为主题的宣传活动，在报纸、宣传品和横幅上使用了"千禧龙大行动"字样和龙形图案，但在电视机或其包装上未使用"千禧龙"字样，而是标注了"TCL"商标。被告（日本）奥林巴斯光学工业株式会社（以下简称奥林巴斯株式会社）在其生产的奥林巴斯（OLYMPUS）WIDE80 型照相机机身正面面板除在中间位置印有"OLYMPUS"、"WIDE 80"等商标及型号字样外，在左下角还印有与机身相同的"千禧龙"文字及龙形图案，在该款照相机的外包装盒上也印有与机身相同的"千禧龙"文字及龙形图案，在商品质量保证书上也印有"千禧龙"字样。原告以两被告侵害其"千禧龙"商标权为由分别在江苏和北京诉诸法院。这两案的争议焦点有二：一是"千禧龙"是否有原告商标以外的含义。2000 年是中国传统的龙年，又是千禧年，"千禧龙"有"千禧龙年之意"。二是两被告使用"千禧龙"词语的行为性质。TCL 公司开展"千禧龙大行动"是将"千禧龙"作为描述性词汇使用，属于正当使用。而且，TCL 公司未在电视机产品或者包装上使用"千禧龙"字样，而是标注了注册商标"TCL"，消费者不会将"千禧龙大行动"中的"千禧龙"认知为商标，属于非商标意义上的使用。而奥林巴斯株式会社是将"千禧龙"直接使用于照相机机身、包装盒和质保书上，虽然标注了其注册商标"OLYMPUS"，但消费者会认为"千禧龙"是"OLYMPUS"的子品牌（商标）之一，构成了商标意义上的使用。因此，TCL 公司的行为构成对"千禧龙"文字的描述性正当使用，未构成对汉都公司"千禧龙"商标的侵害；奥林巴斯株式会社对"千禧龙"文字构成了商标使用，侵害了汉都公司"千禧龙"商标权。[①]

(三)对自己符号的标示性使用

此处自己符号包括自然人的姓名和法人的名称(含字号)。自然人或者法人对其姓名和名称依法享有民事权利,得依法行使而不受他人之非法干涉。所谓标示性使用,是指自然人或者法人在商品上标注自己的姓名或者名称,以标示自己的身份,而非商标意义上的使用。

1. 自然人对自己姓名的使用

姓名权,是指自然人享有的决定、变更和使用其姓名的权利。姓名包括登记于户口簿上的正式姓名和艺名、笔名等非正式姓名。姓名使用权是姓名权的主要内容之一,它是指自然人依法使用或者许可他人使用自己姓名的权利,包括积极行使和消极行使两个方面。前者如在自己的物品标示自己的姓名,作为权利主体的标志;在特定的场合使用姓名,以区别其他社会成员。后者如为特定行为后拒绝透露自己的姓名。随着商业化的演进,姓名尤其是名人姓名具有

[①] 江苏省高级人民法院(2003)苏民三终字第025号民事判决书判决驳回了汉都公司的诉讼请求。北京市高级人民法院(2000)高知初字第37号民事判决书判决如下:(一)奥林巴斯株式会社立即停止侵犯"千禧龙 QIANXILONG"注册商标专用权的行为;(二)奥林巴斯株式会社于本判决生效后三十日内,就侵犯汉都公司注册商标专用权一事,在《人民日报》上公开向汉都公司赔礼道歉(致歉内容需经本院核准,逾期不执行的,本院将在《人民日报》上刊登本判决的主要内容,所需费用由奥林巴斯株式会社负担);(三)奥林巴斯株式会社赔偿汉都公司经济损失人民币二十五万元。北京市高级人民法院判决第(一)项停止侵权行为与台湾商标法上侵害排除基本相同,第(二)项赔礼道歉在效用上相当于台湾的信誉回复方式,第(三)项是法定赔偿数额。法院认定奥林巴斯株式会社构成侵害商标权行为,并判决停止侵权行为符合法律规定。但是,汉都公司并未将注册商标"千禧龙"实际使用于照相机上,该商标未起到识别来源的作用,亦无附着商誉,奥林巴斯株式会社使用"千禧龙"文字的行为不会造成消费者混淆误认,也无从借用汉都公司"千禧龙"商标商誉的可能,法院判决赔礼道歉、法定赔偿缺乏事实基础。

极大的商业价值，姓名作为人格出现了财产化之趋势，进而衍生出商品化权。自然人自己或者许可他人对其姓名进行商业化使用，此种使用以其姓名权为基础，只要姓名使用在性质上并非商标意义之使用，则可谓正当使用。

在韩诚诉安徽古井赛特购物有限责任公司（以下简称古井赛特公司）、合肥百盛逍遥广场有限公司（以下简称百盛公司）、广州白云山运动服装有限公司（以下简称白云山公司）侵害"OWEN"商标权一案中，原告以"合肥市中市区忘我靓你服饰工作室"的名义获准注册"OWEN"商标，核定使用商品为第25类的"服装"等。原告发现被告古井赛特公司、百盛公司的商场销售由被告白云山公司生产的印有"OWEn10"字样的服装。原告以侵犯其"OWEN"商标权为由诉诸法院。另查明：白云山公司生产的服装正面印有乌姆布罗公司注册的"茵宝"商标图案，背面印有"OWEn10"，字体为印刷体，英文与数字合并使用，"10"在整个图案中比例达到五分之四。在产品的广告宣传材料中均使用英国足球运动员欧文（OWEN）身穿10号球衣的图片。此案焦点是被告白云山公司对"OWEn"字样（符号）的使用是属于商标使用还是对欧文姓名的使用，若属于商标使用，构成对原告商标权的侵害；反之，则不构成侵害原告商标权。就本案使用"OWEn10"行为性质而言，在服装尤其是运动服装上印有运动员姓名及常用球衣号码属于行业惯例，也是运动员个人形象用于商业推广的重要形式之一。被告白云山公司生产的服装虽然有"OWEn"字样，但消费者通常会将其与英国著名球星欧文相联系，"OWEn"字样的功能是通过欧文的个人形象做广告宣传，而非识别商品来源的符号。在被告白云山公司的服装上起识别商品来源作用即商标作用的是"茵宝"。正如一审法院所指出的，"被告白云山公司在其产品的显著位置标明了经许可使用的知名品牌'茵宝'

的图形商标。在使用'OWEn'时与数字10组合使用且数字10在整个图案中所占比例达五分之四。同时在其产品的广告宣传单中，使用的是英国足球运动员欧文的个人形象。故白云山公司在其生产的商品中使用'OWEn'的字母组合，利用的是英国足球运动员欧文在消费者中的影响力，而非原告的商标'OWEN'。"简言之，被告白云山公司对"OWEn"字样的使用不属于商标使用，故一审法院驳回原告的诉讼请求。[①]

2. 法人对自己名称的使用

名称权，是指法人享有的决定、变更、使用和转让其名称的权利。企业名称应当由行政区划、字号或商号、行业或者经营特点、组织形式依次组成[②]。其中，行政区划、行业或者经营特点、组织形式属于公用部分，不具备识别主体的作用。在企业名称中起到识别主体作用的是商号。商号，又称字号，是识别不同生产者和经营者的符号。《最高人民法院关于审理商标民事纠纷案件适用法律若干问题的解释》第一条第（一）款规定"将与他人注册商标相同或者相近似的文字作为企业的字号在相同或者类似商品上突出使用，容易使相关公众产生误认的"，属于侵害他人商标权的行为。在灌南县预算外资金管理局、江苏汤沟两相和酒业有限公司诉陶芹侵犯商标权纠纷案中，虽然"灌南县汤沟曲酒厂"系陶芹合法注册的企业名称，但

---

① 安徽省合肥市中级人民法院（2002）合民三初字第94号民事判决书。原告不服一审判决，提起上诉。后经二审法院主持调解，各方当事人自愿达成如下调解协定：一、白云山公司在法律许可的范围内组合使用"OWEn10"图案，不得单独使用"OWEN"注册商标；二、白云山公司自愿补偿原告合理支出费用25000元整，并于本调解书送达时一次性履行完毕；三、本案一审案件受理费10510元，二审案件受理费12612元，全部由原告负担；四、本案各方当事人无其他争议。参见安徽省高级人民法院（2003）皖民三终字第27号民事调解书。

② 《企业名称登记管理规定》第7条，《企业名称登记管理实施办法》第9条。

因该企业名称中的字号"汤沟"与涉案"汤沟"文字图形组合商标构成近似，且陶芹生产的商品与两原告"汤沟"注册商标标注的商品完全相同，在此情况下，为了防止消费者对商品的生产者及商品的来源产生混淆，陶芹应当在产品包装上清楚、完整、规范地使用其企业名称，而不应只突出使用其中的字号。但陶芹已经在产品包装的合理位置注明了其企业名称"江苏省灌南县汤沟曲酒厂"，其再次在包装中部标注"汤沟曲酒厂"时却有意突出其中的"汤沟"二字，不属于对企业名称的规范使用。

（四）对他人商标的指示性使用

指示性使用，系指出于说明自己商品的性质、功能或者用途等信息之必要而使用他人商标。此类指示性使用多出现于产品与零配件、产品与维修服务以及比较广告中。例如，生产和出售特定型号手机产品（NOKIA97）的充电器，生产商和销售商希望告知消费者该零部件适用于特定产品，最有效的方法就是使用该特定产品的商标"NOKIA"，以说明其充电器专门适配于该型号手机。再如，提供修理特定品牌产品服务的人使用他人商标，如修理SONY电视机。如果商标所有人严格控制此类使用，则会不公平地限制竞争。

《商标法》虽然没有规定指示性使用，但在实践中早就根据商标权保护的基本原理承认符合诚实商业习惯的指示性使用。例如，1995年7月27日，国家工商行政管理局发出工商标字〔1995〕第195号《关于禁止汽车零部件销售商店、汽车维修站点擅自使用他人注册商标的通知》，指出汽车零部件销售商店、汽车维修站点，未经商标注册人许可，擅自在店铺的招牌上使用某些中外汽车企业的注册商标，并且将其放置在醒目的位置上，如使用"奔驰"、"吉普"等文字或图形商标，这种使用行为客观上会使消费者误认为该店铺的经营者与商标注册人存在某种联系，侵害了商标注册人的商标权。

商标权的保护

该《通知》针对此类侵害商标权行为,明确规定"未经商标注册人许可,禁止汽车零部件销售商店和汽车维修站点,将中外汽车企业的注册商标作为招牌使用","汽车零部件销售商店和汽车维修站点,为了说明本店经营汽车零部件品种及提供服务的范围,应直接使用描述性的文字,如'本店销售×××汽车零部件'、'本店维修×××汽车'等字样,其字体应一致,不得突出其中的文字商标部分,也不得使用他人的图形商标或者单独使用他人的文字商标。"[①]

(撰稿人:汪泽)

[①] 国家工商行政管理局工商标字〔1996〕第157号《关于禁止擅自将他人注册商标用作专卖店(专修店)企业名称及营业招牌的通知》将指示性使用的范围扩展至"商品销售网站和提供某种服务的站点",该通知指出"未经商标注册人允许,擅自使用'××专卖'、'××专营'、'××专修'等字样,使消费者认为该店与商标注册人存在紧密联系,从而使消费者对商品或服务来源产生误认,给商标专用权造成了损害,应依法制止。

附录

《中华人民共和国商标法》修正案对照表

（条文中黑体部分为修订内容）

《商标法》（2001年修正）	《商标法》（2013年修正）
第一章 总 则	第一章 总 则
第一条 为了加强商标管理，保护商标专用权，促使生产、经营者保证商品和服务质量，维护商标信誉，以保障消费者和生产、经营者的利益，促进社会主义市场经济的发展，特制定本法。	**第一条** 为了加强商标管理，保护商标专用权，促使生产、经营者保证商品和服务质量，维护商标信誉，以保障消费者和生产、经营者的利益，促进社会主义市场经济的发展，特制定本法。
第二条 国务院工商行政管理部门商标局主管全国商标注册和管理的工作。 国务院工商行政管理部门设立商标评审委员会，负责处理商标争议事宜。	**第二条** 国务院工商行政管理部门商标局主管全国商标注册和管理的工作。 国务院工商行政管理部门设立商标评审委员会，负责处理商标争议事宜。
第三条 经商标局核准注册的商标为注册商标，包括商品商标、服务商标和集体商标、证明商标；商标注册人享有商标专用权，受法律保护。 本法所称集体商标，是指以团体、协会或者其他组织名义注册，供该组织成员在商事活动中使用，以表明使用者在该组织中的成员资格的标志。 本法所称证明商标，是指由对某种商品或者服务具有监督能力的组织所控制，而由该组织以外的单位或者个人使用于其商品或者服务，用以证明该商品或者服务的原产地、原料、制造方法、质量或者其他特定品质的标志。 集体商标、证明商标注册和管理的特殊事项，由国务院工商行政管理部门规定。	**第三条** 经商标局核准注册的商标为注册商标，包括商品商标、服务商标和集体商标、证明商标；商标注册人享有商标专用权，受法律保护。 本法所称集体商标，是指以团体、协会或者其他组织名义注册，供该组织成员在商事活动中使用，以表明使用者在该组织中的成员资格的标志。 本法所称证明商标，是指由对某种商品或者服务具有监督能力的组织所控制，而由该组织以外的单位或者个人使用于其商品或者服务，用以证明该商品或者服务的原产地、原料、制造方法、质量或者其他特定品质的标志。 集体商标、证明商标注册和管理的特殊事项，由国务院工商行政管理部门规定。

附录　《中华人民共和国商标法》修正案对照表

（续表）

《商标法》（2001年修正）	《商标法》（2013年修正）
第四条　自然人、法人或者其他组织对其生产、制造、加工、拣选或者经销的商品，需要取得商标专用权的，应当向商标局申请商品商标注册。 　　自然人、法人或者其他组织对其提供的服务项目，需要取得商标专用权的，应当向商标局申请服务商标注册。 　　本法有关商品商标的规定，适用于服务商标。	第四条　自然人、法人或者其他组织**在生产经营活动中，对其商品或者服务**需要取得商标专用权的，应当向商标局申请商标注册。 　　本法有关商品商标的规定，适用于服务商标。
第五条　两个以上的自然人、法人或者其他组织可以共同向商标局申请注册同一商标，共同享有和行使该商标专用权。	第五条　两个以上的自然人、法人或者其他组织可以共同向商标局申请注册同一商标，共同享有和行使该商标专用权。
第六条　国家规定必须使用注册商标的商品，必须申请商标注册，未经核准注册的，不得在市场销售。	第六条　**法律、行政法规**规定必须使用注册商标的商品，必须申请商标注册，未经核准注册的，不得在市场销售。
第七条　商标使用人应当对其使用商标的商品质量负责。各级工商行政管理部门应当通过商标管理，制止欺骗消费者的行为。	第七条　**申请注册和使用商标，应当遵循诚实信用原则。** 　　商标使用人应当对其使用商标的商品质量负责。各级工商行政管理部门应当通过商标管理，制止欺骗消费者的行为。
第八条　任何能够将自然人、法人或者其他组织的商品与他人的商品区别开的可视性标志，包括文字、图形、字母、数字、三维标志和颜色组合，以及上述要素的组合，均可以作为商标申请注册。	第八条　任何能够将自然人、法人或者其他组织的商品与他人的商品区别开的标志，包括文字、图形、字母、数字、三维标志、颜色组合**和声音等**，以及上述要素的组合，均可以作为商标申请注册。
第九条　申请注册的商标，应当有显著特征，便于识别，并不得与他人在先取得的合法权利相冲突。 　　商标注册人有权标明"注册商标"或者注册标记。	第九条　申请注册的商标，应当有显著特征，便于识别，并不得与他人在先取得的合法权利相冲突。 　　商标注册人有权标明"注册商标"或者注册标记。

附录 《中华人民共和国商标法》修正案对照表

（续表）

《商标法》（2001 年修正）	《商标法》（2013 年修正）
第十条 下列标志不得作为商标使用： （一）同中华人民共和国的国家名称、国旗、国徽、军旗、勋章相同或者近似的，以及同中央国家机关所在地特定地点的名称或者标志性建筑物的名称、图形相同的； （二）同外国的国家名称、国旗、国徽、军旗相同或者近似的，但该国政府同意的除外； （三）同政府间国际组织的名称、旗帜、徽记相同或者近似的，但经该组织同意或者不易误导公众的除外； （四）与表明实施控制、予以保证的官方标志、检验印记相同或者近似的，但经授权的除外； （五）同"红十字"、"红新月"的名称、标志相同或者近似的； （六）带有民族歧视性的； （七）**夸大宣传并**带有欺骗性的； （八）有害于社会主义道德风尚或者有其他不良影响的。 县级以上行政区划的地名或者公众知晓的外国地名，不得作为商标。但是，地名具有其他含义或者作为集体商标、证明商标组成部分的除外；已经注册的使用地名的商标继续有效。	第十条 下列标志不得作为商标使用： （一）同中华人民共和国的国家名称、国旗、国徽、**国歌**、军旗、**军徽**、**军歌**、勋章**等**相同或者近似的，以及同中央国家机关**名称**、**标志**、所在地特定地点的名称或者标志性建筑物的名称、图形相同的； （二）同外国的国家名称、国旗、国徽、军旗**等**相同或者近似的，但**经**该国政府同意的除外； （三）同政府间国际组织的名称、旗帜、徽记**等**相同或者近似的，但经该组织同意或者不易误导公众的除外； （四）与表明实施控制、予以保证的官方标志、检验印记相同或者近似的，但经授权的除外； （五）同"红十字"、"红新月"的名称、标志相同或者近似的； （六）带有民族歧视性的； （七）带有欺骗性，**容易使公众对商品的质量等特点或者产地产生误认的**； （八）有害于社会主义道德风尚或者有其他不良影响的。 县级以上行政区划的地名或者公众知晓的外国地名，不得作为商标。但是，地名具有其他含义或者作为集体商标、证明商标组成部分的除外；已经注册的使用地名的商标继续有效。
第十一条 下列标志不得作为商标注册： （一）仅有本商品的通用名称、图形、型号的； （二）**仅**仅直接表示商品的质量、主要原料、功能、用途、重量、数量及其他特点的；	第十一条 下列标志不得作为商标注册： （一）仅有本商品的通用名称、图形、型号的； （二）仅直接表示商品的质量、主要原料、功能、用途、重量、数量及其他特点的；

附录　《中华人民共和国商标法》修正案对照表

（续表）

《商标法》（2001年修正）	《商标法》（2013年修正）
（三）缺乏显著特征的。 前款所列标志经过使用取得显著特征，并便于识别的，可以作为商标注册。	（三）**其他**缺乏显著特征的。 前款所列标志经过使用取得显著特征，并便于识别的，可以作为商标注册。
第十二条　以三维标志申请注册商标的，仅由商品自身的性质产生的形状、为获得技术效果而需有的商品形状或者使商品具有实质性价值的形状，不得注册。	第十二条　以三维标志申请注册商标的，仅由商品自身的性质产生的形状、为获得技术效果而需有的商品形状或者使商品具有实质性价值的形状，不得注册。
第十三条　就相同或者类似商品申请注册的商标是复制、摹仿或者翻译他人未在中国注册的驰名商标，容易导致混淆的，不予注册并禁止使用。 就不相同或者不相类似商品申请注册的商标是复制、摹仿或者翻译他人已经在中国注册的驰名商标，误导公众，致使该驰名商标注册人的利益可能受到损害的，不予注册并禁止使用。	第十三条　**为相关公众所熟知的商标，持有人认为其权利受到侵害时，可以依照本法规定请求驰名商标保护。** 就相同或者类似商品申请注册的商标是复制、摹仿或者翻译他人未在中国注册的驰名商标，容易导致混淆的，不予注册并禁止使用。 就不相同或者不相类似商品申请注册的商标是复制、摹仿或者翻译他人已经在中国注册的驰名商标，误导公众，致使该驰名商标注册人的利益可能受到损害的，不予注册并禁止使用。
第十四条　认定驰名商标应当考虑下列因素： （一）相关公众对该商标的知晓程度； （二）该商标使用的持续时间； （三）该商标的任何宣传工作的持续时间、程度和地理范围； （四）该商标作为驰名商标受保护的记录； （五）该商标驰名的其他因素。	第十四条　**驰名商标应当根据当事人的请求，作为处理涉及商标案件需要认定的事实进行认定。**认定驰名商标应当考虑下列因素： （一）相关公众对该商标的知晓程度； （二）该商标使用的持续时间； （三）该商标的任何宣传工作的持续时间、程度和地理范围； （四）该商标作为驰名商标受保护的记录； （五）该商标驰名的其他因素。 **在商标注册审查、工商行政管理部门查处商标违法案件过程中，当事人依照本**

附录　《中华人民共和国商标法》修正案对照表

（续表）

《商标法》（2001年修正）	《商标法》（2013年修正）
	法第十三条规定主张权利的，商标局根据审查、处理案件的需要，可以对商标驰名情况作出认定。 　　在商标争议处理过程中，当事人依照本法第十三条规定主张权利的，商标评审委员会根据处理案件的需要，可以对商标驰名情况作出认定。 　　在商标民事、行政案件审理过程中，当事人依照本法第十三条规定主张权利的，最高人民法院指定的人民法院根据审理案件的需要，可以对商标驰名情况作出认定。 　　生产、经营者不得将"驰名商标"字样用于商品、商品包装或者容器上，或者用于广告宣传、展览以及其他商业活动中。
第十五条　未经授权，代理人或者代表人以自己的名义将被代理人或者被代表人的商标进行注册，被代理人或者被代表人提出异议的，不予注册并禁止使用。	第十五条　未经授权，代理人或者代表人以自己的名义将被代理人或者被代表人的商标进行注册，被代理人或者被代表人提出异议的，不予注册并禁止使用。 　　就同一种商品或者类似商品申请注册的商标与他人在先使用的未注册商标相同或者近似，申请人与该他人具有前款规定以外的合同、业务往来关系或者其他关系而明知该他人商标存在，该他人提出异议的，不予注册。
第十六条　商标中有商品的地理标志，而该商品并非来源于该标志所标示的地区，误导公众的，不予注册并禁止使用；但是，已经善意取得注册的继续有效。 　　前款所称地理标志，是指标示某商品来源于某地区，该商品的特定质量、信誉或者其他特征，主要由该地区的自然因素或者人文因素所决定的标志。	第十六条　商标中有商品的地理标志，而该商品并非来源于该标志所标示的地区，误导公众的，不予注册并禁止使用；但是，已经善意取得注册的继续有效。 　　前款所称地理标志，是指标示某商品来源于某地区，该商品的特定质量、信誉或者其他特征，主要由该地区的自然因素或者人文因素所决定的标志。

附录　《中华人民共和国商标法》修正案对照表

（续表）

《商标法》（2001年修正）	《商标法》（2013年修正）
第十七条　外国人或者外国企业在中国申请商标注册的，应当按其所属国和中华人民共和国签订的协议或者共同参加的国际条约办理，或者按对等原则办理。	第十七条　外国人或者外国企业在中国申请商标注册的，应当按其所属国和中华人民共和国签订的协议或者共同参加的国际条约办理，或者按对等原则办理。
第十八条　外国人或者外国企业在中国申请商标注册和办理其他商标事宜的，应当委托国家认可的具有商标代理资格的组织代理。	第十八条　申请商标注册或者办理其他商标事宜，可以自行办理，也可以委托依法设立的商标代理机构办理。 外国人或者外国企业在中国申请商标注册和办理其他商标事宜的，应当委托依法设立的商标代理机构办理。
	第十九条　商标代理机构应当遵循诚实信用原则，遵守法律、行政法规，按照被代理人的委托办理商标注册申请或者其他商标事宜；对在代理过程中知悉的被代理人的商业秘密，负有保密义务。 委托人申请注册的商标可能存在本法规定不得注册情形的，商标代理机构应当明确告知委托人。 商标代理机构知道或者应当知道委托人申请注册的商标属于本法第十五条和第三十二条规定情形的，不得接受其委托。 商标代理机构除对其代理服务申请商标注册外，不得申请注册其他商标。
	第二十条　商标代理行业组织应当按照章程规定，严格执行吸纳会员的条件，对违反行业自律规范的会员实行惩戒。商标代理行业组织对其吸纳的会员和对会员的惩戒情况，应当及时向社会公布。
	第二十一条　商标国际注册遵循中华人民共和国缔结或者参加的有关国际条约确立的制度，具体办法由国务院规定。

附录 《中华人民共和国商标法》修正案对照表

（续表）

《商标法》（2001年修正）	《商标法》（2013年修正）
第二章　商标注册的申请	第二章　商标注册的申请
第十九条　申请商标注册的，应当按规定的商品分类表填报使用商标的商品类别和商品名称。	第二十二条　商标注册申请人应当按规定的商品分类表填报使用商标的商品类别和商品名称，提出注册申请。 商标注册申请人可以通过一份申请就多个类别的商品申请注册同一商标。 商标注册申请等有关文件，可以以书面方式或者数据电文方式提出。
第二十条　商标注册申请人在不同类别的商品上申请注册同一商标的，应当按商品分类表提出注册申请。	
第二十一条　注册商标需要在同一类的其他商品上使用的，应当另行提出注册申请。	第二十三条　注册商标需要在核定使用范围之外的商品上取得商标专用权的，应当另行提出注册申请。
第二十二条　注册商标需要改变其标志的，应当重新提出注册申请。	第二十四条　注册商标需要改变其标志的，应当重新提出注册申请。
第二十三条　注册商标需要变更注册人的名义、地址或者其他注册事项的，应当提出变更申请。	（移至第四十一条）
第二十四条　商标注册申请人自其商标在外国第一次提出商标注册申请之日起6个月内，又在中国就相同商品以同一商标提出商标注册申请的，依照该外国同中国签订的协议或者共同参加的国际条约，或者按照相互承认优先权的原则，可以享有优先权。 依照前款要求优先权的，应当在提出商标注册申请的时候提出书面声明，并且在3个月内提交第一次提出的商标注册申请文件的副本；未提出书面声明或者逾期未提交商标注册申请文件副本的，视为未要求优先权。	第二十五条　商标注册申请人自其商标在外国第一次提出商标注册申请之日起六个月内，又在中国就相同商品以同一商标提出商标注册申请的，依照该外国同中国签订的协议或者共同参加的国际条约，或者按照相互承认优先权的原则，可以享有优先权。 依照前款要求优先权的，应当在提出商标注册申请的时候提出书面声明，并且在三个月内提交第一次提出的商标注册申请文件的副本；未提出书面声明或者逾期未提交商标注册申请文件副本的，视为未要求优先权。

附录　《中华人民共和国商标法》修正案对照表

（续表）

《商标法》（2001年修正）	《商标法》（2013年修正）
第二十五条　商标在中国政府主办的或者承认的国际展览会展出的商品上首次使用的，自该商品展出之日起6个月内，该商标的注册申请人可以享有优先权。 依照前款要求优先权的，应当在提出商标注册申请的时候提出书面声明，并且在3个月内提交展出其商品的展览会名称、在展出商品上使用该商标的证据、展出日期等证明文件；未提出书面声明或者逾期未提交证明文件的，视为未要求优先权。	第二十六条　商标在中国政府主办的或者承认的国际展览会展出的商品上首次使用的，自该商品展出之日起六个月内，该商标的注册申请人可以享有优先权。 依照前款要求优先权的，应当在提出商标注册申请的时候提出书面声明，并且在三个月内提交展出其商品的展览会名称、在展出商品上使用该商标的证据、展出日期等证明文件；未提出书面声明或者逾期未提交证明文件的，视为未要求优先权。
第二十六条　为申请商标注册所申报的事项和所提供的材料应当真实、准确、完整。	第二十七条　为申请商标注册所申报的事项和所提供的材料应当真实、准确、完整。
第三章　商标注册的审查和核准	第三章　商标注册的审查和核准
第二十七条　申请注册的商标，凡符合本法有关规定的，由商标局初步审定，予以公告。	第二十八条　对申请注册的商标，商标局应当自收到商标注册申请文件之日起九个月内审查完毕，符合本法有关规定的，予以初步审定公告。
	第二十九条　在审查过程中，商标局认为商标注册申请内容需要说明或者修正的，可以要求申请人做出说明或者修正。申请人未做出说明或者修正的，不影响商标局做出审查决定。
第二十八条　申请注册的商标，凡不符合本法有关规定或者同他人在同一种商品或者类似商品上已经注册的或者初步审定的商标相同或者近似的，由商标局驳回申请，不予公告。	第三十条　申请注册的商标，凡不符合本法有关规定或者同他人在同一种商品或者类似商品上已经注册的或者初步审定的商标相同或者近似的，由商标局驳回申请，不予公告。

附录 《中华人民共和国商标法》修正案对照表

（续表）

《商标法》（2001年修正）	《商标法》（2013年修正）
第二十九条 两个或者两个以上的商标注册申请人，在同一种商品或者类似商品上，以相同或者近似的商标申请注册的，初步审定并公告申请在先的商标；同一天申请的，初步审定并公告使用在先的商标，驳回其他人的申请，不予公告。	第三十一条 两个或者两个以上的商标注册申请人，在同一种商品或者类似商品上，以相同或者近似的商标申请注册的，初步审定并公告申请在先的商标；同一天申请的，初步审定并公告使用在先的商标，驳回其他人的申请，不予公告。
第三十条 对初步审定的商标，自公告之日起3个月内，任何人均可以提出异议。公告期满无异议的，予以核准注册，发给商标注册证，并予公告。	（移至第三十三条修改）
第三十一条 申请商标注册不得损害他人现有的在先权利，也不得以不正当手段抢先注册他人已经使用并有一定影响的商标。	第三十二条 申请商标注册不得损害他人现有的在先权利，也不得以不正当手段抢先注册他人已经使用并有一定影响的商标。
（第三十条 对初步审定的商标，自公告之日起3个月内，任何人均可以提出异议。公告期满无异议的，予以核准注册，发给商标注册证，并予公告。）	第三十三条 对初步审定**公告**的商标，自公告之日起三个月内，**在先权利人、利害关系人认为违反本法第十三条第二款和第三款、第十五条、第十六条第一款、第三十条、第三十一条、第三十二条规定的，或者任何人认为违反本法第十条、第十一条、第十二条规定的，**可以向商标局提出异议。公告期满无异议的，予以核准注册，发给商标注册证，并予公告。
第三十二条 对驳回申请、不予公告的商标，商标局应当书面通知商标注册申请人。商标注册申请人不服的，可以自收到通知之日起15日内向商标评审委员会申请复审，由商标评审委员会做出决定，并书面通知申请人。 当事人对商标评审委员会的决定不服的，可以自收到通知之日起30日内向人民法院起诉。	第三十四条 对驳回申请、不予公告的商标，商标局应当书面通知商标注册申请人。商标注册申请人不服的，可以自收到通知之日起十五日内向商标评审委员会申请复审。商标评审委员会应当**自收到申请之日起九个月内做出决定，**并书面通知申请人。**有特殊情况需要延长的，经国务院工商行政管理部门批准，可以延长三个月。**当事人对商标评审委员会的决定不服的，可以自收到通知之日起三十日内向人民法院起诉。

405

附录　《中华人民共和国商标法》修正案对照表

（续表）

《商标法》（2001年修正）	《商标法》（2013年修正）
第三十三条　对初步审定、予以公告的商标提出异议的，商标局应当听取异议人和被异议人陈述事实和理由，经调查核实后，做出**裁定**。当事人不服的，可以自收到通知之日起15日内向商标评审委员会申请复审，由商标评审委员会做出**裁定**，并书面通知**异议人和被异议人**。 　　当事人对商标评审委员会的**裁定**不服的，可以自收到通知之日起30日内向人民法院起诉。人民法院应当通知**商标复审程序的对方当事人**作为第三人参加诉讼。	第三十五条　对初步审定**公告**的商标提出异议的，商标局应当听取异议人和被异议人陈述事实和理由，经调查核实后，**自公告期满之日起十二个月内做出是否准予注册的决定**，并书面通知异议人和被异议人。有特殊情况需要延长的，经国务院工商行政管理部门批准，可以延长六个月。 　　商标局做出准予注册决定的，发给商标注册证，并予公告。异议人不服的，可以依照本法第四十四条、第四十五条的规定向商标评审委员会请求宣告该注册商标无效。 　　商标局做出不予注册决定，被异议人不服的，可以自收到通知之日起十五日内向商标评审委员会申请复审。商标评审委员会应当自申请之日起十二个月内做出复审决定，并书面通知异议人和被异议人。有特殊情况需要延长的，经国务院工商行政管理部门批准，可以延长六个月。被异议人对商标评审委员会的**决定**不服的，可以自收到**通知**之日起三十日内向人民法院起诉。人民法院应当通知**异议人**作为第三人参加诉讼。 　　**商标评审委员会在依照前款规定进行复审的过程中，所涉及的在先权利的确定必须以人民法院正在审理或者行政机关正在处理的另一案件的结果为依据的，可以中止审查。中止原因消除后，应当恢复审查程序。**
第三十四条　当事人在法定期限内对商标局做出的**裁定**不申请复审或者对商标评审委员会做出的**裁定**不向人民法院起诉的，**裁定**生效。 　　经裁定异议不能成立的，予以核准注册，发给商标注册证，并予公告；经裁定	第三十六条　法定期限届满，当事人对商标局做出的驳回申请决定、**不予注册决定**不申请复审或者对商标评审委员会做出的**复审**决定不向人民法院起诉的，驳回申请决定、**不予注册决定或者复审决定**生效。 　　经审查异议不成立而**准予注册的商标**，

406

附录 《中华人民共和国商标法》修正案对照表

（续表）

《商标法》（2001年修正）	《商标法》（2013年修正）
异议成立的，不予核准注册。 　　经**裁定**异议不能成立而**核准**注册的，商标注册申请人取得商标专用权的时间自初审公告3个月期满之日起计算。	商标注册申请人取得商标专用权的时间自初步审定公告三个月期满之日起计算。**自该商标公告期满之日起至准予注册决定做出前，对他人在同一种或者类似商品上使用与该商标相同或者近似的标志的行为不具有追溯力；但是，因该使用人的恶意给商标注册人造成的损失，应当给予赔偿。**
第三十五条　对商标注册申请和商标复审申请应当及时进行审查。	第三十七条　对商标注册申请和商标复审申请应当及时进行审查。
第三十六条　商标注册申请人或者注册人发现商标申请文件或者注册文件有明显错误的，可以申请更正。商标局依法在其职权范围内作出更正，并通知当事人。 　　前款所称更正错误不涉及商标申请文件或者注册文件的实质性内容。	第三十八条　商标注册申请人或者注册人发现商标申请文件或者注册文件有明显错误的，可以申请更正。商标局依法在其职权范围内作出更正，并通知当事人。 　　前款所称更正错误不涉及商标申请文件或者注册文件的实质性内容。
第四章　注册商标的续展、转让和使用许可	第四章　注册商标的续展、**变更**、转让和使用许可
第三十七条　注册商标的有效期为10年，自核准注册之日起计算。	第三十九条　注册商标的有效期为十年，自核准注册之日起计算。
第三十八条　注册商标有效期满，需要继续使用的，应当在期满前6个月内**申请续展注册**；在此期间未能提出申请的，可以给予6个月的宽展期。**宽展期满仍未提出申请的**，注销其注册商标。 　　每次续展注册的有效期为10年。 　　续展注册**经核准后**，予以公告。	第四十条　注册商标有效期满，需要继续使用的，**商标注册人**应当在期满前十二个月内**按照规定办理续展手续**；在此期间未能**办理**的，可以给予六个月的宽展期。每次续展注册的有效期为十年，**自该商标上一届有效期满次日起计算**。**期满未办理续展手续的**，注销其注册商标。 　　商标局应当对续展注册的商标予以公告。
（第二十三条　注册商标需要变更注册人的名义、地址或者其他注册事项的，应当提出变更申请。）	第四十一条　注册商标需要变更注册人的名义、地址或者其他注册事项的，应当提出变更申请。

附录 《中华人民共和国商标法》修正案对照表

（续表）

《商标法》（2001年修正）	《商标法》（2013年修正）
第三十九条 转让注册商标的，转让人和受让人应当签订转让协议，并共同向商标局提出申请。受让人应当保证使用该注册商标的商品质量。 转让注册商标经核准后，予以公告。受让人自公告之日起享有商标专用权。	第四十二条 转让注册商标的，转让人和受让人应当签订转让协议，并共同向商标局提出申请。受让人应当保证使用该注册商标的商品质量。 转让注册商标的，商标注册人对其在同一种商品上注册的近似的商标，或者在类似商品上注册的相同或者近似的商标，应当一并转让。 对容易导致混淆或者有其他不良影响的转让，商标局不予核准，书面通知申请人并说明理由。 转让注册商标经核准后，予以公告。受让人自公告之日起享有商标专用权。
第四十条 商标注册人可以通过签订商标使用许可合同，许可他人使用其注册商标。许可人应当监督被许可人使用其注册商标的商品质量。被许可人应当保证使用该注册商标的商品质量。 经许可使用他人注册商标的，必须在使用该注册商标的商品上标明被许可人的名称和商品产地。 商标使用许可合同应当报商标局备案。	第四十三条 商标注册人可以通过签订商标使用许可合同，许可他人使用其注册商标。许可人应当监督被许可人使用其注册商标的商品质量。被许可人应当保证使用该注册商标的商品质量。 经许可使用他人注册商标的，必须在使用该注册商标的商品上标明被许可人的名称和商品产地。 许可他人使用其注册商标的，许可人应当将其商标使用许可报商标局备案，由商标局公告。商标使用许可未经备案不得对抗善意第三人。
第五章 注册商标**争议的裁定**	第五章 注册商标**的无效宣告**
第四十一条 已经注册的商标，违反本法第十条、第十一条、第十二条规定的，或者是以欺骗手段或者其他不正当手段取得注册的，由商标局**撤销该**注册商标；其他单位或者个人可以请求商标评审委员会**裁定撤销**注册商标。	第四十四条 已经注册的商标，违反本法第十条、第十一条、第十二条规定的，或者是以欺骗手段或者其他不正当手段取得注册的，由商标局**宣告**该注册商标**无效**；其他单位或者个人可以请求商标评审委员会**宣告**该注册商标**无效**。

附录 《中华人民共和国商标法》修正案对照表

（续表）

《商标法》（2001年修正）	《商标法》（2013年修正）
已经注册的商标，违反本法第十三条、第十五条、第十六条、第三十一条规定的，自商标注册之日起5年内，商标所有人或者利害关系人可以请求商标评审委员会**裁定撤销**该注册商标。对恶意注册的，驰名商标所有人不受5年的时间限制。 除前两款规定的情形外，对已经注册的商标有争议的，可以自该商标经核准注册之日起5年内，向商标评审委员会申请裁定。 商标评审委员会收到**裁定**申请后，应当通知有关当事人，并限期提出答辩。 **第四十二条** 对核准注册前已经提出异议并经裁定的商标，不得再以相同的事实和理由申请裁定。 **第四十三条** 商标评审委员会做出维持或者撤销注册商标的**裁定**后，应当书面通知有关当事人。 当事人对商标评审委员会的裁定不服的，可以自收到通知之日起30日内向人民法院起诉。人民法院应当通知商标裁定程序的对方当事人作为第三人参加诉讼。	商标局做出宣告注册商标无效的决定，应当书面通知当事人。当事人对商标局的决定不服的，可以自收到通知之日起十五日内向商标评审委员会申请复审。商标评审委员会应当自收到申请之日起九个月内做出决定，并书面通知当事人。有特殊情况需要延长的，经国务院工商行政管理部门批准，可以延长三个月。当事人对商标评审委员会的决定不服的，可以自收到通知之日起三十日内向人民法院起诉。 其他单位或者个人请求商标评审委员会宣告该注册商标无效的，商标评审委员会收到申请后，应当**书面通知**有关当事人，并限期提出答辩。商标评审委员会**应当自收到申请之日起九个月内做出维持**注册商标**或者宣告**注册商标**无效的**裁定，并书面通知当事人。**有特殊情况需要延长的，经国务院工商行政管理部门批准，可以延长三个月。**当事人对商标评审委员会的裁定不服的，可以自收到通知之日起三十日内向人民法院起诉。人民法院应当通知商标裁定程序的对方当事人作为第三人参加诉讼。 **第四十五条** 已经注册的商标，违反本法第十三条**第二款和第三款**、第十五条、第十六条**第一款**、**第三十条**、第三十一条、**第三十二条**规定的，自商标注册之日起五年内，**在先权利人**或者利害关系人可以请求商标评审委员会**宣告**该注册商标**无效**。对恶意注册的，驰名商标所有人不受五年的时间限制。 商标评审委员会收到**宣告注册商标无效**的申请后，应当**书面通知**有关当事人，并限期提出答辩。商标评审委员会**应当自**

附录　《中华人民共和国商标法》修正案对照表

（续表）

《商标法》(2001年修正)	《商标法》(2013年修正)
	收到申请之日起十二个月内做出维持注册商标或者宣告注册商标无效的裁定，并书面通知当事人。有特殊情况需要延长的，经国务院工商行政管理部门批准，可以延长六个月。当事人对商标评审委员会的裁定不服的，可以自收到通知之日起三十日内向人民法院起诉。人民法院应当通知商标裁定程序的对方当事人作为第三人参加诉讼。 　　商标评审委员会在依照前款规定对无效宣告请求进行审查的过程中，所涉及的在先权利的确定必须以人民法院正在审理或者行政机关正在处理的另一案件的结果为依据的，可以中止审查。中止原因消除后，应当恢复审查程序。
	第四十六条　法定期限届满，当事人对商标局宣告注册商标无效的决定不申请复审或者对商标评审委员会的复审决定、维持注册商标或者宣告注册商标无效的裁定不向人民法院起诉的，商标局的决定或者商标评审委员会的复审决定、裁定生效。
	第四十七条　依照本法第四十四条、第四十五条的规定宣告无效的注册商标，由商标局予以公告，该注册商标专用权视为自始即不存在。 　　宣告注册商标无效的决定或者裁定，对宣告无效前人民法院做出并已执行的商标侵权案件的判决、裁定、调解书和工商行政管理部门做出并已执行的商标侵权案件的处理决定以及已经履行的商标转让或者使用许可合同不具有追溯力。但是，因商标注册人的恶意给他人造成的损失，应当给予赔偿。 　　依照前款规定不返还商标侵权赔偿金、商标转让费、商标使用费，明显违反公平原则的，应当全部或者部分返还。

附录 《中华人民共和国商标法》修正案对照表

（续表）

《商标法》（2001年修正）	《商标法》（2013年修正）
第六章　商标使用的管理	第六章　商标使用的管理
	第四十八条　本法所称商标的使用，是指将商标用于商品、商品包装或者容器以及商品交易文书上，或者将商标用于广告宣传、展览以及其他商业活动中，用于识别商品来源的行为。
第四十四条　使用注册商标，有下列行为之一的，由商标局责令限期改正或者撤销其注册商标： （一）自行改变注册商标的； （二）自行改变注册商标的注册人名义、地址或者其他注册事项的； （三）自行转让注册商标的； （四）连续3年停止使用的。	第四十九条　商标注册人在使用注册商标的过程中，自行改变注册商标、注册人名义、地址或者其他注册事项的，由地方工商行政管理部门责令限期改正；期满不改正的，由商标局撤销其注册商标。 注册商标成为其核定使用的商品的通用名称或者没有正当理由连续三年不使用的，任何单位或者个人可以向商标局申请撤销该注册商标。商标局应当自收到申请之日起九个月内做出决定。有特殊情况需要延长的，经国务院工商行政管理部门批准，可以延长三个月。
第四十五条　使用注册商标，其商品粗制滥造，以次充好，欺骗消费者的，由各级工商行政管理部门分别不同情况，责令限期改正，并可以予以通报或者处以罚款，或者由商标局撤销其注册商标。	（删除）
第四十六条　注册商标被撤销的或者期满不再续展的，自撤销或者注销之日起1年内，商标局对与该商标相同或者近似的商标注册申请，不予核准。	第五十条　注册商标被撤销、被宣告无效或者期满不再续展的，自撤销、宣告无效或者注销之日起一年内，商标局对与该商标相同或者近似的商标注册申请，不予核准。
第四十七条　违反本法第六条规定的，由地方工商行政管理部门责令限期申请注册，可以并处罚款。	第五十一条　违反本法第六条规定的，由地方工商行政管理部门责令限期申请注册，违法经营额五万元以上的，可以处违法经营额百分之二十以下的罚款，没有违法经营额或者违法经营额不足五万元的，可以处一万元以下的罚款。

附录 《中华人民共和国商标法》修正案对照表

（续表）

《商标法》（2001年修正）	《商标法》（2013年修正）
第四十八条 使用未注册商标，有下列行为之一的，由地方工商行政管理部门予以制止，限期改正，并可以予以通报或者处以罚款： （一）冒充注册商标的； （二）违反本法第十条规定的； （三）粗制滥造，以次充好，欺骗消费者的。	第五十二条 将未注册商标冒充注册商标使用的，或者使用未注册商标违反本法第十条规定的，由地方工商行政管理部门予以制止，限期改正，并可以予以通报，违法经营额五万元以上的，可以处违法经营额百分之二十以下的罚款，没有违法经营额或者违法经营额不足五万元的，可以处一万元以下的罚款。
	第五十三条 违反本法第十四条第五款规定的，由地方工商行政管理部门责令改正，处十万元罚款。
第四十九条 对商标局撤销注册商标的决定，当事人不服的，可以自收到通知之日起15日内向商标评审委员会申请复审，由商标评审委员会做出决定，并书面通知申请人。 当事人对商标评审委员会的决定不服的，可以自收到通知之日起30日内向人民法院起诉。	第五十四条 对商标局撤销或者不予撤销注册商标的决定，当事人不服的，可以自收到通知之日起十五日内向商标评审委员会申请复审。商标评审委员会应当自收到申请之日起九个月内做出决定，并书面通知当事人。有特殊情况需要延长的，经国务院工商行政管理部门批准，可以延长三个月。当事人对商标评审委员会的决定不服的，可以自收到通知之日起三十日内向人民法院起诉。
	第五十五条 法定期限届满，当事人对商标局做出的撤销注册商标的决定不申请复审或者对商标评审委员会做出的复审决定不向人民法院起诉的，撤销注册商标的决定、复审决定生效。 被撤销的注册商标，由商标局予以公告，该注册商标专用权自公告之日起终止。
第五十条 对工商行政管理部门根据本法第四十五条、第四十七条、第四十八条的规定做出的罚款决定，当事人不服的，可以自收到通知之日起15日内，向人民法院起诉；期满不起诉又不履行的，由有关工商行政管理部门申请人民法院强制执行。	

（续表）

《商标法》（2001年修正）	《商标法》（2013年修正）
第七章　注册商标专用权的保护	第七章　注册商标专用权的保护
第五十一条　注册商标的专用权，以核准注册的商标和核定使用的商品为限。	第五十六条　注册商标的专用权，以核准注册的商标和核定使用的商品为限。
第五十二条　有下列行为之一的，均属侵犯注册商标专用权： （一）未经商标注册人的许可，在同一种商品或者类似商品上使用与其注册商标相同或者近似的商标的； （二）销售侵犯注册商标专用权的商品的； （三）伪造、擅自制造他人注册商标标识或者销售伪造、擅自制造的注册商标标识的； （四）未经商标注册人同意，更换其注册商标并将该更换商标的商品又投入市场的； （五）给他人的注册商标专用权造成其他损害的。	第五十七条　有下列行为之一的，均属侵犯注册商标专用权： （一）未经商标注册人的许可，在同一种商品上使用与其注册商标相同的商标的； （二）未经商标注册人的许可，在同一种商品上使用与其注册商标近似的商标，或者在类似商品上使用与其注册商标相同或者近似的商标，容易导致混淆的； （三）销售侵犯注册商标专用权的商品的； （四）伪造、擅自制造他人注册商标标识或者销售伪造、擅自制造的注册商标标识的； （五）未经商标注册人同意，更换其注册商标并将该更换商标的商品又投入市场的； （六）故意为侵犯他人商标专用权行为提供便利条件，帮助他人实施侵犯商标专用权行为的； （七）给他人的注册商标专用权造成其他损害的。
	第五十八条　将他人注册商标、未注册的驰名商标作为企业名称中的字号使用，误导公众，构成不正当竞争行为的，依照《中华人民共和国反不正当竞争法》处理。
	第五十九条　注册商标中含有的本商品的通用名称、图形、型号，或者直接表示商品的质量、主要原料、功能、用途、重量、数量及其他特点，或者含有的地名，注册商标专用权人无权禁止他人正当使用。

附录 《中华人民共和国商标法》修正案对照表

（续表）

《商标法》(2001年修正)	《商标法》(2013年修正)
	三维标志注册商标中含有的商品自身的性质产生的形状、为获得技术效果而需有的商品形状或者使商品具有实质性价值的形状，注册商标专用权人无权禁止他人正当使用。 　　商标注册人申请商标注册前，他人已经在同一种商品或者类似商品上先于商标注册人使用与注册商标相同或者近似并有一定影响的商标的，注册商标专用权人无权禁止该使用人在原使用范围内继续使用该商标，但可以要求其附加适当区别标识。
第五十三条　有本法第五十二条所列侵犯注册商标专用权行为之一，引起纠纷的，由当事人协商解决；不愿协商或者协商不成的，商标注册人或者利害关系人可以向人民法院起诉，也可以请求工商行政管理部门处理。工商行政管理部门处理时，认定侵权行为成立的，责令立即停止侵权行为，没收、销毁侵权商品和专门用于制造侵权商品、伪造注册商标标识的工具，并可处以罚款。当事人对处理决定不服的，可以自收到处理通知之日起十五日内依照《中华人民共和国行政诉讼法》向人民法院起诉；侵权人期满不起诉又不履行的，工商行政管理部门可以申请人民法院强制执行。进行处理的工商行政管理部门根据当事人的请求，可以就侵犯商标专用权的赔偿数额进行调解；调解不成的，当事人可以依照《中华人民共和国民事诉讼法》向人民法院起诉。	第六十条　有本法第五十七条所列侵犯注册商标专用权行为之一，引起纠纷的，由当事人协商解决；不愿协商或者协商不成的，商标注册人或者利害关系人可以向人民法院起诉，也可以请求工商行政管理部门处理。 　　工商行政管理部门处理时，认定侵权行为成立的，责令立即停止侵权行为，没收、销毁侵权商品和主要用于制造侵权商品、伪造注册商标标识的工具，违法经营额五万元以上的，可以处违法经营额五倍以下的罚款，没有违法经营额或者违法经营额不足五万元的，可以处二十五万元以下的罚款。对五年内实施两次以上商标侵权行为或者有其他严重情节的，应当从重处罚。销售不知道是侵犯注册商标专用权的商品，能证明该商品是自己合法取得并说明提供者的，由工商行政管理部门责令停止销售。 　　对侵犯商标专用权的赔偿数额的争议，当事人可以请求进行处理的工商行政管理部门调解，也可以依照《中华人民共和国民事诉讼法》向人民法院起诉。经工

附录 《中华人民共和国商标法》修正案对照表

（续表）

《商标法》（2001年修正）	《商标法》（2013年修正）
	商行政管理部门调解，当事人未达成协议或者调解书生效后不履行的，当事人可以依照《中华人民共和国民事诉讼法》向人民法院起诉。
第五十四条 对侵犯注册商标专用权的行为，工商行政管理部门有权依法查处；涉嫌犯罪的，应当及时移送司法机关依法处理。	第六十一条 对侵犯注册商标专用权的行为，工商行政管理部门有权依法查处；涉嫌犯罪的，应当及时移送司法机关依法处理。
第五十五条 县级以上工商行政管理部门根据已经取得的违法嫌疑证据或者举报，对涉嫌侵犯他人注册商标专用权的行为进行查处时，可以行使下列职权： （一）询问有关当事人，调查与侵犯他人注册商标专用权有关的情况； （二）查阅、复制当事人与侵权活动有关的合同、发票、帐簿以及其他有关资料； （三）对当事人涉嫌从事侵犯他人注册商标专用权活动的场所实施现场检查； （四）检查与侵权活动有关的物品；对有证据证明是侵犯他人注册商标专用权的物品，可以查封或者扣押。 工商行政管理部门依法行使前款规定的职权时，当事人应当予以协助、配合，不得拒绝、阻挠。	第六十二条 县级以上工商行政管理部门根据已经取得的违法嫌疑证据或者举报，对涉嫌侵犯他人注册商标专用权的行为进行查处时，可以行使下列职权： （一）询问有关当事人，调查与侵犯他人注册商标专用权有关的情况； （二）查阅、复制当事人与侵权活动有关的合同、发票、账簿以及其他有关资料； （三）对当事人涉嫌从事侵犯他人注册商标专用权活动的场所实施现场检查； （四）检查与侵权活动有关的物品；对有证据证明是侵犯他人注册商标专用权的物品，可以查封或者扣押。 工商行政管理部门依法行使前款规定的职权时，当事人应当予以协助、配合，不得拒绝、阻挠。 在查处商标侵权案件过程中，对商标权属存在争议或者权利人同时向人民法院提起商标侵权诉讼的，工商行政管理部门可以中止案件的查处。中止原因消除后，应当恢复或者终结案件查处程序。

附录　《中华人民共和国商标法》修正案对照表

（续表）

《商标法》（2001年修正）	《商标法》（2013年修正）
第五十六条　侵犯商标专用权的赔偿数额，为侵权人在侵权期间因侵权所获得的利益，或者被侵权人在被侵权期间因被侵权所受到的损失，包括被侵权人为制止侵权行为所支付的合理开支。 前款所称侵权人因侵权所得利益，或者被侵权人因被侵权所受损失难以确定的，由人民法院根据侵权行为的情节判决给予50万元以下的赔偿。 销售不知道是侵犯注册商标专用权的商品，能证明该商品是自己合法取得的并说明提供者的，不承担赔偿责任。	第六十三条　侵犯商标专用权的赔偿数额，按照权利人因被侵权所受到的实际损失确定；实际损失难以确定的，可以按照侵权人因侵权所获得的利益确定；权利人的损失或者侵权人获得的利益难以确定的，参照该商标许可使用费的倍数合理确定。对恶意侵犯商标专用权，情节严重的，可以在按照上述方法确定数额的一倍以上三倍以下确定赔偿数额。赔偿数额应当包括权利人为制止侵权行为所支付的合理开支。 人民法院为确定赔偿数额，在权利人已经尽力举证，而与侵权行为相关的账簿、资料主要由侵权人掌握的情况下，可以责令侵权人提供与侵权行为相关的账簿、资料；侵权人不提供或者提供虚假的账簿、资料的，人民法院可以参考权利人的主张和提供的证据判定赔偿数额。 权利人因被侵权所受到的实际损失、侵权人因侵权所获得的利益、注册商标许可使用费难以确定的，由人民法院根据侵权行为的情节判决给予三百万元以下的赔偿。
	第六十四条　注册商标专用权人请求赔偿，被控侵权人以注册商标专用权人未使用注册商标提出抗辩的，人民法院可以要求注册商标专用权人提供此前三年内实际使用该注册商标的证据。注册商标专用权人不能证明此前三年内实际使用过该注册商标，也不能证明因侵权行为受到其他损失的，被控侵权人不承担赔偿责任。 销售不知道是侵犯注册商标专用权的商品，能证明该商品是自己合法取得并说明提供者的，不承担赔偿责任。

（续表）

《商标法》（2001年修正）	《商标法》（2013年修正）
第五十七条　商标注册人或者利害关系人有证据证明他人正在实施或者即将实施侵犯其注册商标专用权的行为，如不及时制止，将会使其合法权益受到难以弥补的损害的，可以在起诉前向人民法院申请采取责令停止有关行为和财产保全的措施。 人民法院处理前款申请，适用《中华人民共和国民事诉讼法》第九十三条至第九十六条和第九十九条的规定。	第六十五条　商标注册人或者利害关系人有证据证明他人正在实施或即将实施侵犯其注册商标专用权的行为，如不及时制止将会使其合法权益受到难以弥补的损害的，可以**依法**在起诉前向人民法院申请采取责令停止有关行为和财产保全的措施。
第五十八条　为制止侵权行为，在证据可能灭失或者以后难以取得的情况下，商标注册人或者利害关系人可以在起诉前向人民法院申请保全证据。 人民法院接受申请后，必须在四十八小时内做出裁定；裁定采取保全措施的，应当立即开始执行。 人民法院可以责令申请人提供担保，申请人不提供担保的，驳回申请。 申请人在人民法院采取保全措施后15日内不起诉的，人民法院应当解除保全措施。	第六十六条　为制止侵权行为，在证据可能灭失或者以后难以取得的情况下，商标注册人或者利害关系人可以**依法**在起诉前向人民法院申请保全证据。
第五十九条　未经商标注册人许可，在同一种商品上使用与其注册商标相同的商标，构成犯罪的，除赔偿被侵权人的损失外，依法追究刑事责任。 伪造、擅自制造他人注册商标标识或者销售伪造、擅自制造的注册商标标识，构成犯罪的，除赔偿被侵权人的损失外，依法追究刑事责任。 销售明知是假冒注册商标的商品，构成犯罪的，除赔偿被侵权人的损失外，依法追究刑事责任。	第六十七条　未经商标注册人许可，在同一种商品上使用与其注册商标相同的商标，构成犯罪的，除赔偿被侵权人的损失外，依法追究刑事责任。 伪造、擅自制造他人注册商标标识或者销售伪造、擅自制造的注册商标标识，构成犯罪的，除赔偿被侵权人的损失外，依法追究刑事责任。 销售明知是假冒注册商标的商品，构成犯罪的，除赔偿被侵权人的损失外，依法追究刑事责任。

附录　《中华人民共和国商标法》修正案对照表

（续表）

《商标法》（2001年修正）	《商标法》（2013年修正）
	第六十八条　商标代理机构有下列行为之一的，由工商行政管理部门责令限期改正，给予警告，处一万元以上十万元以下的罚款；对直接负责的主管人员和其他直接责任人员给予警告，处五千元以上五万元以下的罚款；构成犯罪的，依法追究刑事责任： （一）办理商标事宜过程中，伪造、变造或者使用伪造、变造的法律文件、印章、签名的； （二）以诋毁其他商标代理机构等手段招徕商标代理业务或者以其他不正当手段扰乱商标代理市场秩序的； （三）违反本法第十九条第三款、第四款规定的。 商标代理机构有前款规定行为的，由工商行政管理部门记入信用档案；情节严重的，商标局、商标评审委员会并可以决定停止受理其办理商标代理业务，予以公告。 商标代理机构违反诚实信用原则，侵害委托人合法利益的，应当依法承担民事责任，并由商标代理行业组织按照章程规定予以惩戒。
第六十条　从事商标注册、管理和复审工作的国家机关工作人员必须秉公执法，廉洁自律，忠于职守，文明服务。 商标局、商标评审委员会以及从事商标注册、管理和复审工作的国家机关工作人员不得从事商标代理业务和商品生产经营活动。	第六十九条　从事商标注册、管理和复审工作的国家机关工作人员必须秉公执法，廉洁自律，忠于职守，文明服务。 商标局、商标评审委员会以及从事商标注册、管理和复审工作的国家机关工作人员不得从事商标代理业务和商品生产经营活动。

附录 《中华人民共和国商标法》修正案对照表

（续表）

《商标法》（2001年修正）	《商标法》（2013年修正）
第六十一条 工商行政管理部门应当建立健全内部监督制度，对负责商标注册、管理和复审工作的国家机关工作人员执行法律、行政法规和遵守纪律的情况，进行监督检查。	第七十条 工商行政管理部门应当建立健全内部监督制度，对负责商标注册、管理和复审工作的国家机关工作人员执行法律、行政法规和遵守纪律的情况，进行监督检查。
第六十二条 从事商标注册、管理和复审工作的国家机关工作人员玩忽职守、滥用职权、徇私舞弊，违法办理商标注册、管理和复审事项，收受当事人财物，牟取不正当利益，构成犯罪的，依法追究刑事责任；尚不构成犯罪的，依法给予行政处分。	第七十一条 从事商标注册、管理和复审工作的国家机关工作人员玩忽职守、滥用职权、徇私舞弊，违法办理商标注册、管理和复审事项，收受当事人财物，牟取不正当利益，构成犯罪的，依法追究刑事责任；尚不构成犯罪的，依法**给予处分**。
第八章 附 则	第八章 附 则
第六十三条 申请商标注册和办理其他商标事宜的，应当缴纳费用，具体收费标准另定。	第七十二条 申请商标注册和办理其他商标事宜的，应当缴纳费用，具体收费标准另定。
第六十四条 本法自1983年3月1日起施行。1963年4月10日国务院公布的《商标管理条例》同时废止；其他有关商标管理的规定，凡与本法抵触的，同时失效。 本法施行前已经注册的商标继续有效。	第七十三条 本法自1983年3月1日起施行。1963年4月10日国务院公布的《商标管理条例》同时废止；其他有关商标管理的规定，凡与本法抵触的，同时失效。 本法施行前已经注册的商标继续有效。